四特 教育系列丛书 SITEJIAOYUXILIECONGSHU

# 全能班主任

《"四特"教育系列丛书》编委会　编著

吉林出版集团股份有限公司
全国百佳图书出版单位

图书在版编目 (CIP) 数据

全能班主任 /《"四特"教育系列丛书》编委会编著 .
—长春：吉林出版集团股份有限公司，2012.4
（"四特"教育系列丛书 / 庄文中等主编 . 班主任治班
之道）

ISBN 978-7-5463-8788-8

I.①全… Ⅱ.①四… Ⅲ.①中小学－班主任工作
Ⅳ.① G635.16

中国版本图书馆 CIP 数据核字（2012）第 043943 号

**全能班主任**

QUANNENG BANZHUREN

| | | |
|---|---|---|
| 出 版 人 | 吴 强 | |
| 责任编辑 | 朱子玉 杨 帆 | |
| 开 本 | 690mm×960mm 1/16 | |
| 字 数 | 250 千字 | |
| 印 张 | 13 | |
| 版 次 | 2012 年 4 月第 1 版 | |
| 印 次 | 2023 年 2 月第 3 次印刷 | |

| | |
|---|---|
| 出 版 | 吉林出版集团股份有限公司 |
| 发 行 | 吉林音像出版社有限责任公司 |
| 地 址 | 长春市南关区福祉大路 5788 号 |
| 电 话 | 0431-81629667 |
| 印 刷 | 三河市燕春印务有限公司 |

ISBN 978-7-5463-8788-8　　　　定价：39.80 元

# 前 言

学校教育是个人一生中所受教育最重要的组成部分,个人在学校里接受计划性的指导,系统地学习文化知识、社会规范、道德准则和价值观念。学校教育从某种意义上讲,决定着个人社会化的水平和性质,是个体社会化的重要基地。知识经济时代要求社会尊师重教,学校教育越来越受重视,在社会中起到举足轻重的作用。

"四特教育系列丛书"以"特定对象、特别对待、特殊方法、特例分析"为宗旨,立足学校教育与管理,理论结合实践,集多位教育界专家、学者以及一线校长、老师们的教育成果与经验于一体,围绕困扰学校、领导、教师、学生的教育难题,集思广益,多方借鉴,力求全面彻底解决。

本辑为"四特教育系列丛书"之《班主任治班之道》。班主任是教师队伍的重要组成部分,是班级工作的组织者、班集体建设的指导者、学生健康成长的引领者,是思想道德教育的骨干,是沟通家长和社区的桥梁,是实施素质教育的重要力量。班主任工作是学校教育中极其重要的育人工作,既是一门科学,也是一门艺术。班主任工作既包括日常的教学管理,也包括班级文化建设。

本辑共20分册,具体内容如下:

1.《管好班干部》

班干部是班集体的核心,也是班级的"火车头",这个"头"带的好不好,马力足不足,直接影响到整个班级的运转。有了优秀的班干部队伍,班级各项工作就会顺利开展,班级面貌就会生机勃勃;反之,班级就是一盘散沙,集体就会涣散无力。因此,如何培养一支素质高、能力强的班干部队伍,显得尤为重要。本书对班主任如何管理好班干部进行了系统而深入的分析和探讨,并提出了解决这一问题的新思路、可供实际操作的新方案,内容翔实,教案丰富,对中小学班主任颇有启发意义。

2.《带班的技巧》

本书讲述的常见问题与解决策略,绝大多数来自新时期一线班主任的教育实践,因此,其实用性和可操作性是不言而喻的。同时.本书又不拘泥于就"问题"论"问题",而是透过现象看本质,善于引导新班主任们看到问题背后更深层次的东西,从而看得更远、想得更深、悟得更多。

3.《全能班主任》

优秀的班主任是如何炼成的?他们的成长要经过多少道磨练?……本书对优秀班主任成长必经的多项全能进行了深刻剖析与精彩演绎。

来自一线最真实的问题,来自一线最优秀班主任的"头脑风暴",来自全国著名班主任的点拨，使得本书在浩如烟海的班主任培训用书中脱颖而出。

4.《拿什么约束班主任》

班级是学校进行教育、教学工作的基本单位。班主任是班集体的组织者、教育者和指导者，是学校领导实施教育、教学计划的直接执行者，是指导团队开展工作的重要力量，是沟通学校、家庭、社会三结合教育渠道的桥梁。为了能更好地体现新课程改革对班主任工作的要求，进一步规范班主任工作的管理，明确班主任工作职责，促进班级工作的开展，建立良好的班风、校风，班主任教师除了在工作中讲究技巧性和艺术性外，还应该有严格的工作要求与便于实践操作的基本规范。

5.《班主任的基本功》

班主任工作十分繁杂，头绪很多，要想成为一名优秀的班主任，应当从事务堆中解脱出来，始终保持清醒的头脑，以明确自己的使命。本书全方位地阐述了新时期做好班主任应具备的各方面要素；它从班主任实际工作出发，从工作中出现的问题入手，再到详细地分析问题的成因，最后提出解决问题的方法、策略或建议。本书反映了我国新时期有关班主任工作的方针、政策的新动向，反映了班主任教育理念发展的新趋势，同时也反映了班主任工作实践活动的新发展。

6.《从细节入手》

班主任是班级的组织者、协调者、领导者和教育者，他是距离学生最近、与学生接触最多、对学生影响最大的老师。他的管理、他的教育影响的发挥在很大程度上取决于对教育细节的把握。细节虽小，却能透射出教育的大理念、大智慧。一个成功的班主任，一定是一个关注细节、善于利用细节去感染、教育和管理学生的人。

7.《班主任谈心术》

当前，青少年心理健康问题已成为全社会越来越关注的焦点。因青少年心理问题引发的违法犯罪等社会问题，也呈日趋上升的态势。现代教育的发展要求教师"不仅仅是人类文化的传递者，也应当是学生心灵的塑造者，是学生心理健康的维护者"。作为一班之"主"的班主任，能否以科学而有效的方法把握学生的心理，因势利导地促进各种类型学生的健康成长，将对教育工作的成败有决定性的作用。但是，面对性格迥异，出身、家庭等各有不同的学生，如何走进他们的心灵、倾听他们的心声、解决他们的思想问题？本书将一一为您解答。

8.《班主任治班之道》

班级是学校的基础"细胞"。班级管理搞好了，学校的教育、教学工作才会得以顺利。正如赫尔巴特所说："如果不坚强而温和地抓住管理的缰绳，任何功课的教育都是不可能的。"可见班级管理工作是多么的重要。而班主任作为班级的组织者、管理者，做好班级的管理就成为班主任工作的重中之重。

9.《怎样开好班会》

主题班会可以锻炼学生的活动能力,开拓他们的眼界。如何设计好一场别开生面的主题班会,寓教于乐,从思想上和情感上润物无声,对学生起到特殊的教育作用,这本手册是您的最好选择。分类细,立意精,内容新,一册在手,开班会不愁!

10.《突发事件应对》

书中列举的大量真实生动的案例,无不充满智慧,充满心与心的交流。书中的一幕幕校园闹剧,让人有种似曾相识的感觉;书中老师的"斗智斗勇",让人感到耳目一新,由衷叹服,不禁感慨教育真是一门充满智慧的学问!

11.《学生人格教育》

本书从人格类型入手,对教师和学生的人格类型进行了划分;再结合大量实证研究和教学实践个案,提出了教师应如何巧妙地根据学生的心理类型,在全班教学的同时又针对类型差异,进行适应个别差异的教学和管理,以满足学生的需要来激发学生的学习兴趣,进而提高教学效率,使每个学生得到适合自己的发展。阅读本书,教师不仅能够掌握更有效的教学方式、让学生喜欢上学习、提高教学质量,而且能够对自己有更进一步的了解,有利于教师的自我成长。

12.《学生心理教育》

当前我国教育改革和发展面临的重大任务和时代主旋律,是全面实施和推进素质教育。素质教育的重要内容和目标之一,就是培养学生良好的心理素质,提高学生的心理健康水平。而要想培养和发展学生的心理素质,最重要的方法就是面对全体学生系统地开展心理健康教育。本书就是一本供中小学生心理健康教育用的书,有助于引导中小学生领悟到相关的理念、知识和方法。

13.《学生遵纪守法教育》

对广大青少年的遵纪守法教育应根据其认识水平,从纪律教育入手,让他们从小建立起规则意识。而且要明确所在学校的校规,所在班级的班规;要了解学校的各种制度。由学校的一些纪律制度,推而广之,让青少年对必要的社会公共秩序的规定也要有所了解。同时,要青少年明白人小也要守法。本书以青少年为主要读者对象,目的是让青少年读者感受到遵纪守法的必要性。

14.《学生热爱学习教育》

本书通过大量实例,深入浅出地剖析了动机的重要性和来源,教您如何激发学生投入学习的动机,怎样鼓励学生完成学习任务,还告诉您怎样及时遏制学生在课堂上的不当动机。掌握了激发学生学习动机的策略之后,您会发现,让学生都爱学习,已不再只是梦想,它正在慢慢变为现实。

15.《学生热爱劳动教育》

教育与生产劳动相结合是我党教育方针的重要组成部分,是我们坚持社会主义教育方向的一项基本措施。要搞好教育与生产劳动的有机结合,必须首先教育学生热爱劳动,使每个学生对劳动产生渴望,感到劳动是一种欢乐,是一种享受。当学生能从劳动中取得乐趣时，劳动教育才算获得成功。

16.《学生热爱祖国教育》

热爱祖国是中华民族的传统美德，是每个公民的神圣义务。"以热爱祖国为荣，以危害祖国为耻"不仅是一个普通的道德准则，也是公民的生活规范。爱国主义是维护中华民族大团结，促进社会大发展的主要精神动力，是中华民族最基本、最重要的传统美德。爱国主义，也是对自己祖国和人民的深厚感情。

17.《学生热爱社会教育》

构建社会主义和谐社会，必将为青少年健康成长创造一个优良的社会环境。同时，加强青少年社会教育，促进青少年健康成长，对于促进社会主义和谐社会建设，也具有十分重要的意义。社会的持续发展，持续和谐，在很大程度上取决于今天的青少年能否成为未来社会的合格成员，而培养合格的社会成员，仅靠学校教育、家庭教育是不够的，必须坚持学校教育、家庭教育和社会教育相结合。

18.《学生热爱科学教育》

当你们看着可爱的动画片，玩着迷人的电脑游戏，坐上快速的列车，接听着越洋电话的时候，……你可曾意识到科学的力量，科学不仅改变了这个世界，也改变了我们的生活，科学就在我们身边。科学技术的日新月异，使得科学不只为尖端技术服务，也越来越多地渗透到我们的日常生活之中，这就需要正处于青少年时代的我们热爱科学，学习科学。

19.《学生热爱环境教育》

我们不是从祖先那里继承了地球，而是从子孙那里借用了地球。宇宙无垠，地球是一叶扁舟，人类应该同舟共济。地球能满足人类的需要，但满足不了人类的贪婪。森林是地球的肺，我们要保护森林。水是生命的源泉，珍惜水源也就是珍惜人类的未来。拯救地球，从生活中的细节做起。对待环境的态度，表现着一个人的素质和教养。人类若不能与其它物种共存，便不能与这个星球共存。幸福生活不只在于衣食享乐，也在于碧水蓝天。

20.《学生热爱父母教育》

专家认为教育首先是让孩子"成人"，然后再是"成才"。要弄清成绩、成人与成才三者的关系，谨防"热爱教育"缺失造成的心灵成长"缺钙"现象。对一个孩子健全人格的培养，最关键的要让他做到几点：热爱父母，能承受挫折、吃得起苦，有劳动的观念。热爱父母，才能延及热爱社会、热爱人生。

由于时间、经验的关系，本书在编写等方面，必定存在不足和错误之处，衷心希望各界读者、一线教师及教育界人士批评指正。

编者

# 目　录

第一章

班主任的人文素养

# 人文素养解析

要理解人文素养,首先需要对"人文"有一个清晰的认识。这里我们从中国传统"人文"和西方"人文"的不同角度加以论述。

## "人文"的解析

*1.* 中国传统"人文"的解析

"人文"一词,在我国最早出现在易经的《易·贲》中,其中的解释是:"刚柔交错,天文也;文明以止,人文也。观乎天文,以察时变。观乎人文,以化成天下。"这里的"人文"含有与"天文"、"天道"相对应的意思。后来宋朝程颐在《伊川易传》卷二释作:"天文,天之理也;人文,人之道也。天文,谓日月星辰之错列,寒暑阴阳之代变,观其运行,以察四时之速改也。人文,人理之伦序,观人文以教化天下,天下成其礼俗,乃圣人用贲之道也。"

我们不难得出"人文"在中国文化传统中的三层基本含义:

(1)是与自然天象相对的人类文明或文化,泛指人类社会的各种文化现象,从中显示出中国文化传统中"自然、文化"的区分和对立;

(2)是与自然物事定数相对的人事人理,也就是自然规律与人的主观能动性之间的区别;

(3)"人文"是指人们的文采与礼仪,也就是指人类的行为规范,是一种"礼教文化",指用诗、书、礼、乐这些东西来"化成天下"。作为对"人文"的最早阐释,已包含了后来"人义"所蕴含的非常强烈的"伦理教化"功能的意思。

由此可见,在我国古代,"人文"被摆在一个非常重要的位置上,是一个关系到君主能否定国安邦,社会能否安定、平稳发展的重要命题。国学泰斗钱穆先生指出:"物相杂谓之文,人文即指人群相处种种复杂的形相。""所谓人文,则须兼知有家庭、社会、国家与天下。要做人,得在人群中做,得在家庭、社会、国家乃至天下人中做。要做人,必得单独个人各自去做……又必须做一有德人,又须一身具诸德……人处家庭中,便可教慈教孝;处国家及人群任何一机构中,便可教仁教敬。人与人相交接,便可以教信,故中国传统文化精神,乃一切寄托在人生务实上,一切寄托在人生实务之道德修养上,一切寄托在教育意义上。"这是以"仁"为核心,强调教化、修养和精神,使人们"修身、齐家、治国、平天下"的观点。

因此,时至今日,学术界绝大多数研究者依然认为:所谓人文,首先应当肯定人性的价值,肯定人的尊严和人生的意义,肯定人是目的,维护和弘扬人的主体性。人文就是对人的教化,它既涵盖了政治思想性或思想性,也包括人的世界观、人生观、价值观、审美观等一切属于人的精神世界的教育因素。

2. 西方关于"人文"的解释

在西方,按照古罗马人的认识,"人文"最初是指"有知识、有文化的人",与之相对应的就是"野蛮人"。因此,西方最初的"人文"指的是"教化教养"的意思,指的是教养和文化、智慧和德性、理解力和批判力等理想的人性。后来"人文"的含义逐渐丰富和扩展,在文艺复兴期间出现了人文主义思潮,这时的"人文"指的是建立在以人为中心观念基础上的个性、自由、权力,以及人的尊严、价值、情趣、人格、人性、人道等内容。

具体来讲,从西方语境的词源学上看:一方面,"人文"一词来源于拉丁语 humanitas(人性、教养)的英文词 humanity,其含义包括四个方面:(1)人道或仁慈的性质或状态,慈爱或慷慨的行为或性情;(2)人性,人间的属性;(3)人文学(又称"人文学科"或"人文科学")或人文学的研究,最早是在中世纪的"世俗学校"中开设的同基督教神学和经院哲学针锋相对的有关世俗文化方面的课程,它以人和自然为研究对象,其内容包括对古希腊、古罗马的文法、修辞、辩证法、语言、文学以及自然科学的研究,后来演变为仅指拉丁文、希腊文、古典文学的研究,在此基础上又产生了广义的人文学科,包括语言、文学、艺术、哲学、宗教、历史等学科的研究;(4)人类。另一方面,由 humanity 又衍生出 humanism,其主要含义包括:①对人文学科的热衷,如对文学修养、美学修养的强调等;②人文主义,特指欧洲 16—17 世纪在思想文化领域中发生的对古典文学、个人主义精神和批判精神的复兴,以及对于具有文艺复兴特点的非宗教内容的强调,后来它逐渐演变为一种思想态度,即认为人和人的价值具有首要的意义,强调人对于自然界的优越性,以人作为衡量一切事物的标准,并扬弃偏狭的哲学传统、宗教教条和抽象推理;③人道,热衷于人类福利、对人的深切关怀;④博爱主义;⑤人本主义,它反对以神为本的旧观念,宣传人是宇宙的主宰,是万物之本,用"人权"对抗"神权",这也是人文主义的立场,所以人文主义有时也被称作"人本主义"。14 世纪时彼德拉克所说的"我不想变成上帝……我是凡人,只要凡人的幸福",成为"文艺复兴"时期最响亮的口号。

正是这种"人文"观,开启了西方现代文明的开端。

从上述分析中可以得知,尽管东西方文化的渊源不同,但对"人文"本意的理解却能殊途同归,体现了人类在探究和追求人文本源问题上的同一性。作为"存在物"来说,它不是人之外的自然现象,而是人本身或与人有关的种种现象,即与"自然景观"相对应的"人文景观"。它体现了对人的关怀和对文化的关切,人文的意义首先是人学,是人的反观、自省和自审之学。它超越了生理学的层面和心理学的意趣,而在人的自我超越之处领悟人性和人道,进而用人所创造的价值之光去净化人的心灵。

因此,从概念上讲,人文就是人类文化中的先进部分和核心部分,即先进的价值观及其规范。其集中体现是,重视人、尊重人、关心人、爱护人。简而言之,人文,即重视人的文化。人文的核心是"人",以人为本,关心人、爱护人、尊重人。这就是我们常常说的人类关怀、生命关怀。人是衡量一切的尺度,在人世间的各种权利中只有人权是天赋的、生来具有的,不可剥夺,也不可代替。承认人的价值,尊重人的个人利益,包括物质的利益和精神的利益。

迄今为止,尽管人类经过了剧烈的时代变迁,但"人文"作为人类精神文明的本质内核,却始终巍然独存,具体而细微地显示着其对人类文明的巨大作用,这不仅体现在人文知识的传承、积淀、推动人类社会的不断进步上,而且深存于人对世界、对自身价值和人自身存在意义的关注、对人类命运的思考和探索这一终极关怀的人文精神上。人文素养教育就是要将人文知识与人文精神渗透、贯穿到一个人成长的过程中,内化为一个人卓然的人格品行和风度气节,外化为为人、处世、交际的原则和能力。

提到人文,往往就会想到科学。科学与人文是什么关系?英国学者斯诺在他的《两种文化》这本书里明确提出了两种文化一说,认为存在着人文文化和科学文化之分,而这两种文化永远不能交汇。他还举了一个例子,是说作为一个人文学者,如果不知道莎士比亚是应该感到惭愧的,哪怕他本人的研究方向与莎士比亚毫无关系,因为莎士比亚已经成了基本的文化素养,但他不会因为自己不知道热力学第二定律而感到惭愧;可是作为科学工作者,如果不知道热学第二定律,那他是不及格的,对于莎士比亚,他们就没有知道的必要了。斯诺提出了一个普遍存在的现象,因为这两种文化的冲突在当今越演越烈了。

事实上,二者缺一不可。比如,英国著名思想家约翰·洛克用了《政府论》的整个上篇,差不多100页的笔墨,以详尽的事实、犀利的逻辑打破了桎梏人类几千年的传统观念:"君权神授"。正如哥白尼、牛顿把"地心说"颠倒过来,建立了"日心说"一样,洛克则把"君本位"颠倒过来,建立了"人本位"的伟大学说,强调人是社会的中心,从而实现了人类社会的一次伟大革命,人类价值观的一次伟大转变,现代人文思想的核心内容从此确立。然而,洛克的这一伟大发现却来自他为社会发展寻求规律的科学理性。洛克比牛顿大十几岁,但他们却是最要好的朋友,莫逆之交。牛顿是近代科学的集大成者,近代科学的诞生,给人类提供了一个崭新的观念:规律意识和理性思维。洛克深受牛顿思想的影响,认为自然界如此有规律、有秩序,人类社会是不是也有它自身的规律呢?"人本位"就是他研究人类社会规律的第一个伟大发现。由此,洛克在科学和人文之间架起了一座桥梁。科学为人文提供了理性的武器,而人文又为科学提供了发展的方向:科学始终造福于人类,不要给人类造成伤害。

进一步讲,一个人的精神世界是由三大支柱支撑的,即科学、艺术、人文。科学追求的是真,给人以理性,科学使人理智;艺术追求的是美,给人以感性,艺术让人富有激情;人文追求的是善,给人以悟性,人文中的信仰使人虔诚。科学讲的是理性,艺术更富于情感,人文则既有深刻的理性思考,又有深厚的情感魅力。一个人的精神世界,不能没有科学,也不能没有艺术,更不能没有人文。只有三者和谐发展,才能生成和谐的人性,乃至和谐的社会。

**人文素养的界定**

*1.* 人文素养的含义
前文剖析了人文的内涵,那么何为"素养"呢?

"素养"的概念是我们中国人自己发明的,自古有之。《汉书·李寻传》说:"马不伏枥,不可以趋道;士不素养,不可以重国。"《辞海》对"素养"的注释是:①经常修习涵养;②平素所素养。"素养"偏重于后天修习养成,是指由训练和实践而获得的技巧或能力。

对于人文素养,不同的学者提出了不同的说法:

李林认为,人文素养主要指"除专业知识与技能之外的其他文化修养与素质"。

肖川教授认为人文素养具有以下一些含义:

(1)对于古典文化有相当的积累,理解传统,并具有历史意识,能够"守经答变,返本开新";

(2)对于人的命运,人存在的意义、价值和尊严,人的自由与解放,人的发展与幸福,有着深切的关注;

(3)珍视人的完整性,反对对人的生命和心灵的肢解与割裂;承认并自觉守护人的精神的神秘性和不可言说性,拒斥对人的物化与兽化,否弃将人简单化、机械化;

(4)尊重个人的价值,追求自我实现,重视人的超越性;崇尚"自由意志和独立人格",并对个体之间的关联有相当的认识,从而形成人类意识;

(5)对于人的心灵、需要、渴望与梦想、直觉与灵性给予深切的关注;内心感受明敏、丰富、细腻与独特,并能以个性化的方式表达出来;

(6)重视德性修养,具有叩问心灵、反身而诚的自我反思的意识和能力;

(7)具有超功利的价值取向,乐于用审美的眼光看待事物;

(8)具有理想主义的倾向,追求完美;

(9)具有终极关切和宗教情怀,能对于"我是谁,我们从哪里来,又要到哪里去"一类的问题做严肃的追问;

(10)承认并尊重文化的多样性,对于差异、不同、另类,甚至异端,能够抱以宽容的态度;

(11)能够自觉地守护和践履社会的核心价值,诸如公平与正义。

还有人则认为,人文素养,就是将人类优秀的文化成果,通过自身习得、知识传授、环境熏陶等方式,使之内化为人格、气质、修养,成为人的相对稳定的内在品格。人文素养是一个人精神风貌和内在气质的集中反映。

综合分析,我们认为,人文素养是人类文明在个体身上表现出的深层次的内化结构,是人对人类优秀文化成果的吸纳和积淀。所谓人文素养,主要是指建立在人文科学知识之上,受人类优秀文化熏陶所反映出来的人的精神风貌和内在气质,是一个现代人文明程度的综合表现。人文素养主要包括语言修养、文学艺术修养、伦理道德修养、文明礼仪修养、政治理论修养、历史和哲学修养等。通常来说,个体的人文素养表现为人的人格、气质、修养、人生观、价值观及思维方式等。简而言之,人文素养就是做人的基本修养,是一个人对自己、他人及社会的认识和态度。

2. 人文素养的涵义

由上文可以看出,人文素养是跨学科的复合性概念,是在人类社会漫长的发展过程中,伴随着人认识和改造自然、社会和自身的成果积淀而成的。人文素养表现为追求人的全面发展和社会的全面进步的精神态度,倡举高品位价值境界和深层次品行底蕴的人格修养,善于慎对自我、尊重他人、关爱社会、呵护环境的心理品质。它们是人在自身社会经历中的人文体验和在文化交流中的人文知识的基础上,通过内心的认定、取值、拓升而形成的。

人文素养涉猎很广,包括了哲学、文学、史学、政治学、经济学、法学、人类学、社会学、心理学、美学、教育学、管理学、环境学等学科中关于人的问题的研究视域,凝练了这些学科的精神品格。在人与自身的关系上,突出地显示讲理想、讲进取、讲守节、讲自律的精神和价值取向;在人与他人的关系上,突出地显示讲诚信、讲为善、讲包容、讲互助的精神和价值取向;在人与集体的关系上,突出地显示讲大局、讲奉献、讲合作、讲和谐的精神和价值取向;在人与社会的关系上,突出地显示讲规范、讲秩序、讲公平、讲安定的精神和价值取向。

人文素养与人的其他文化素质相比较,具有明显的历史性、科学性、价值性、社会性特征。历史性的核心是人文传统,体现为对人文遗产的扬弃和传承。我们的民族在 20 世纪开始就切断了自己的文明传统,以废除封建传统之名彻底否定了自己的文化之根。但一个鄙视自己文明传统的民族是断然不可能成为一个文明大国的,说到底,文化的底蕴是离不开民族传统的;科学性的核心是人文精神,体现为对人文理性的把握和应用;价值性的核心是人文情操,体现为对人文旨归的守护和弘扬;社会性的核心是人文实践,体现为对人文关怀的承诺和践行。而这一切都集中反映了人的哲学品位、文学品位和史学品位;人的生产态度、生活态度和生命态度;人的认知修养、价值修养和审美修养;人的做人之道、行事之道和处世之道。因此,可以这样认为,只有具备了一定的人文素养,人才能称得上具备了做人的资格,成为真正意义上的人。

人文素养引导人们关注伟大、崇高、博雅、文明等人类应有的价值观念,它着眼于对人类命运与归宿、痛苦与解脱、幸福与追求的思索。这种素养是提高人们适应社会的能力和建立良好的人际关系的需要,是提高人对高强度竞争的承受能力,培养独立人格和自我完善的需要,也是社会进步的需要。

从现代意识出发,人文素养应该是人文学识、精神对人的滋养和熏陶,使人在思想上认同并接受人文精神,从而具有这种修养和精神。

具体地说,人文素养应该使人在思想上对人类具有强烈的关爱意识;对人的价值、尊严、生存意义予以严肃的关注;对真理、正义、美与崇高具有无限的景仰。在行为上,对生活严肃、一丝不苟,积极向上,不断求索;在思考与行为过程中,尽可能减少感情色彩,尽量让理性裁决一切,但又不乏激情,具有强烈的荣誉感和责任感。

说到底,人文素养就是一种做人的基本原则,是人之所以为人的基本素质。它的核心在于强调把人当作人来看待,反对将人作为物来对待,其意义在于它始终不渝地强调"人是目的"这一最高价值判断。

人文素养在人的整体素质中起着方向性的作用,它是人类精神家园的宿主,对人类的思维方式、心理机制、情感世界、意志力、价值取向、审美体验、意识形态系统、理想模式有决定性作用。就前文论述的科学与人文的关系而言,人的科学素养与人文素养也是相辅相成、相互促进的。打个比喻,个人的发展和对社会的贡献大小如果被视为数学中的一个向量,科学素养水平就是此向量的大小(即"向量模"),而人文素养则是向量的方向。从人文素养与科学素养的这种关系中可以看出,一个纯粹具有科学技术素养的人并不一定是对社会有用的人。如果没有积极、健康、高雅的人文素养,一个人的科学技术素养越高,对社会的危害可能就越大!因此,人文素养是人的发展的重要指标,离开人的人文素养,就根本谈不上人的全面发展。

**人文素养的构成**

如前所述,人文素养主要指一个人所具有的人文知识以及由这些知识所反映的人文精神内化在人身上所表现出来的气质和修养。因此,人文素养主要是由人文知识、人文精神和人文行为三个部分组成。人文知识是指文、史、哲、艺术等人文学科知识;人文精神是指通过人文知识的吸收、内化而形成的一种稳定的内在特质,如情感、态度、人生观、价值观、社会责任感等;而人文行为则是在人文精神指引下所表现出来的分析和解决人与自然、人与社会以及人与自我之间问题的行为能力。

就整个人文素质而言,人文知识是基础,人文精神是核心,人文行为是外化表现。这三个方面相互联系,构成一个有机统一的整体。在这三大要素中,人文知识是其他两个方面赖以形成的基础;人文精神与品质由于涉及人生观、世界观和价值观等根本性问题,在构成人文素养的各个要素中占据核心地位,直接决定着人文素养的方向。

1. 人文知识

(1) 人文知识的含义

人文知识是与自然知识和社会知识相对应的一种知识类型,是人类总体知识构成中的一个重要组成部分,是以语言符号的方式对人文世界的把握、体验、解释和表达。这种把握、体验、解释和表达有两种不同的水平和层次:一是感性的,二是理性的。感性的人文知识是我们通过日常生活所获得的,这些知识零碎而肤浅,彼此之间甚至是相互冲突的。但是,就是这些知识为我们许多人的日常生活价值及其实践提供了暂时的依据,使他们觉得活有所值。理性的知识是我们通过专门的学习所获得的,学习历史、哲学、艺术、宗教、文学乃至科学等,都可以获得这种系统的、理论化的人文知识。这种人文知识是由一些思想家们苦心孤诣、殚精竭虑所创造出来的,因其系统性、理论性、深刻性而对人生真谛有更充分的揭示,因此也更能启发人们的自我反思,帮助他们提高完善自我的人文境界。也正是借助于这两种人文知识,一代又一代的人才有可能提出、探索和回答他们所面临的关于意义的问题。

当然,拥有了人文知识并非意味着就具备了一定的人文素养,因为知识与素养是有区别的。比如说,纳粹头子很多会弹钢琴、有哲学博士学位,难道不是很有人文素养吗?按照台湾作家龙应台的说法,他们所拥有的是人文知识,而不是人文素养。知识是外在于你的东西,是材料、是工具、是可以量化的知识,必须让知识进入人的认知本体,渗透他的生活与

9

行为，才能称之为素养。也就是说，人文素养是在涉猎了文史哲之后，更进一步认识到，这些人文"学"到最后都有一个终极的关怀——对"人"的关怀。

王阳明，我国古代著名哲学家、思想家。一次，他的学生问他，为什么许多人知道孝悌的道理，却做出邪恶的事情？王阳明回答说："此已被私欲隔断，不是知行的本体了。未有知而不行者，知而不行，只是未知。"在他看来，真知无不从人的行为中表现出来，知道而不身体力行，那还是未知，还不是真知。知行的本体就是人的素养，是人之为人的根本。

（2）人文知识的特点

源于人文世界的独特性，人文知识与科学知识等相比有其独有的特质，这一点常常为人们所忽略，因而也导致了对人文知识学习方面一些错误的理解和做法。人文知识具有以下一些方面的特征：

①人文知识具有价值负载性。

科学问题是个事实问题，即关于事实"是这样"或"不是这样"的问题，而人文知识则是"应当怎样做"、"怎样做才能更好"的问题。人文知识陈述的是经过价值解释、理解和选择了的事实，是一个被意义化、价值化了的，即被主观化了的客观事实。就像我们对于"死"这样一个客观事实，常常就要把它分成是卑鄙的"死亡"，还是伟大的"牺牲"，还是有关这方面的其他表达方式。因此，人文知识不是一个关于纯粹"事实"的问题，而是一个被精神化了的"事情"的问题。在我们的日常生活中，我们为什么这样做而不那样做呢？这是一个"选择"的权利和能力的问题。正如我国学者赵汀阳所说，对于人类不断面临什么样的选择才是更好的选择这样一个问题，人类就需要关于什么是"更好选择"的知识。选择正是我们要不断面临的人文问题，这种关于更好的选择的知识，就是不同于纯粹客观知识的人文知识。有鉴于此，如果我们把人文知识当成客观知识来学习，而无视人文知识的价值本质，不关注选择的问题，实际结果可能就是教育大批量地"生产"出"为学日益，为道日损"的"有知识没文化"的学历人。

②人文知识具有历史性。

人文知识具有历史性，因为历史文本总是以时间的空间化方式保留其永恒的人文意义，历经时间的检验而沉淀出真理性。做人文研究和思考,总是要回到过去,历史长河中的经典文本总是不断以其独特的方式进入当代人的视野。在人文知识领域,当代人的文本未必比过去的经典更具真理性,甚至常常不如过去的经典,所以总不断有人大声疾呼:回到过去的经典。在人文历史的长卷中,留下了一座座后人难以超越的人文高峰,它们以其独特的魅力吸引着后人回到那山脚开始着精神的攀登。

③人文知识具有默会性。

波兰尼通过研究发现,知识结构具有双重性质,由此提出了明确知识和默会知识两个相互联系的知识概念。所谓明确知识,是指属于描述性、规范性和可编码的正规知识,可以剥离于主体而在个体间以一种系统而明确的方法加以传达的知识;而默会知识则是未加编码或难以编码、高度个人化的程序性知识(关于"如何做"的知识),它依赖于个体的体验、直觉和洞察力,深深植根于行为本身,难剥离于主体之外而存在,简言之,能够解决实际问题的、只可意会而不能言传的知识。这类知识具有存在的无形性、对主体的依附性、内居性以及独特的个性等特征。可见,人文知识由于属人的主体性而具有比科学知识更深刻的默会根源,明确知识仅仅是人文知识整体中露出海面的"一角冰山"。因此,就人文知识的存在方式而言,我们不能仅仅拘泥于知识表达的"明确性"的存在方式,仅仅拘泥于知识上惯用的"科学表达"方式,而应该将"隐喻地"说、"诗性地"说,甚至"述而不作"的行动本身,也看成是人文知识的表达与存在方式。人文知识的这种默会性,就要求我们只有把读书与读人、读史、读现实生活结合起来,在"互证"、"互渗"中才能完整地领会真正的人文知识。此外,鉴于人文知识具有深刻的默会根源,鉴定一个人人文知识学习的状况、水平的高低,就不能用什么标准化和卷面化方式,人文的行为表现就显得格外重要,默会的知识只有在解决真实问题的过程中才能表现出来。

④人文知识具有实践性。

人文知识的价值实现最终是要走向生活世界,在大众生活实践中得到体现。高深的人文知识虽然可以由文化精英来建构,但文化精英代替不了大众对这些人文理论的理解和践行。正如孔子《论语》的当代际遇一样,必得以媚大众口味方式,文化经典才得以为大众所接受。此外,精英也无法将这些复杂的理论,准确地变成适合大众操作的傻瓜化技术或仪式。历史的经验证明,凡是试图用傻瓜化的方式将复杂的社会理论和人文理论教条化、语录化、口号化、仪式化而推向社会大众,最终的结果都适得其反。任何具有某种复杂性的理论只能通过不断的智力再创造,才能保持其复杂性。由于人文知识无法实现真正意义的傻瓜化,因此,人文知识的学习就不可以采取"生产性"的方式,而只能采取"生长性"的方式。将人文知识的种子播种下去,精心培育,在实践中不断习得、内化、生成。也正因此,当"以学生为本"成为一个时尚口号时,其误解、执行力等都会大打折扣。因此,人文化学习环境的创设也是非常重要的。"以学生为中心"必得有深刻的理论论证,必落实在点点滴滴的教育教学实践中,才能生根发芽,并得以茁壮成长。

由于这些特征,将自然科学知识的方式当成是人文知识学习的"范式"是错误的,人文知识有其独有的特征,也决定了它有适于自己的学习方式。

2. 人文精神

(1)人文精神的含义

如果说人文知识是人类认识、改造自身和社会的经验总和,人文精神则是人文知识化育而成的内在于主体的精神内核,是人做出自己行为选择的中枢。

目前学界对人文精神的认识人言人殊,并且有些是概念混淆不清。原因在于人文精神是个抽象的概念,在不同的时代,有着不同的主题与表现方式。例如,在古希腊,时代人文精神主要表现为人与自然的和谐、人自身的和谐。中世纪时代一般被人们认为是没有人文精神的黑暗、蒙昧时代,导致文艺复兴开始对人在社会和自然中的主体地位的强调,并在此基础上重新发现并发展了人的理性精神,但是人的理性精神的充分发展又导致人对理性的偏执,造成许多负面结果。于是现代人文精神粉墨登台,强调人的感受的全面性,承认人的非理性与理性协调发展才能保证人的全面发展。由此可见,人文精神并不是一成不变的,而是在发展的过程中不断地扬弃自身从而达到人对自身的认识的丰富与深化,这才是人文精神的本意。

具体来讲,由于历史发展不同,人文精神的具体内涵也不一样。从古代到当代,这种内在精神不断丰富,其发展历程主要体现在:

①以人为本,强调人在万事万物中的主体地位。

"以人为本"可以说是对人文精神最简单的概括。以人为本,顾名思义,即以人为世间万物的最可尊贵者,以人为世间万物的根本,人本身的存在和需要,应被视为是我们认识问题和价值取舍的最终依据和标准。莎士比亚称人是"宇宙的精华,万物的灵长";卢梭称"人性的首要关怀就是对于自身的关怀"。人从自然中凸现出来,人有智慧,有语言和思维,有技艺和发明才能,他不是上帝或神的奴仆,人生不是"赎罪",而是获取幸福生活的过程。可以说,人文精神也是一种价值观,就是关爱人,尊重人,尊重人的生存意志和生存权利,提升人的生存目标。

②个人的自由与尊严。

人既与物、神相区别,则进入由人组成的社会之中。在社会结构中,个人不是法律、权利和社会制度的被动产物,而是创造社会历史的主人。这种主人身份表明,每个人都有权追求自己的幸福生活,都有自己的尊严和价值。在人与社会的关系上,个人可以选择政府民主政治,在人与人的关系上,强调人与人不一样,每个人都有独特的生命价值,反对人身依附,倡导人格平等和相互尊重。

③完人理想。

人与人不一样,那么,哪一种人能较好地体现人的本质,是否有一个理想的"人"型呢?回答是肯定的。古今中外都存在着完人理想。从《荷马史诗》中的英雄,古罗马西塞罗时代的雄辩家,到古代中国的圣人,再到现代的知、情、意全面发展的人,其内涵日益丰富,至今仍激励着人们去努力。

④人的精神文化品格。

"完人"毕竟只是一种理想,在现实社会中,人的存在是不完满的,人格分裂随时随处可见。其极端表现或者寄希望于天国、来世,或者采取禁欲主义,或者沉迷于追求物质、金钱,以达到感官的满足。这种非现实的或动物属性的应对,都无法救赎人的心灵。所以,人会迷茫,会颓废,会疯狂。历史告诉我们,只有诸如公平、正义、仁爱、真理、忠诚等人的精神、理性和美德,才能更好地体现人的本质,更能体现人之所以为人的是他的精神文化品格,即人的社会、精神、文化属性。

由此可见,所谓人文精神,就其内涵来看,主要指的是一种对人的尊重与关注,对人之为人的思考,对人生终极意义的关怀。简言之,人文精神的基本内涵包括以下几个方面：

①以人为本，凸现人在自然、社会中的主体地位。

中国视人为万物之灵，西方视人为万物的尺度。承认人之为人的独特性，将人从动物界提升出来。

②强调人的自由、尊严和个性解放。

人文精神是与宗教神学相对立的世俗精神，在现代社会，人不再是上帝的臣民、机器的附庸，而是追求个人自由、幸福、发展的人。人的自由、尊严、个性得到普遍重视与认可。

③追求人格独立与完善。

在这个意义上讲，人文精神就是对人的精神归宿的关注，人所特有的对真、善、美等终极价值的执著向往。人文精神关注人的充分发展，追求人性的完美与和谐，关注人的全面发展。现代人不应仅仅是一个劳动者，而且还应是一个有明确的生活目标、高尚的审美情趣和价值追求，既能创造又懂得享受的人。因此，人格的全面发展成为现代教育的核心。

（2）人文精神的特质

人文精神是人文素养的核心，它具有以下属性：

①人文精神是属于人的精神。

第一，从它的主体上说，是属于人的精神。之所以这样强调，是因为在漫长的封建社会，宗教神学是至高无上的，整个人类社会没有人应有的社会、历史地位。那时，没有人的精神而言，没有人性、人权、人道可言，有的只是神性、神权和神道，人隶属于神，关于人、人的精神等一切都成为神的精神表现。从16世纪欧洲文艺复兴运动开始，人们的视线才从神转向人，人在理论上、实践上才真正成为社会的主体，人们从此承认"精神"属于人，只有人才具有精神。因此，人文精神是相对于宗教神学的观点而言，是属于人的精神。从人文精神的客体上说，人文精神的属性是指人关于自身和社会的精神，是人把握自身、约束自身、规范自身的精神，是人怎样自觉地成为人，并与动物相区别的精神。正如中国古代老子所言，是"以身观身，以家观家，以乡观乡，以邦观邦，以天下观天下"，也就是人认识自身的过程。这就是说，人文精神研究的对象是"人"、"人类社会"，而不是神或其他的一切。理解人文精神的"属人性"，除了明确它与神的精神和研究神的精神相对而言之外，还应指出人文精神与人的精神有别。

人文精神属于人的精神,但属于人的精神未必都是人文精神。从横向看,那些危害他人、危害社会的思想不属于人文精神;从纵向看,那些颓废、腐朽、没落而妨碍人类社会进步的思想,同样不属于人文精神。

第二,科学精神属于人文精神。长期以来,人们将人文精神与科学精神相对立。事实上,正如前文对科学与人文关系的讨论一样,它们是互有联系、相互促进的。甚至广义上的人文精神也包括着科学精神,因为离开人所生存的自然环境,如何能对人有一个完整、准确的认知呢?人是自然的人、社会的人,人文精神本就是在研究和处理人与自然、与社会、与自我的关系中所展现出来的对人完整生命及其环境的关怀。科学精神是人在改造自然、认识及保护自然的活动中关于人的内在尺度的反映和体现,它无疑属于人文精神。

②人文精神是内化于实际行为中的精神。

人文精神不等于人文知识。所有的知识,包括人文知识在内,在世界的思维和存在,即物质和精神的划分中,都属于精神性的、第二性的范畴。但是精神性的、第二性的范畴中未必都是知识,尤其未必都是人文知识。在精神中,除了作为知识而存在的精神之外,还包括作为指导思想、理念、情感、意志、信念、信心等存在于实际行为中的活的思想灵魂。因此说,它是在社会生活中体现自觉维护人性尊严,构建理想人格,并通过人文活动所体现出来的精神。知识的多少、学历的高低不是衡量一个人是否具有人文精神的标准,一个具有较高学历和丰富知识的人,完全可能是一个缺乏人文精神的人。人文精神是贯穿、体现在人的行为中的精神,是某种行为的指导思想和内在灵魂。

③人文精神是经过教化而养成的精神。

人文精神不是本能、自发的精神,而是经过教化而养成的自觉精神。人文精神中的"文",最初是指图形、花纹、文彩等涵义,是与"质"相对的东西。刘勰在《文心雕龙·情采》中说:"夫水性虚而沦漪结,木体实而花萼振,文附质也。"可见,"文"是在"质"的基础上经过加工变化后而形成的东西,是人的文化。人文精神是教化而养成的精神,这是由人的社会属性所决定的。人是自然属性和社会属性的统一,其本质在于其社会属性。社会生活需要有一定的生活规则和生活秩序,否则,必将无法正常维系,而人文精神正是维系社会正常生活的精神力量。人在社会中,无时无刻不受到"文化"这一"看不见的手"的影响。在社会生活中要符合做人的规范,在生活实践中摆脱愚昧野蛮,摆脱兽性、物性、神性、奴性,使人朝着有丰富人性规定的社会境界即人们常说的"人文性"发展。人文精神就是人的一种文化,当然,文化未必是人文精神。因为人类文化有先进与落后之分,人的精神从其作用上也有两种:一是积极向上的、推动社会发展的精神;二是消极的、阻碍社会发展的精神。而人文精神属于前一种,仅与先进文化相联系,是先进文化教化的结果。因为,人们常说的人文精神是在积极的意义上所使用的概念,例如,"道德滑坡,缺乏人文精神","对人和自然界要有人文精神的关怀和关爱","社会的发展是人文精神和科学精神的统一"等。

人文精神既然是经过教化而养成的精神,那么,因教化程度、水平的不同和养成范式的不同,必然会产生深与浅、高与低的不同层次和不同水平的人文精神。它既然是教化而养成的精神,那么,就应是一种主动的、自觉的精神,是一种有明确目的,受特定思想支配的精神。

④人文精神是目的和工具相统一的精神。

人文精神是目的价值性和工具价值性的统一。一方面,人文精神具有目的性。如果说科学精神是做事、立业精神的话,那么人文精神是做人、立人的灵魂,是人类自觉弘扬人性、构建人格、表现自我存在价值的情怀流露,是人之所以成为人,并区别于其他动物的一种人特有的资质。如果人没有人文精神,即没有文化,没有礼教,没有廉耻,至多只能是一般的动物、普通的野兽。从这一层意义上说,提倡人文精神是一种目的,它具有目的性。另一方面,人文精神具有工具性。人文精神是人之所以成为人的首要标志,是人应当怎样做人的灵魂。但是,我们所说的人文精神也有工具价值的一面。一是因为人文精神既是文化教化的结果,同时它又具有社会教化的功能。人接受人文精神的教化,使人更具有人文精神。从这一点上说,人文精神凸显着工具价值性。二是因为人文精神是人对人的关怀、关爱。在人与人之间、个人与社会之间,要通过关怀他人和社会来关怀自己,这也是人的价值追求的两个方面之一,而且是主要的方面。这里也凸显出了人文精神的工具价值性。三是因为人应当关爱自己。在人与自然之间,人应当通过关爱自然、善待自然,通过可持续发展来关怀自己。掠夺性的开采和超前的利用所造成的生态破坏,最终是人对自己生存环境的破坏,是人的自我毁灭。这是人缺乏人文精神的野蛮行径,这里同样彰显出人文精神的工具价值性。

⑤人文精神是一种批判性的精神。

作为一种具有批判性的精神,人文精神必须具备超越的、甚至永恒的价值理想和理念,以此它才能够独立于一切现实事物并对其具有批判性。那么这种价值理想或理念是什么呢?"人是目的"的理念就是人文精神的核心理念,凡事只有以人为目的、人的发展为目的,才是进步的,才具有合理性。对"人是目的"的理念的理解和表达最充分的是康德,他对"人是目的"理念的界定至今对我们都有借鉴和启发价值。康德的理解具有以下三层意思:

第一,人是目的,而不仅是手段。这种思想康德在其《判断力批判》中得到清楚的表达。康德认为:"只有在人之中,但也是在这个仅仅作为道德主体的人之中,才能找到在目的上无条件的立法,因而只有这种立法才使人有能力成为终极目的,全部自然都是在目的论上从属于这个终极目的的。"世界上的一切只有与作为终极目的的人相联系才有意义和价值。所以说,这个世界的创造无论其艺术布局多么宏伟,无论其整体结构体系如何众多,如果没有人的话,就都会是无意义的,没有人,这整个创造都将只是一片荒漠,是白费的和没有终极目的的。

第二,尊重人格。康德在《道德形而上学基础》中首次阐发"人是目的"的思想,在该著作中"人是目的"不仅作为一种理念,而且作为有理性的人共同遵守的法则:只要是人,他的人格就应该受到其他人的尊重。而人格尊严的体现就是人格的独立性和自主性,即不为物欲所累,不为名利所动,不为权势所屈。这种独立和自主,在康德看来就是自律,并认为"自律就是人的本性和任何有理性的本性的尊严的根据"。

第三,崇敬德性。康德在道德目的论中认为,只有服从道德律的人才能作为终极目的。因为服从道德律的人是自律的或者是独立自主的人,而道德律是人的理性立法的结果,有理性的人服从道德律实际上是自我服从,自我约束。服从道德律的人的意志是唯一被道德律所决定的,也是有德性的人。正是这种有德性的人才具有独立性和自主性,因而是自由的,才能不以他物为条件,而是一切他物的条件。所以,在康德看来,天地之大,以人为尊,而人之为尊者,在于德性。康德实际上把德性看做是最能体现或彰显人的自由的东西,也最能凸显人的尊贵,因而是最能把人与动物区别开来的东西。正因为如此,德性应受到敬重,所以在《实践理性批判》中他说:"对于一个没有德性的贵人,我身体鞠躬但我的精神不鞠躬;但对于一个出身微贱但品格高尚的人,我身体也许不鞠躬,而我的精神却不得不鞠躬。"因此,如果把德性培育作为建筑人文精神的一个突破口,无疑具有启发性和借鉴意义。

总之,"人是目的"的理念是人文精神的核心理念,它为人文精神的批判意识和批判性,找到了一个永固的根基和批判的准则。所以,目的性成为检验人是否为人、人性如何的标杆。

3. 人文行为

行为,举止行动之意,指受思想支配而表现出来的外部活动。

在生物学意义上讲,"行为"指生物进行的从外部可察觉的有适应意义的活动。

从哲学层面上说,"行为"指一个主体做了什么,这和"在一个主体身上发生了什么(或者说是在一个主体的头脑内发生了什么)"是相对的。哲学家认为,行为就是人们日常生活中所表现的一切活动。

从心理学的角度来看,"行为"具有以下特点:目的性、能动性、预见性、程序性、多样性、可控性和外显性。目的性就是指行为是一种有意识的、自觉的、有计划的、有目标的、可以加以组织的活动,是自觉的意志行动。能动性是指人的行为动机是客观世界作用于人的感官,经过大脑思维所做出的一种能动反映,并且人的行为不是消极地适应外部世界,而是一个能动地改造世界的过程。所谓预见性是指人的行为方式和行为结果等是可以预知的,因为人的行为具有条件,因而也是有一定规律可以遵循的。所谓行为的多样性是指人的行为有性质不同、时间长短不同、难易程度不同等的区别,因人而异。所谓可控性是指人的行为通过各种手段可进行计划、控制、组织和测度。而外显性,顾名思义,行为只有表达出来让人可见,才能表现出上述它所具有的所有特点。

一个人通过人文知识的学习和体悟,唤起对人的生命本身带有终极性质的追问,养成"高风亮节"和"超然物外"的价值追求和精神品格。这种内在的价值追求和精神品格体现在外在的行为上,即人文行为。人文知识的内化即人文精神,而人文精神的外化便是人文行为。人文行为体现了"素养"一词所含的"技巧"、"能力"之意,也是人文素养最终目的。人文知识是一个人具有人文素养的前提和基础,人文精神是一个人的内在品性和精神追求,那么人文行为则是表现在一个人的具体行动和实践上。一个人的人文行为表现在,他的生活一定是节制的,他的行为往往是勇敢的,他随时准备为正义和真理而献身,他会欣赏美的东西,他懂得如何尊重和善待他人,善待自然和我们赖以生存的地球。

建立在对"行为"的一般意义理解的基础上,我们认为,人文行为是以人文知识为基础,在人文精神的感召和支配下所表现出的一系列外在活动。

# 班主任人文素养的内涵

如前所述,人文素养可以被理解为由知识、能力、观念、情感等多种因素综合而成的一种人的内在的品质。在个体身上,人文素养通常表现为人的人格、气质、修养、人生观、价值观及思维方式等。结合教育工作自身的特点,班主任的人文素养主要表现为以下几个方面:

### 丰厚的人文知识底蕴

人文知识是人类关于人文领域的基本知识,它主要与精神生活有关,包括历史知识、文学知识、哲学知识、宗教知识、道德知识、法律知识、艺术知识等。具备基本的人文知识,是人文素养最基本的要求和前提条件。

当今信息时代要求班主任是通识型人才,不仅要有系统精深的学科专业知识、教育专业知识,本身还必须积聚广博的人文知识和修养。近几十年来,我国大学专业教育实践一直处于"过弱的文化陶冶、过窄的专业面向、过重的功利主义和过强的共性制约"的状态,与现实要求存在着明显的偏差。我国的师范院校也与此类似,人文教育的欠缺是不能否认的。具体表现为:文化底蕴不够丰厚,进而无从生成积极向上的人文精神。班主任锐意参与社会变革、勇于挑战的意识不强,缺乏爱岗敬业的精神和积极乐观的从教心态,从而无法面对时代的严峻考验。在这样一种人文气氛较为缺乏的环境中成长起来的班主任,其自身人文素质方面的欠缺已成为对学生实施人文教育的一个"瓶颈"。因此,班主任的素质教育亦成为亟待解决的问题,师范教育中很有必要多注入一些人文学科的内容。

人文学科主要包括文学、艺术、哲学、历史、语言等,这些以培养人为目的的学科是进行人文教育的主要载体。为什么要学习这些人文学科呢?用司马迁的话说,就是"究天人之际,通古今之变,成一家之言"。例如,在中国传统文化中,一方面非常重视对天地万物这样一种自然运行规律的把握,另一方面又非常重视人自身历史所积存下来的经验。所以,中国的人文学科概括起来讲,就是要你懂得"以天为则,以史为鉴"这个道理,也就是说我们不是离开自然,而是生活在整个自然界中。我们把握自然运行的规律,但不能肆意去破坏它。所谓"天人合一"就是这个道理。20世纪二三十年代在哥伦比亚大学教育学院教授巴格莱领导的"要素主义"教育思潮中,就曾大力推行"百部名著"学习活动,让学生学习人类文化遗产中"永恒不变"的"共同要素",接受广博的自由教育。美国永恒主义哲学家和教育家阿德勒在其著作《人文主义方案:一种教育主张》(1982)中,表达了对公共学校质量下降的忧虑,认为现代教育已经走向堕落,因为它失去了最重要的原则,即永恒的思想的指引。教育的目的是培育心灵,懂得如善、幸福、勇气、责任、荣誉、自由、公民意识等永恒的真理,而只有学习经典,才是有意义的教育。为此,他亲自为学生们主编了《西方世界名著系列》。

　　近年来,为了扩大学生的知识面,教育部向中学生推荐了"课外文学名著必读"26部。出版界也特地为大学生编辑了《大学人文知识读本》,这都反映了人文教育的价值重新受到重视,是扩充学生人文知识积累的有力措施。班主任教育中更要重视人文知识方面的教育,因为它不仅影响班主任个人的精神生活,而且影响学生精神世界的建构。钱理群先生主编的《现代班主任读本》中《人文卷》为班主任学习人文知识提供了资源。

　　当然,底蕴的形成,并非只是相关书籍的阅读,只有在这些知识能够引发班主任的思索,学会用人文的方法思考和解决教育实践中存在的问题时,人文知识的学习才是有意义、有成效的学习。班主任应在广收博采人类丰富的人文知识的基础上,融会贯通,逐渐内化成自己对生命、生活、历史、社会和自然的独特见解、感悟和信念,不仅可以开拓自身视野、提高人文素养,还可以充分发挥人文教育的功能,在教学中旁征博引、综合运用,使学生沐浴在人文精神的阳光下,不断积蓄人文素养,从而达到教书育人的至高境界。

### 崇高的人文精神

人文精神的核心就是人文价值观。价值观是对事物所具有的不同价值的看法、观点及由此形成的观念体系。从教育领域看，人文价值观表现为"尊重生命、崇尚文化、以精神的力量和情意的方式达到把握世界的目的"。因此，班主任自身的人生价值观和自己对教育价值的判断等，都具有重要的教育价值。这就要求班主任在完成传授知识的任务，决不意味着班主任仅仅是知识的"传声筒"。班主任在对知识进行加工处理的过程中，应把学科知识与人类的关系、与现实世界的关系揭示出来，使科学知识具有丰富的人文价值。而人文学科的学习，就更是要帮助学生从根本上把握人类的精神。人文的意义不是要我们多学一点历史知识，会背几句唐诗，而是要从中体味人生、陶冶性情，构建人文精神。人文精神的实质是"对人的关注，对人的生命的珍视，对人的精神世界的追求"。对班主任而言，就是要尊重学生的价值，时刻把学生利益放在首位。我们应教育学生如何做人，如何做高尚的人，做一个有益于国家和人民的人，实际上这便是人生价值观的教育。大量事实表明，人生观、世界观如果没有丰厚的人文素养为基础，便是无源之水、无本之木。

学人文的意义在于修身养性，从而塑造我们的人格，提升我们的精神，拔擢我们的品位，最终为生命的意义找到安身之所。只有人文精神才能培育精神，只有伟大的灵魂才能塑造学生高尚的灵魂。俄国教育家乌申斯基早就指出："在教育中一切都应以教育者的人格为依据，因而教育的力量只能从人的人格这个活的源泉流露出来。任何规章制度，任何人为的机关，无论设想得如何巧妙，都不能代替教育事业中教育人格的作用。"

所谓人格，是指健康的思想、感情和意志，它是做人的根本，同时也是高尚师德的基础。班主任人格作为重要的教育力量，远远超出了个人意义，因此理想班主任人格的形成应成为从教者品格修养的重要目标。理想的班主任人格一般是指"能体现班主任角色的神圣性；能坚持教育使人向善的乐观信念；有责任心，有使命感，有不为物诱的牺牲精神，对学生有爱心、耐心、恒心的教不厌、诲不倦的班主任性格。"

班主任健全的人格，还意味着班主任性格开朗、胸襟坦荡、为人乐观、愉快活泼,善于驾驭自己的情感,遇事沉着冷静,言行一致,待人诚实、谦逊、公正无私。所有这一切,从教育的角度看,就是班主任人文化的品格和内在精神气质,也就是"班主任的德性"。

班主任的人格魅力来源于对事业的忠诚。他们不是仅仅把教书看成谋生的手段,而是一种崇高的事业,是自我人生价值实现的通途。他们以自己的真诚去换取学生的真诚,以自己的正直去构筑学生的正直,以自己的仁爱去滋养学生的仁爱,以自己完善的人性去培育学生完善的人性,以自己高尚的道德去培育学生高尚的品德。一位优秀的班主任就像一个虔诚的信徒,用无私的爱坚守着"没有教不好的学生,只有不会教的班主任"这一信念。无数事实都证明这是个颠扑不破的真理。作为一位班主任,只要认识到这一点,在任何问题面前都不能束手无策。

**切实的人文关怀**

班主任的人文知识素养、人文精神,都是班主任素质的内在要素。这些内在素养只有外化为富有人文关怀的教育行为,才能真正践行人文教育的理念。

*1.* 班主任对学生及学生利益的充分关切

班主任对学生的人文关怀主要体现在以下三个方面:一是对学生的尊重。尊重学生独立的人格,平等对待每一位学生,善于倾听学生的意见,尊重学生的不同见解。二是爱学生。一般而言,教育是以关怀青年一代的成长为目的,是以维系和繁衍人类的文化生命为己任,因此,教育必须是爱的教育。"师爱"作为一种重要的教育资源,历来是班主任修养的重要内涵。然而,*1998* 年上海市一项关于师生关系的调查表明,有 *60%* 的班主任自认为是热爱学生的,但只有 *5.61%* 的学生表明感受到了班主任的爱。不少班主任至今还认为经常批评、惩罚学生是出于对学生的负责和爱。显然,这样的爱还是少一些的好。说到底,尊重、信任才是爱的真谛。三是对学生的宽容。爱的同时也意味着宽容。人的成长都有一个过程,而且"人非圣贤,孰能无过",更何况少不更事的孩子!宽容有时更意味着理解和尊重,不要在学生之间进行比较,因为世界上没有两片完全相同的树叶。要了解每个学生的特点,从心里接纳他们,学会等待,相信他们同样都是可塑之才。

*2.* 用人文精神来指导班主任的教育教学活动

爱因斯坦说过:"用专业知识教育人是不够的,通过专业知识教育,他可以成为一个有用的工具,但是不可能成为和谐发展的人。"这就要求学校教育的内容应充分体现人文价值取向。科学与人文,犹如人类社会健康发展的"双轴",单纯强调某一方面必然会使人类社会的发展偏离正确的方向。改变科学教育对人文教育的"遮蔽"现象,并用人文精神指导科学教育,使科学教育人文化,这是班主任在进行知识教学、能力培养过程中的重要指导思想。

3. 营造学校生活的人文气氛

学生生活在学校环境中,学校文化和每一名学生息息相关,它无时无刻不在影响着学生的性情、品德。学校的人文环境如何,对学生人文素质的发展有着重要影响。学校生活的人文性内涵特别丰富,包括积极上进的学校文化、民主平等的师生关系等等。班主任是学校文化的组织者、指导者和参与者,是创设学校文化的骨干力量。因此,班主任身上所散发的人文气息和行为,是学校文化发展的基础。班主任既要把握住学校文化的导向,又要身体力行。做好学生的表率,关键在于班主任自己的人文素质。中央电视台有一档称为"高端访问"的节目,其中有一期是与耶鲁大学校长的对话。片段如下:

主持人:英国诺丁汉大学在中国的宁波开了分校,我知道,一些美国的学校也是这样做的,耶鲁呢? 你们打算这样做吗?

理查德·雷文:我们在北大没有很多的本科生,但是我们有一些关于这方面的计划,我觉得诺丁汉大学这种做法挺有意思的。

主持人:中国对于你来说也许是个很大的市场。

理查德·雷文:我想这是个好主意,但是我有一些担心,我们无法将我们的校园环境、校园文化以及我们班主任的精神精髓出口,因为这些事情都是触摸不到的。

主持人:可以拿麦当劳作为例子,到处都是。

理查德·雷文:他们这样做是因为他们有一种很简单的模式,管理者只要照做就好了,像做汉堡包,你可以告诉他如何去做、大小如何、包装如何,但是作为一位教授,你不能告诉他,你要表现得像一位耶鲁的教授。这里面包含了太多的知识文化特色,这些都是不可触摸的,也不可能机械地被移植的。我们可以让我们的教授去某个地方讲课,但是对于我们来讲,建立分校是很困难的。

上述对话中可以看出,很显然,以人文特色著称于世的耶鲁,认为人文校园、人文班主任是学校的灵魂,是无法移植的。

总之,在"应试教育"、严重"功利主义"取向的教育盛行的当今社会,从班主任素质的全面提升入手,强化班主任的人文素质是十分必要的。因为,班主任的人文素质直接关系到下一代乃至整个社会的文明素养。只有在高尚的人文精神的指引下,人类才不会失去正确的导向,才能给社会的发展带来更大的福祉。

# 班主任人文素养的具体特征

人文素养就其核心来说是人的世界观、人生观、价值观的体现,其关键在于强调把人当作人看待,反对将人作为社会的附属物。对班主任来讲,人文素养具有区别于其他行业的内涵和特点,这不仅是由于班主任职业的特殊性、班主任的社会责任以及教育过程的特殊要求,而且就社会文化的传递来讲也具有特殊的意义。班主任人文素养的特征可以概括为以下几个方面:

### 班主任人文素养的教育性

教育性是班主任人文素养的首要特征。在教育过程中,班主任的人文素养表现为广博的知识和优雅的教学风度。班主任作为社会文化传递的纽带,对学生的影响是全方位的。班主任的言语谈吐、礼仪风范、教学风格等无时无刻不对学生产生相当程度的影响,成为学生模仿的对象。

班上任的重要职责之一是育人。但班主任何以育人呢?毫无疑问,我国的文化传统及其中蕴含的人文精神是我们民族的宝贵财富,需要世代相传。中国是文明古国,传统文化中讲述最多的就是伦理道德与处世态度,对知识分子的影响尤其深刻。伦理要解决什么问题呢?伦理要解决的是社会的分工问题、区分问题及和谐问题。社会怎样在区分中达到协调,关键在于强调自我品德的提升,"我"的修养的提高。法国启蒙思想家伏尔泰曾写了很多文章来赞扬中国的孔子。因为在孔子的学说里,看不到任何神的影子,看到的都是道德教育的问题。因此,班主任掌握我国深厚的传统文化,在教育教学中无疑可以增强育人的有效性。

同时,班主任还要涉及世界优秀文化遗产的传播。博古通今、中体西用的班主任,自然会深受学生欢迎。由于世界经济的一体化必然会使世界各国的文化联系在一起,每一个现代人必须要对世界有足够的了解,以致许多国家都将培养具有"世界眼光的人"作为教育的目的之一。尤其是我们经历了数百年的闭关锁国之后,加强国人对外界的了解对我们改革开放、参与世界经济合作和文化交流具有特殊的意义。而班主任应对这一切负责任,在教育教学过程中应时刻注意引导学生对自然、对周围的人、对自己国家的人、对整个人类的关注和关怀。

### 班主任人文素养的文化继承性

班主任的人文素养具有文化继承性。有继承才有发展,从班主任身上体现出来的人文素养应当表现出人类社会文明发展的水平,班主任的世界观、价值观、幸福观、生活方式等无不体现着一个时代的文化素养,由此从各个方面影响着学生的人生价值选择与定位。文化的继承通过两种方式完成,一种是实践的方式,即人们把社会的文明以行为、语言、风俗习惯、生活方式等形式传承下来,以此达到文化的传递;另一种则是系统的学校教育方式。完成社会化的班主任,已经对人类的社会文化有了系统的理论学习和完备的实践训练,其本身的人文素养不仅较为全面地反映了当代的社会文明程度,而且浓缩了人类文明的精华。他们的素养将作为现实社会财富传递给学生——未来的社会主体。由于学校教育有很强的目的性和系统性,班主任又是受过专业训练的人员,相比较而言,在社会文化的传递上,后一种途径更为系统和全面。

### 班主任人文素养的发展性

班主任的人文素养具有发展性特征,主要包括两方面的含义:

*1.* 社会文明的不断发展决定了班主任人文素养的发展性

班主任继承社会文化的同时也继承了社会文化的发展性,因而,班主任必须不断更新自己的知识和观念,与时俱进才能把握当代文化的精髓,并预知社会文化发展的正确方向。

*2.* 班主任对社会文化的发展有自己的贡献

班主任对文、史、哲基础学科知识的掌握,艺术的修养,以及对于国内外文化精粹的了解,是一个人文知识不断积累与内化的过程。作为具有主体性的个人,班主任在吸纳、加工、内化这些知识的过程,不仅要运用班主任自身对社会文化的理解,不仅要继承与解释,而且还存在着批判与创新。由此,班主任个人的人文修为又反过来作用于整个人类文化,通过自身的发展促进了社会文化的发展。这也是为什么我们在新基础教育课程改革中特别强调班主任是"研究者"的因由了。班主任的学习,本身就是一个不断向内汲取、向外贡献的过程。

### 班主任人文素养的内隐性

班主任的人文素养是班主任的一种内在素养,它在以一种潜移默化的形式影响班主任的发展,影响学生的发展。因此说,班主任的人文素养具有内隐性。

学界近年来对内隐知识(也称缄默知识)做了很多研究,人们普遍认为内隐知识具有以下一些特性:

*1. 个体性*

内隐知识是与认知者个体无法分离的一种个人知识,这种知识一旦脱离了认知主体而成为纯粹公共性和客观性的知识时,就意味着内隐知识本身的消失。

*2. 直觉性*

内隐知识是需要学习者通过个人的身心介入才可获得的,是一种需要置身其境地去体验、领会而获得的过程。学习者无法详细分析其过程,往往处于"知其然,而不知其所以然"的状态中,在教育者的潜移默化中习得了相关的知识、技能。

*3. 自动性*

对认知者来说,内隐知识的获得往往是在主体无意识的状态下发生的,是在认知者的实际活动中自动获得的,它隐藏在认知者的认知结构的深处,常被认知者自己所忽略。

*4. 即时性*

内隐知识是产生于认知者正在进行的认知活动之中的,是一种动态的存在,伴随着认知主体注意力的转移而建构或者消解。

*5. 非系统性*

内隐知识通常是粗糙、零碎和不明确的,它往往片面或偏执地认定实践活动某一方面的意义,忽略了对指导自身实践活动的系统完整的认识,以局部或局限的认识取代系统和完整的认识。

*6. 情境性*

内隐知识的获得是与特定问题或任务情境联系在一起的,是个人在特定的实践活动中形成的某种思想和行为倾向,其内涵与认知者特定的情境背景有着直接的契合性,其作用的发挥往往与某种特殊问题或任务情景的"再现"或"类比"分不开。

7. 文化性

内隐知识具有强烈的文化特征,与一定文化传统中人们所分享的概念、符号、知识体系分不开,处于不同文化传统中的人们往往分别享有不同的内隐知识"体系"。

8. 层次性

内隐知识并非只有一种形态,根据其能够被意识和表达的程度可以划分为不同的层次。

据此可知,班主任人文素养无论是形成还是发挥作用,都具有一定的内隐性。形成过程中的内隐性,要求我们在班主任教育中不仅注重显性的人文课程的学习,还要关注班主任所处的隐性的人文环境、人文文化的构建,包括人文校园、人文管理、班主任共同体中的人文文化等等。因为有时单就同伴的影响而言,其示范作用可能远远大于正规的人文课程的学习。

班主任的人文素养落实在实践中时,往往也具有一定的内隐性。这里不排除班主任在课程与教学设计时有意的人文因素的注入,而且这也是班主任人文精神发挥的主渠道。单就班主任处理紧急问题时所需要的智慧,就是其平时人文素养积蓄的应急表现。当学生违反纪律时,当学生因成绩不好而自卑时,当班主任与科任教师、与领导、与家长之间出现矛盾时,机智而妥善地处理,就需要班主任的仁爱、心胸和智慧。所谓"大爱无言",师爱、品性和气度就潜藏在班主任的人文素养中。

# 读书与自我反思

班主任人文素养的提高是班主任专业发展的重要环节。离开人文素养就没有班主任的专业发展,这应该是班主任人文素养修炼的目的,这个目的是班主任专业发展的自我目的。此外还有另一个目的,那就是在自己的教育教学中努力培养学生的人文素养,这是班主任专业发展的工作目的。这两者是相辅相成、发展互动的。实际上班主任自身人文素养的发展和培养学生的人文素养也是相辅相成、发展互动的。班主任的人文素养越高,对学生进行的人文素养教育越有成效;对学生的人文素养教育越深入,班主任的人文素养越能得到有效的发展。从这个角度来看,对学生进行人文素养教育既是班主任进行人文素养修炼的目的,又是班主任的人文素养修炼的方式。

按照前面关于人文素养的论述,进行人文素养修炼,首先就是人文知识的修炼,因为人文知识是一种个人性、反思性的知识,所以要通过读书,特别是读经典加上反思来进行,反思是自觉精神的体现,同时又进行着人文精神的修炼;其次是人文态度的修炼,态度有效用功能和价值表达功能,态度的重点是行为倾向,而人文态度特别表现为对行为对象即学生的态度,这只有在教学过程中才能得到有效的表达,因而,人文态度的修炼关键在于班主任教育教学的实践。无论人文知识还是人文态度的修炼,学校起着至关重要的作用。人文素养的修炼是班主任专业发展的过程,而班主任发展的最佳方式是校本研修,因此校本研修和学校文化的建设就成为班主任人文素养修炼的一个关键。

阅读和反思是人文知识修炼的关键环节,而自我反思又是自觉精神的体现,所以进行自我反思又是人文精神修炼的重要环节。人们通常认为班主任的成长就是经验加反思,关键就在这里。为什么反思有这么重要的意义? 那就是反思来自于人的自我意识,人的自由自觉精神和超越精神来源于人的自我意识和自我需要。

人文精神的自由自觉精神和超越精神都离不开自我意识,离不开自我的发展。学习人文知识更完全依赖于反思——人文知识本身就具有反思性。建立健全的人格,树立人文态度,更需要班主任不断对自我的态度进行反思和调整,这也是以自我意识为基础的。因此,自我意识不能不成为班主任人文素养修炼的重要方面。

形成自我意识是从对自我的理解开始的。

### 自我意识的产生

自我离不开"我",而"我"显然是一个具有双重意义的词。首先,"我"是一个"个体",一个实际存在的人的"类"中的一个个别。因此,"我"应该具有人的"类"的一切特点。当然还有我自己的个性,而且"类"的特点正好是在我的个性中体现着的。从这个角度看,"我"是作为"客体"——认识的客体出现的，即我是一个实际存在的个别的人。其次，"我"又是一个认识的主体,体现着人的"类"的主体性。这个主体不仅认识外部世界,而且要认识到时刻在认识作为认识客体的我。作为认识自身的回归,这一主体就称为"自我",它包括两个方面:一是作为对自己进行认识的主体的自我(英语作 I),一个是作为认识的结果。我对"自我"的认识,即我认为自己"是"的东西(英语作 me)。

我对"自我"的认识,说明自我并不是全然不可知的,我将通过自己的身体感觉和主动活动来把握和显示自我(显示自我就是通常意义下的显示自我,如通过跑、跳、下棋、比赛等"夺胜"来显示自我),也通过自己的心理活动来体验、评价和表达自我,如"我认为自己能行","我相信我会成功","我想……","我打算……"等。

有了自我意识,人才真正从自然界提升出来。因为人通过自我意识可随时对自身进行调节,以适应和改变世界,从而促进和持续实现类的发展(当然也包括甚至首先就是个体的发展)。有自我调节能力,能够能动地适应和改变世界是非常不得了的功能,正是这种能动调节使人得到可持续的发展。作为个体的自我当然也是这样。例如,可以意识到自己的某种动作是否准确而及时调整,是人类得以发明并使用工具的功能,是人类得以发现并发展科学的功能;意识到自己的行为是否恰当并能及时调整,是学习和工作的保证。

## 由自我意识到自我目标

自我意识使人们产生了关于自我的表述,例如,"我要做……","我想……","我打算……"等,这对于一个行为就形成为自我目标——一个自我希望达到并调节自己的行为努力达到的目标。对于学习任何事物来说,达成了自我目标的事物是进入自我的视野、成为我要做的事物,对这个我想做、应做的事,我将调节我的行为做好这件事。对学习者来说,形成的重要的自我目标就是使自己真正地进入学习过程,对于具有自我意识的学习者,这是最好的进入学习的方式;反过来,通过达成学习者的自我目标,也有利于培养学习者形成自我意识,更加有意识地进入自主学习的领域。所以形成自我目标既是自我意识的产物,又可促进自我意识的发展。它们具有相辅相成的作用。

自我意识的进一步发展,表现为关于自我的诸多表述,如自我概念、自我理解、自我评价、自我反思等,这些都是自我意识的要件,是人对自我从不同角度审视的认识。这些要件都是在人的活动中形成的,特别是在与人的交往中形成的。严格地说,人的"自我"是在与他人的"比较"中产生的,自我意识的形成以对他人的意识为前提。正是在人际交往中形成了自我意识,并在交往中进行自我调节,所以前面我们强调了班主任与学生之间、科任教师之间的交往的重要性。

### 自我调节的自我动机

自我意识的表现就是自我调节,而自我调节采取积极的还是消极的意义则取决于自我的基本的价值取向和价值准则,一句话,取决于自我的价值观。不用说,人们的自我调节都伴随着一系列的情感体验——这就是价值观的作用:喜好还是不满,兴奋还是烦恼等等。这时候人们的价值取向是什么呢?显然是人们的自我需要。由于有自我需要的存在,才会发生自我调节行为——自我需要是产生自我调节的动机,它不仅激起自我调节的驱动力,还是自我调节的导向。自我的行为,包括自我调节,都是以满足自我需要为目标的。这一点对学习者自己的学习、对在职者的"没有直接功利"的学习尤其重要,因为学习者的学习努力无非是自我调节的行为。它之所以能发生是因为有自我需要,所以不断促进学习者对学习过程或学习结果产生自我需要是促进学习者持续学习的重要教育教学方式,其中对"学习结果"的需要则是与对学习过程的需要相联系的教育教学方式,它们是可以互相转化的,不可有意或无意地忽视哪一方面。

自我动机的存在,使得自我调节变得复杂起来,既能进,又能退,会迂回前进,也会发生裂变。对学习的作用表现为各种情况,如积极的或消极的作用等。

心理学研究认为,学习者在学习过程中,既感受到活动,也感受到自身——自我。到了一定年龄的儿童就以在活动中感知到自己的认知变化,在成功的学习中感受到自己获得喜欢(这是自我调控监控、评价的根据)。可以说最令人能体验到自己的力量、自己的才智的活动,就是这个人最感兴趣的活动(这也是多元智能理论的根据)。班主任培训课程一般提倡在活动中学习(参与式培训)就是基于学习者在活动中更能感受到自己生命的活动,体验到自己的力量和价值,所以有利于他们内在动机的强化。为什么会这样呢?那是因为这些体验满足了人们的自我需要,促进了人们的自我发展,符合前述"自我证明"、"自我提高"的需要(动机),更进一步说,符合人的指向"自我实现"和"自我发展"的自我需要。

学习动机需要不断地强化,强化的来源有内部来源(也称为内部动机)和外部来源(也称为外部动机)两种。

通常采用外部强化来影响学习者的动机,整个培训教学一般所采用的全是来自外部的强化,这种强化当然是有意义的,许多培训者适当利用评价、奖励、激励等方式成功地强化了学习者学习的内在动机,使他们获得好的学习成绩特别是好的学习效果。但这几种方式以致整个外部强化并不是在所有的情况下都适用,如出现"奖励过当效应"或报上指出的"赞美疲劳"时,外部强化就失去作用,甚至适得其反。怎么回事呢?仍然回到自我需要上进行解释。自我需要可以转化成为强大的自我动机。按前述,自我动机包含的第一个要素就是自主动机,"喜欢被赋予自主的权利,产生独立自主的感受,讨厌被限制"。产生自主动机的需要可称为自主性需要,这是自我需要中第一等重要的方面,外部强化只有通过引发自主性需要才能强化动机。否则,如果不注意甚至忽视了自主性需要,行为化的强化就可能形成对学习者的自主性需要的威胁,从而妨碍学习者形成自主动机。当这些妨碍因素积累到一定程度时,学习者就会以不同形式表现出不同的意见。

确立了学习的自我目标,形成了学习的自我动机并不断得到强化,学习者就进入了自主学习——自我发展的过程。

**时刻提醒自己:今天我读书了吗?**

作为一位语文班主任,一定要时时记得提醒学生博览群书。因为我们都知晓"厚积才能薄发"。语文课标就明确提出"扩大识字量,提前阅读",这无疑是在为学生的终身发展奠定坚实的基础。

2002年,《中国教育报》曾经做过一个关于班主任读书的调查,结果是很不理想的,许多班主任看得最多的只是教学参考书和一些辅导材料。一本参考书,外加自己已有的知识积累,看起来好似有了全套的看家本领。这近乎复归到了小国寡民的社会,以家庭作坊式的自然状态来应对当今知识经济爆炸的年代,我们细想,都会觉得汗颜!

教育的发展,应建立在学生与班主任的共同发展之上,这样的发展,还需要班主任人文底蕴的支撑,需要以哲学的观点来摆正我们的认识,以社会的发展来开阔我们的眼界，以文学的修养来丰富我们的人生，以一种对现代心理学研究的敏感，让我们的教育在实践的基础上多几分创造。

这里所说的班主任发展，不能只是校长的行政要求，那是远远不够且难以达到理想的要求的；不能只是听了几场讲座，就说是接受了精神的洗礼。因为，教育发展的现实，已非常真实地告诉我们，最难改变的是我们内心深处那紧锁的东西，最难打败的还是我们自己。

当今的班主任应该从"一桶水"、"蜡烛"、"园丁"等尴尬的"光环"中走出，而应牢固树立"终身学习"的理念。我们应当这样告诉自己：读书不仅仅是为了使我们的专业发展得更好，更重要的是我们要积淀自己的文化底蕴，丰富自己的人生阅历，完善自身的知识结构。正如来为我们讲座的王旭锋作家所言："小学班主任也可以拥有大学教授一般的学识！"当我们在课堂上能谈古论今，横贯东西文化，那还怕学生不爱听我们来上的课吗？怕的就是当我们个体的知识经验和经历再也无法满足学生的需求时，而又始终摆着一副老学究的架子，这才是最致命的！

来讲课的学者们无一不再强调班主任们应该多读点书。而我认为读书最重要的是要坚持不懈。读书怎么读都行，应该读得宽泛一点，甚至包括读一些乱七八糟的书也未尝不可。社会本身就是复杂的，读书也应该读得复杂一点。这更有助于我们来认识这个社会，审视自己的行为。人一辈子，可以很小就离开班主任、学校、父母，后来也可能离开家庭和父老乡亲，但如果我们要不断的让自己有活头，不断活出个名堂来，书是万万不能离开的。如果有一天我们发现自己对书没有兴趣了，而又不想从别人那儿吸收点什么了，也许我们只有二十几岁，那么，也说明我们的生命力已经在逐渐萎缩了。那我们又谈何培养出社会的新栋梁呢？

# 教学实践

教育教学工作是学校一切工作的基础与中心，教学的组织形式、教学过程中的师生关系、课堂氛围、教学空间的仪器设备等教学全过程的所有因素和细节，都与班主任的人文素养息息相关。前面指出，教学实践是班主任专业发展的主要途径，人文素养的提高自然也在其中。而且可以说，班主任人文素养修炼的主要阵地就是班主任的教学实践。前面还指出班主任的实践知识和教学智慧是班主任专业发展的主要内容之一,而实践知识和教学智慧的获得和提高必须到教育教学的实践中去。教学实践是班主任人文素养修炼的关键性环节。

班主任的教学实践主要就是班主任的课堂教学行为。班主任课堂教学行为的努力方向,是指向班主任充分建立起班主任使命感和责任心,在教学中建立起完美的师生关系,从而促进学生的科学素养和人文素养的发展,实现以素质教育为目的的方向。要培养学生的人文素养,班主任自身必须有较高的人文素养水平。班主任的人文素养水平也不是天生的或者与教学无关就能形成的,人文素养培养的过程也就是班主任自身人文素养修炼的过程。现在班主任课堂教学行为的发展方向有以下几方面:

**重视学生的发展**

这是由中小学课程的性质决定的。中小学课程是培养人、促进人的素养发展的课程。例如,因为"科学素养的形成是长期的,早期的科学教育将对一个人科学素养的形成具有决定性的作用",因此科学课程的教学就主要致力于学生科学素养以及整体素质的提高。中学科学课程标准的一个教学建议就是"注重学生'动手'与'动脑'的结合",不单纯是知识、技能的传授,而是把知识的教学伴随在培养能力、态度的过程中,最大限度地发挥课程潜能,促进学生情感态度价值观的发展从而促进学生自身的发展。对人文素养也可以作如是观。

中学课程要求班主任以人为本,即以学生为本,以学生的发展为主要的目标。突出培养学生的创新和实践能力、收集处理信息的能力、获取新知识的能力、分析解决问题的能力以及交流协作的能力,发展学生对自然和社会的责任感。另外还要求让每个学生拥有健康的身心、优良的品质和终身学习的愿望与能力,特别培养学生的求知欲、好奇心,使学生体验学习活动的过程和方法,了解人和社会的关系,乐于与人合作,与环境和谐相处等全面的科学和人文素养。养成健康的审美情趣和生活方式。促进全体学生的发展,促进学生个性的充分发展。

课堂教学目标的设计是最能说明班主任教学行为的指向的。教学目标的设计就是整个教学行为的指向的设计,都指向学生的发展,体现了教学行为以学生的发展为目标。

### 教学转向"以班级共同体的发展为中心"

在相当时期的教学中班主任是课堂的中心,也就是教学设计理论中说的"以知识为中心"的教学设计(即课堂管理模式),后来逐渐转向"以学生为中心"的教学设计即课堂管理模式。

以知识为中心的教学设计与以学生为中心的教学设计表面上看起来是某种对立的观念,实际上不然。尽管以知识为中心的教学和以学生为中心的教学具有明显不同的教学行为模式,但从教学设计的角度来看,以学生为中心的教学设计与以知识为中心的教学设计,二者是交叉关系而不是对立关系,它们在一些情况下是彼此包含的。因为以学生为中心的教学设计的主要任务是设计学生的学习环境,而学习环境中不可避免要包含教学传递的成分,比如以某种媒体形式呈现的学习材料以及教学的辅导活动等。只不过,在学习环境中这些教学传递活动的启动者和控制者不再是班主任而是学生自己。因此,以学生为中心的设计必然要完成以知识为中心的设计任务,但其中的知识传递已经不再是孤立的知识传递了,它的设计要确保与整个学习环境的设计相吻合。而以知识为中心的设计也不能完全不考虑学生的学习,否则,就不是教学设计了。当然,一般认为,与以知识为中心的教学设计相比,以学生为中心的教学设计要蕴含着更先进的教学思想和理论。

下表对两者进行了比较,通过比较可以看出,以学生为中心的教学如果过度相信学生的自我学习能力的话,可能会面对的风险是学生无法获得较为系统化的知识体系。此外,班主任作为学生的辅导者的角色也具有相当的实施难度,即使有计算机系统的帮助,班主任同时监督 20 甚至 100 多名学生的学习进度和状态几乎是不可能的。其结果便是在学生自我探索期间不会得到太多及时的班主任辅导,班主任充其量是探索活动结束时和学生们一起做些总结工作。以学生为中心的教学设计最致命的弱点并不存在于以学生为中心的教学系统之中,而是存在于教学设计理论本身。长期以来,以学生为中心的学习环境虽然有一些典型的案例,但尚没有用于分析和设计学生学习环境的教学设计的理论框架。此外,以知识为中心的教学设计与以学生为中心的教学设计共同存在的理论问题是:它们只关心个体的学习,而忽视了学习活动的社会文化属性。教学设计理论长期将社会心理学排除在理论基础之外。教学设计者眼中的学习者都是个体学习者,所使用的分析工具和教学处方都是基于个体心理学的。这种基于个体心理学的教学设计理论在设计以学生为中心的建构主义学习环境的实践中已经出现了明显的不适应。

**以知识为中心的教学设计和以学生为中心的教学设计的比较**

| | 以知识为中心的教学设计 | 以学生为中心的教学设计 |
|---|---|---|
| 教学设计者所持的知识观 | 知识是客观的,可以从有知识的人那里传递给学生 | 知识不是纯客观的,是学生在与外界环境的交互过程中主动建构起来的 |
| 教学设计者所持的学生观 | 学生只是知识的容器 | 学生是对知识的积极加工者,每个学生都会对知识有自己独特的理解 |
| 教学设计者眼中的师生关系 | 班主任是知识的源泉,学生的活动要配合班主任的活动 | 班主任只是学生学习活动的辅导者,班主任的活动要配合学生的活动 |
| 规定性理论支持 | 有比较丰富的规定性理论支持,比如加涅关于教学事件与学习结果匹配的规定性理论 | 缺少基于建构主义思想的教学分析工具和教学处方方面的规定性理论支持 |
| 教学过程 | 鼓励学生模仿、记忆 | 鼓励学生去发现、去创造、去解决问题 |
| 教学结果 | 获得的知识很系统,但往往是机械的,不灵活 | 获得的经验可能深刻但却不全面 |

为了解决这两种教学行为模式存在的问题,人们又探讨了新的教学行为模式,于是产生了"以评价为中心"的学习环境设计。非常重要的是提出并实施了"形成性评价"和反馈机制,按照这个模式,班主任试图把对学生的能力的评价与学生目前的活动联系起来。为此,可以用非正式的评价或正式的评价;班主任还可以帮助学生形成自我评价的能力,使学生能够评价自己的学习、评价同学的学习,从而帮助每一个学生更好地学习。这种自我评价是自我意识的组成部分,对学生自主学习能力的发展有十分重要的意义。

还有一种重要的教学行为模式即学习环境设计类型,特别重视学生的人际交往行为,重视学生所在的共同体的行为和行为变化,所以人们称之为"以共同体为中心"的学习环境设计。这一类型非常重视学生在班级、学校、家庭和社会共同体中的行为及他们的行为引起的共同体中其他人的行为变化,试图把所有这些学习资源都整合起来,促进学生的发展。实际上是一种关注学生的人文素养,特别是人文态度发展的教学行为模式。"面向全体学生"的要求使共同体的课堂管理模式受到新的重视。

**特别注重教学过程,追求过程和结果的统一**

以知识为中心的教学行为,对于以班主任为中心的教学行为来说,重结果轻过程是必然的,因为只有这样才有利于单位时间内有更多的知识被接受。班主任在这种教学行为中,只重视知识的结论,忽略知识的来龙去脉,有意无意压缩了学生对新知识学习的思维过程,而让学生去重点记忆公认的知识点(也就是问题的标准答案)。注重结果的教学行为不符合学生的认知特点,使学生知其然而不知其所以然,其实一直处在似懂非懂之间,无益于学生思维的发展,降低了教学行为的效益。课程改革的一个关键是强调在构建课堂教学目标时要考虑"三个维度",即"知识与技能、过程与方法以及情感态度与价值观三个方面的整合,体现了新课程的价值要求,是各学科课程目标的共同框架"。这是以发展为本位的教学的必然要求,其本质主要体现在这样两个方面:

其一,结论与过程的统一。对一门学科而言,过程表征该学科的探究过程和探究方法,结论表征该学科的探究结果(概念原理和体系)。两者是相互作用、相互依存、相互转化的,学科探究的过程和方法都有重要的教育价值,知识与技能只有和过程与方法结合起来,才能使学生的理智过程和整个精神世界获得实质性的发展与提升,否则的话,如果只学会了一些现成的结论并形成对这些结论确信无疑的心向,那么这种教育的功能就不是对个性的发展与解放,而是对个性的控制与压抑。而在教学中只讲结论不教过程实际上是对学生智慧的扼杀和个性的摧残。因而教学强调过程,强调过程和结论的结合。

其二,认知与情感的统一。学习过程是以人的整体心理活动为基础的认知活动和情意活动相统一的过程。认知因素和情意因素在学习过程中是同时发生、交互作用的,它们共同组成学生学习心理的两个不同方面,从不同角度对学习活动施予重大影响。这里非常重要的就是情感、态度和价值观了。情感当然指学习兴趣、学习热情和学习动机,但更指内心体验和心灵世界的丰富。态度当然指学习态度、学习责任,但更指乐观的生活态度、求实的科学态度、宽容的人生态度、意志、德行、热情、个性等。价值观指对价值的评价,在这种对价值的评价中,不仅强调个人价值的意义,更强调个人价值与社会价值统一的意义;强调科学的价值,更强调科学价值与人文价值的统一,强调人的价值与自然价值的统一。这种价值观就是科学精神的重要方面,将导致学生的全面的可持续的发展。它们作为教育总目标应渗透于所有的教学内容中去,并且对它们的教学应贯穿于整个教学过程。

对指导教学行为的这三个维度的要求在中小学课程中整合为课程的基本特点。它们是:

(1)学习是学生亲身经历的能动的过程。

(2)学习要以学生的素养提高为核心。

(3)学习的过程也是情感态度与价值观发展的过程。

**关注学生的个性发展**

学生的学习活动是一种个体的活动,虽然可以以集体活动的形式出现,但要得到发展还必须个人的积极参与。在学习中培养学生的自我意识是提高学生学习积极性的关键,因此也是培养学生自觉精神的活动,这些都离不开学生的个性发展。实施课程标准,在班级教学体制下充分关注学生的个性发展或者说个别化教学的问题就凸现在班主任的教学行为探讨中了。培养学生的个性发展的教学一定会使班主任的自我意识、自觉精神和个性得到发展。

**发展师生平等的交往与对话,促进教学民主的发展**

这是课堂管理行为的基础,是关于教学过程中师生关系的基本理念。教学中"谁是中心,谁是主体"的争议形成了多种流派,历史上各持一端的"班主任中心论"和"学生中心论"都被证明是不适合学生发展的。关于学生是主体还是班主任是主体的争论极大地推进了教学过程中师生关系的研究。按新课程的理念,"教学是班主任的教与学生的学的统一,这种统一的实质是交往,教学过程是师生交往、积极互动、共同发展的过程。""交往是活动的最基本形式,亦是人的最基本的精神需要之一","交往的本质属性是主体性,交往论承认班主任与学生都是教学过程的主体,都是具有独立人格价值的人,在人格上完全平等","师生关系是一种平等、理解、双向的人与人的关系,在这样的师生关系中,学生会体验到平等、自由、民主、尊重、信任、友善、理解、宽容、亲情与关爱,同时受到激励、鞭策、鼓舞、感化、召唤、指导和建议,形成积极的、丰富的人生态度与情感体验"。具有这样一种师生关系的教学过程,是一种民主化的教学过程,这一过程非常注重培养学生的独立性和自主性,尊重学生的人格,关注个性差异,满足不同学生的学习需要。也只有这样,才能使学习成为学生主动参与和能动的过程,让学生自己提出问题、解决问题;才能使班主任作为科学学习活动的组织者、引领者和亲密伙伴,对学生在学习活动中的表现给予充分的理解和尊重,并以自己的教学行为对学生产生积极的影响——这正是各学科课程标准的基本要求。课程标准要求"鼓励学生之间的交流和合作学习"。要做到这一点,教学民主也是必需的,民主精神还是重要的科学精神之一,以民主化的教学过程学习民主精神更有事半功倍之效。

## 教学评价现代化

课程改革要求:对教学的评价应能"促进学生的发展和班主任的提高"。为此,评价既要关注学生学习的结果,更要关注他们学习的过程。评价指标应该是多元的,要包括科学素养和人文素养的各个方面;评价方法应该是多样的;评价主体应包括班主任、学生、家长等,这可以说就是教学评价现代化的基本内容,以评价促学生的发展——即所谓发展性评价,是新课程的又一个基本理念,也是班主任课堂管理行为的一个基本原则。

根据一些学科的课程标准,可以看出,发展性评价有以下几个特点:

评价主体多元化,特别是学生的自我评价——它是学生自我监控能力的组成部分;

把评价贯穿于教学活动的每一个环节贯穿于教学活动的全过程,不能仅仅作为检测教学结果的手段,尤其不能作为对学生进行评比、排队的手段;

关注教学的结果,尤其要关注对教学过程的评价,充分利用评价在教学过程中的激励和导向作用;

不仅重视量化评价,更重视质性评价;

不仅评价学业,同时评价情感态度价值观以及创新精神和实践能力等综合素质。

### 课堂教学走向开放

开放是相对于封闭而言的,指的是系统与环境的关系:一个与环境有较多的信息、物质等的交换并把这种交换视为自身发展的重要因素,进而把这一点融入自我运行的机制的系统是开放的系统。反之,较少进行信息交换,特别是这种交换没有进入运行机制的系统是封闭的系统。开放教学就是把教学建构成为一个开放的系统,不是传统的"以课堂为中心"的"班主任——教科书——学生"这样封闭的系统。这个开放系统要求课堂对校园内外开放,校园内外的一切与课程相关的事物的信息都可以进入学生的学习空间;这个开放系统要求课堂对学生生活的社区开放,社区的与课程有关的信息也应该与课堂的信息交换互动;这个开放系统还要求课堂对自然环境开放,使学生的一些学科的学习直接面对大自然。例如,科学课程标准对此有生动的描述:"学生将保持对自然现象较强的好奇心和求知欲,养成与自然界和谐相处的生活态度","科学教学应该是开放的,培养学生的科学素养紧紧依靠课堂教学是不够的"。科学课程的总目标、分目标都一再强调科学学习和周围环境(包括自然和社会)的联系(即信息的交换),关于科学探究、关于科学教学的综合化和生活化、关于科学的做中学的教学原则等都指出了(从各个不同的角度)科学教学开放性的必要性和重要性,这是人文素养的培养要点。

### 教学行为的转化和融合

新课程的实施,使得传统的教学行为中的教学交往行为和课堂管理行为发生了新的富有特色的变化。一方面教学交往越来越依赖于课堂管理行为,教学对于教学组织、教学管理的依赖性有很大的增强;另一方面课堂管理越来越依赖于班主任和学生的有效交往。那么,从班主任的教学行为来看,就是教学交往行为和课堂管理行为日益融合起来,构成了现代班主任课堂教学行为的一大特色。

按前述班主任教学行为发展的方向,链接一个"班主任行为分辨表",对班主任的课堂教学中的有效行为和无效行为进行分辨请读者对这个表再加以分析,找出人文素养的要求,促进班主任教学行为有效化的努力对班主任的人文素养的修炼是非常有意义的。

班主任行为分辨表

| 序号 | 有效行为 | 无效行为 |
|---|---|---|
| 1 | 机敏、热心 | 呆滞、烦恼 |
| 2 | 关心学生及班级 | 对学生及其班级活动不感兴趣 |
| 3 | 愉快、乐观 | 不快、悲观 |
| 4 | 能自我控制 | 易发脾气 |
| 5 | 有幽默感 | 过分严肃 |
| 6 | 认识和承认自己的错误 | 不自觉和不承认错误 |
| 7 | 公平、客观地对待学生 | 不公平、偏爱 |
| 8 | 忍耐 | 不耐烦 |
| 9 | 与学生一道工作时表现出理解和同情 | 对学生冷淡、讽刺 |
| 10 | 与学生关系和谐、有礼 | 与学生关系疏远、逃避 |
| 11 | 帮助学生解决个人及学习的难题 | 觉察不到学生个人的需要和困难 |
| 12 | 赞扬努力的学生、鼓励表现好的学生 | 不赞扬学生、过分挑剔 |
| 13 | 真诚认可学生的努力 | 怀疑学生的动机 |
| 14 | 在社交中考虑别人的反映 | 在社交中不考虑别人的反映 |
| 15 | 鼓励学生尽其所能 | 不鼓励学生尽其所能 |
| 16 | 妥善计划及组织课堂步骤 | 步骤没有计划和组织 |
| 17 | 在教学计划内使课堂步骤有弹性 | 步骤过分死板,不能脱离计划的限制 |
| 18 | 预期别人的需要 | 不能照顾个别差异的需要 |
| 19 | 教学技术新颖有趣,能刺激学生 | 教学枯燥呆板,没有趣味 |
| 20 | 示范与解释清楚、实用 | 示范与解释不清楚、无引导 |

在教学过程中不断反思自己教学行为的有效性并调节那些无效的教学行为可以说就是班主任教学行为创新的过程,也就是班主任人文素养修炼的过程、班主任专业发展的过程。

　　班主任的人文素养之一是要有对学生进行人文素养培养的素养,而培养学生的人文素养反过来又将有利于班主任的人文素养的提高。在人文素养的修炼上真正是师生互动的。培养学生的人文素养的教育教学活动也就是班主任人文素养的修炼过程。下面看一个在具体的语文教学实践中通过教学行为使自身人文素养修炼和对学生的人文素养培养相结合的案例。

**阅读涵养的培养**

　　语文要回到自己的位置上去,必须抓住人文教育的核心。人文教育是以人为本的教育,以震撼人的灵魂为出发点和归宿,是一种精神的再造。那么这种精神的再造,如何进行呢?

　　朱永新先生认为:"一个人精神的发展史,就是他的阅读史。"通常一个人只有几十年的阅历,很狭小的生活空间,很难支撑人精神世界的大厦。因此,必须借助阅读来丰富心灵,提升精神品格。阅读什么? 当然是阅读经典。

　　由于人类的文明和文化,除了少部分以物化的方式延续下来,更多的是蕴藏在经典作品中。一代一代的人把那个时代的精神、那个时代的高峰用文字记录下来,所以经典作品能经受时间的考验而历久弥新,并最终成为我们精神的源泉和维生素。

　　经典阅读给人的阅读体验,就像林语堂所言:"是灵魂的壮游!"接受经典,珍惜经典,是文明的标志,也是创新的开始。复旦大学哲学系教授张汝伦说:"没有深厚文化底蕴的人,是谈不上真正的有价值的创新,而拒绝经典的人是根本谈不上什么文化底蕴的。任何真正的创造者总是从经典中吸取充分的资源与养料,作为自己创新的源泉。"因此,阅读经典无疑成了我们涵养人文的最佳途径。

　　加强经典阅读,绝不是口头的提倡,而应该动真格,下大气力,通过一系列的具体措施来强化实施。

　　第一,促使功利阅读向经典阅读转化

　　功利阅读的目的一是放松,二是考试。但是经典阅读却可以优化人的心灵。通过对人的智慧高峰的攀登,对人类文化珍果的品尝,可以帮助学生扩展心灵、提升心灵、充盈心灵,成为精神丰富的人。回归经典阅读,关键在于班主任引导。班主任一定要制订具体的经典作品阅读书目和更为详尽的阅读计划,同时开设阅读指导课程,介绍文学流派,走进大师生平,赏析精彩片段等,为学生阅读提供方法。

第二,从兴趣阅读向意志阅读转化

兴趣是最好的班主任,也是促使学生阅读的最大保证。但兴趣阅读常常是随意的、片面的、情绪化的,而一些真正有意义、有价值的经典作品,学生却不一定有兴趣。由此看来,阅读仅仅靠兴趣来支撑,不但不长久,也难以取得良好的成效。因此,班主任的阅读指导,不能完全迁就学生的兴趣,而应该在激发兴趣的同时,注重阅读意志的培养和磨炼,促使学生从兴趣阅读向意志阅读攀升。而要做到这一点,班主任势必要开动脑筋。首先,通过分解目标导引,加强阅读的定向作用,以此强化学生的阅读的动力;其次,是强化阅读的成功体验。经常开展读书节、报告会、名篇荐评等活动,一方面检测学生的阅读成效,另一方面就是深化学生阅读的成功体验。成功的体验总是幸福的,而这种幸福,不仅大大消减阅读过程的艰辛,甚至有可能演变成阅读的乐趣。

第三,从学生阅读向师生同读转化

阅读是班主任的立身之本,只有爱读书的班主任,课堂上才能左右逢源,如鱼得水;只有爱读书的班主任,才能体验阅读的乐,才能和学生产生心灵的共鸣!我们开辟了一个版块——"同一本书",每隔一段时间,师生都要同读一本书。班主任力争与学生有相似的天真、相似的梦想,当然作为学生阅读的领路人,班主任还要多读经典名著的评论文章,指导学生,当好学生的引路人。同时还要和学生及时沟通,进行心灵对话,交流阅读经验,分享阅读成果,必要时还可开展对经典名著的研讨、交流、辩论。为了活跃气氛,在节假日,要有意识地播放一些经典老片,开展影展、影评等新颖的活动,来辅助经典作品的阅读。

# 校本研修

校本研修以及其他校本活动的基本做法包括三个方面:班主任个人的自我反思、学校集体的同伴互助和专业研究人员的专业引领,他们分别体现班主任个人、班主任集体和专业研究人员的努力,并且是以学校文化建设的重点——学校的教学实践为中心展开的。这里自我反思表现的是班主任的自我意识,包括了读书和反思,促进自我发展的努力——是自觉精神和人文态度修炼的关键环节;同伴互助表现出班主任与同事的对话,体现了同行的合作交流和互助,而其中的讨论和批评是促进班主任发展的巨大的动力——是自由精神和超越精神修炼的良好机遇;专业引领表现出校本研修的开放性,同时也表现出理论与实践的关系,能够促进班主任的理论学习和学术发展,能够有效地促进班主任人文知识、人文态度和价值观的修炼。

校本研修也称为"校本研训","校本班主任教育"等,本书中认为这几个概念是同一的。还有非常接近的称谓"校本培训"、"校本教研",基本上也都与前者在差不多同一的意义上应用着,但是也有若干不同。我们有必要先来辨析以下有关的概念。

### 校本概念解析

我们从"校本"开始讨论,再按校本班主任教育、校本培训、校本教研、校本研训、校本研修的顺序对它们进行辩证。

*1."校本"的由来*

"校本"的本来含义是"以校为本",这里"本"是本体、主体、根本的意思,以校为本就是以学校为主体。

以校为本观念的提出是从学校管理的角度开始的。20 世纪 70 年代美国最先引进这个概念,指的是教育管理权的下放。1971 年,美国纽约州成立了"校本管理委员会",目的是实施教育分权管理,把类似课程、教学、人事、财务以及其他学校层次可以控制的事物都划归学校自主管理。20 世纪 80 年代以来,美国的"重建学校运动"强调以校为本受到广泛的关注。到 20 世纪 80 年代末,美国有四分之三的州立法规定成立以学校为中心的管理审议会。英国 1988 年教育法案授权中小学实施"学校自我管理制度",后来发展到广大英语国家和法国,使学校教育逐渐走向校本。

关于"校本",一个著名的解释就是"基于学校,在学校中,为了学校",叫做校本三要素,可以说考察一项活动是不是校本活动就要依据这三要素是否具备。

为了学校:形成能使学校可持续发展的内在机制,进行学校个性化、人本化和特色化建设,促进学校的发展应该是任何校本活动的自觉。为了学校归根到底是为了学生。

在学校中：学校的发展只能在自己的学校中进行，要靠学校的自我觉醒、自我努力、自我提升。只有植根于学校的生活、贯穿于学校发展的过程，并被学校所有的班主任所认同，所追求的学校发展目标才能积淀为学校的血肉、传统和文化。当然并不是说一切活动都必须在"学校"这一个固定的空间中，而只是指由学校"组织"活动这个意义下的在学校中。

基于学校：学校发展的主体力量是学校自身，是学校的校长和班主任，只有充分调动校长和班主任的主动性和创造性，学校才能充满发展的活力。当然也不是只限于学校自身的资源，基于的另一个意义是从学校现在的条件出发，推动学校的发展。

这三个要素表现出学校发展和班主任个人发展的互动和统一。一方面，要不断把班主任个人的智慧、经验和思想转化为班主任集体的财富，并形成学校的特色和传统，实现由班主任发展推动学校发展；另一方面，学校通过自身的文化和机制，熏陶、培育班主任，在班主任身上打上学校的烙印，实现学校发展推动班主任发展。

2. 校本培训

关于校本培训，有学者认为：校本培训这一名称与其说是舶来品，不如说是人们对舶来品理解与翻译的结果更为确切。

1999 年教育部在《关于实施"中小学班主任继续教育工程"的意见》中明确指出"中小学是班主任继续教育的重要基地，……各中小学都要制订本校班主任培训计划，建立班主任培训档案，组织多种形式的校本培训。"至此，校本培训一词在官方文件中首次被明确提出。人们认为校本培训是未来班主任继续教育的重要形式，而且认为校本在职教育比较符合我国地域分布广，培训任务重，经费短缺，保持学校正常教学秩序等实际情况，是一种与离职培训优势互补的运作方式。

3. 校本教研

前面说的"校本培训"指的是传统意义上的班主任培训，因为与之相应的还有作为班主任职后教育教研的存在。随着"校本"日益受到重视，教研活动也开始校本化，叫做"校本教研"，这可是纯粹"校本"精神"本土化"的产物，因为教研室或者叫其他名字的教研部门是我们独特的机构，教研活动是我们非常独特的班主任教育活动。人们认为校本教研是"基于学校，在学校中，为了学校"的教学研究，完全符合人们对"校本"的界定。校本教研应该说是与校本培训同时进入国人的视野的,并且立即受到教研部门和中小学的重视,现在在全国范围内有较大的进展。

*4. 校本班主任教育*

校本班主任教育就是要使中小学承担起班主任教育的责任,在班主任教育中扮演一个更重要的角色。英国要求学校指定专业发展指导者和学科指导者与新班主任或师范生共同活动;美国则在以学校为基地的基础上,在学区设立班主任中心,负责本学区内的校本班主任教育工作。学校参与班主任培训课程的设计,主持课程的实施,负责对受训者的评价。普通中小学不纯粹是班主任教育的消费者,也是班主任教育的参与者。培训的做法则注重实践,注重教学智慧的生成,注重班主任的实际经验。

这就不仅仅是我们传统的"纯粹"的班主任培训,也包括了我们在"教研"的名义下做的班主任教育工作。因此,从我们对国外经验的解释的角度看,校本班主任教育可以看做既包括传统班主任培训又包括教研的一种校本活动。

*5. 校本研训*

校本研训的来源如上所述,但它并不是原来意义上的校本教研和校本培训的结合——实际上在校本的意义上,教研和培训的参与者承受者都是同一的人群,为了本校班主任发展的目标甚至做法也没有什么两样,所以校本教研和校本培训对学校本身来说本质上没有多大的差别。差别是外在的——由于是上级培训部门还是教研部门安排的工作而有所不同,因此而产生的问题也是不可避免的——如前面指出的培训的重复和缺漏的问题、缺乏直接的针对性的问题等。培训部门和教研部门的整合当然直接带来校本培训和校本教研的同一化,当外在的差别消失的时候,它们本来就是一回事。有时也叫做"校本研修",强调的是学校的校本自主进修学习,意义与校本研训是一样的——为了学校和班主任的发展。

**班主任文化对班主任专业发展的作用**

校本研修的目标之一是建立全新的班主任文化。班主任文化对班主任专业发展有重要的意义,有哪些因素影响到班主任文化的生成和发展呢? 可从宏观、中观、微观三个维度来分析。从宏观层面来看:国家的教育政策、法规无疑对班主任文化的类型及班主任的专业发展起着导向或定向的作用。从微观层面来看:班主任个体的职业理想、个人态度及其努力程度,是影响班主任文化及专业发展的内在动因。那么国家的宏观政策怎样影响班主任个人呢? 班主任为什么会产生某种态度,出现不同的努力程度呢? 学校恐怕起着极其重要的"承上启下"作用。这就是班主任文化的中观层面:学校的传统、整体环境以及在不同发展阶段上的不同目标,直接制约着班主任文化的生成类型与班主任的专业发展。学校是班主任开展职业专业活动的最基本的场所,也是班主任文化生成的最基本的环境和外在来源。杨叔子曾提出"泡菜理论",即认为办学实际上办的是一种氛围,这种氛围就是一所学校特有的学校文化,它包括学校的传统、办学理念、发展定位、软硬环境,等等。学校对班主任文化形成过程及类型的影响和制约可从三个方面来考察。首先,学校的传统对班主任文化具有多方位潜移默化的影响和基础性的导向作用。其次,学校的办学理念和不同发展阶段上的定位(体现着国家的政策方针),对班主任文化的生成与班主任的专业发展具有内在的指导性影响。具体表现在:一方面学校的办学理念和定位需要被每位班主任理解、认同、接受并内化为个体的教育、教学理念和具体的工作目标,并通过每位班主任的个体教学活动得以践行和实现;另一方面随着班主任实践的不断深入,班主任在个体的专业成长过程中,逐渐形成的个体文化虽然具有一定的个性特征,但作为由个体文化在共同的理念和目标下,遵循合目的的原则整合而成的班主任整体文化与学校文化之间,尤其是与学校的理念及不同阶段的发展理想之间确有着极大的符合度。表现出学校对班主任个人的指导意义和班主任与学校的互动。最后,学校的内外环境对班主任文化的生成与专业发展,具有一定的促进或阻碍作用;同时,班主任文化的发展与专业成长也会在一定程度上改变学校内外环境。

班主任培训成为学校文化,必将促进班主任文化向着促进班主任专业发展的方向发展,这既符合国家的班主任培训政策,也是学校发展的最佳选择。班主任的专业发展包含了班主任的人文素养修炼的要求是人文素养修炼的目标,因此,班主任培训成为学校的文化将有力地推动班主任人文素养的修炼和提高。

### 校本的一个意义——建构学习团队

"校本"充分体现了关于中小学校长是所在学校班主任培训工作第一责任人的思想。校本研修已经成为一种关于班主任培训的制度规定,许多省市还有自己的关于校本研修的要求。实际上校本研修还有另一个对学校对班主任的发展都有重要意义的结果——校本研修的实施有利于校本团队的建设从而有利于学校学习型组织的建设,而学习团队的建设,其目的在于知识创新,对班主任的专业发展包括人文素养的发展有极大的促进作用。

*1.* 学习型组织的团队学习

工作团队是学习型组织的核心是由数目较少的、具有互补技能的人所组成。他们致力于共同的目的、绩效目标和工作方法,并为此共同承担责任。

团队方式的特点是非常明确的,列表表示团队方式与传统方式的不同点——这个不同就表现出团队方式的特点。

| 传统方式 | 团队方式 |
|---|---|
| 将拥有类似技能的员工组织起来,以获得规模效益 | 将具有不同技能的人组织起来,以获得及时反映和交流 |
| 员工被视为可以替代的零部件 | 员工被视为资产,员工的价值可以增加 |
| 提供狭窄的职能性职业升迁途径 | 提供了技术性或更一般的选择,多样化的职业机会 |
| 限制知识传播,员工会被告知"需要知道什么" | 传播信息帮助员工创造价值 |
| 众多的从属关系 | 管理层次少,基层自主性强 |
| 最大分工和简单工作 | 工作人员高素质多技能 |

其中自主性强是符合班主任发展的特点,也因此有利于班主任的自主发展,特别是自主意识、自觉精神的发展,就是人文素养的提高;员工被视为可以增值的资产,特别符合班主任发展,可以提高班主任的自我效能和可以提高教学效果这样的促进班主任发展的以人为本的观念,本身就具有促进班主任人文素养修炼的意义;比较独特的是为班主任的专业发展提供更多可选择的专业性的技术型的、学术性的目标,而不是单一地把自己的发展指向有限的行政升迁途径,能有效地阻断班主任职业倦怠的

产生,对提高班主任的自觉精神从教热情都非常有意义,这当然是对班主任专业发展的最大的促进意义。

2. 从校本的需要出发,制订个人发展计划

组织战略目标:本校发展规划目标。

组织行动目标:"规划"中的"优先发展项目"。

计划方案:本校发展规划。

计划任务:本校规划规定的"工作计划"。

组织需要:教育教学领域的优秀班主任、专家。

人事需求:各学科优秀班主任,课程研究班主任,教育政策专家,心理咨询专家,教学指导专家等。

个人发展计划的实施将极大地促进班主任人文素养的提高,全面促进班主任的专业发展。实际上,个人发展计划包含了班主任的人文素养修炼计划,是校本研修的重要举措。

## 班主任研究在人文素养修炼中的意义

班主任研究对班主任的专业发展有非常重要的意义。前面已经指出,班主任的专业发展是一个班主任学习的过程,这里就体现出班主任是学习者这样一个社会角色的意义。班主任的学习是一种问题导向的学习,而且班主任必须从他们自己的教学实践中进行持续的和真实的学习。人们进而指出,班主任是按照自己所经历的建构主义学习方式来学习如何进行建构主义教学的。因此,班主任的学习方式与自己的教学方式有内在的一致性。要完成相关的学习班主任必须对自己的教学进行研究。

同时班主任的专业发展还是一个有目的地探索过程。班主任的专业发展不是只获得了一些固定的教学技能或会运用某些特定的教学方案,而是能在更高层次上表征问题,或者对一些常规进行质疑,发现问题。要做到这一点必须经过班主任自己持续的探索,而探索是一种自主的研究行为,那就是班主任研究。人们甚至认为,"班主任专业发展"与"班主任是研究者"是同义语,班主任专业发展的首要条件是对教育、学校乃至自身的存在与发展的深入理解,班主任专业发展的主要途径是对教学进行持续不断的实验和批判性反思。"深入理解"、"批判性反思"正是"研究"的同义语。班主任研究当然具有可能性:那是由前面所指出的班主任角色决定的——班主任是学习者、研究者和实践者。

　　班主任研究既体现了班主任的自主发展意识,也是发现问题、解决问题、促进自己专业发展的有效方式。班主任研究指的是班主任对自己的教育教学的研究和对自己的学生学习发展的研究,既可以是针对某些确定的课题的研究——如参与国家、省、市的教育科学规划的科研课题的研究,也可以是自选课题的研究。例如,可以是对于教学课题的研究,特别对"研究性学习"的研究,这其实就是班主任自己的研究性学习。特别提倡针对自己的教育教学问题、针对自己的学生发展问题的行动研究和叙事研究。班主任研究要特别强调针对性和问题性,研究应该是针对教育教学中产生的问题的,解决问题的导向就是其针对性。培养问题意识:"为解决问题而研究","发现了问题就已经进入研究领域了";研究要求有成果意识,不是为了研究而研究,研究的成果促进了问题的解决或者发展,教育教学有了新的发展,班主任的专业发展也就在其中了。当然这样说并不是要对班主任的研究做出限制,实际上研究有两种——工作研究和自由研究。顾名思义,工作研究指的是与自己的工作相关的研究,自由研究是自己按自己的意愿进行的研究。当然这两者也不是完全分类,因为有的工作研究也就是研究着自己的意愿,所以也就成了自由研究。有的自由研究与自己的工作的某些环节相关也就成了工作研究。对于班主任的自由研究不应该有任何限制,甚至对班主任的工作研究,研究的方式和方法也应该是没有限制的。因而我们关于班主任研究的内容和方法的说法,只能是建议,但关于班主任研究的意义则是一种"本质"表述。

　　在这个意义下的班主任研究对班主任的人文素养修炼当然有重要的关系——班主任的研究过程实际上就是一个反思的过程,班主任的反思实际上也就是研究。人文素养的修炼是建立在班主任自觉精神自主意识的基础上的,其表现就是反思,所以作为反思的班主任研究对班主任的人文知识、人文态度、人文精神的养成都是十分重要的。人们提倡班主任研究,关键就在于它就是班主任人文素养修炼的组成部分。效果是十分明显的,本书中举出的案例大多数都是中小学班主任的研究成果,表明班主任研究的确是班主任进行人文素养修炼的利器。

# 掌握分寸，让沟通更顺畅

班主任常发出这样的感慨："现在的学生太难沟通，说重了不行，说轻了也不行！"如今的学生独生子女较多，他们自尊心强、感情脆弱、成熟较早，与他们交流沟通需注意保护学生的自尊心，注意场合和时机，顾其颜面，尊重学生的人格。尽量不当众批评学生，可以点事不点名，表明批评是对事不对人，这样既顾及了被批评学生的面子，也起到教育其本人同时教育大家的作用。

班主任与学生沟通的语言也要轻重适度。一方面，批评的时候，那种轻描淡写、不痛不痒甚至带有"妥协"意味的批评就触及不到问题的实质，只会让学生面对错误而变得麻木不仁，起不到对其警戒和教育的作用；而另一方面，青少年学生的心理一般又都比较脆弱，对挫折的承受力差，过激、尖刻的批评有可能会挫伤学生的自尊心。因此，班主任批评学生要讲究度，做到严而有格，切忌轻重无度。

沟通是一种双向交流的活动，更是一种艺术。作为班主任，我们要把握分寸，掌握尺度，该说什么，不该说什么，根据场合、人物、事件，灵活运用语言对学生进行教育，从而使沟通畅通无阻。

*1.* 不要在众人面前与学生沟通

一次，某班主任发现有一名学生做操的时候不停地和前面的学生讲话，班主任提醒了他两回，但这名学生却视若无睹，在回教室的路上仍然讲话。于是，晨会课上，班主任点了这名学生的名字，并当众对他进行了教育："你知道你一个人的行为影响了我们整个班级的形象吗？其他同学都很认真地在做操，就你一个人在讲话，你还有没有一点集体荣誉感了？"当时这名学生就把头一扭，皱着眉头看着窗外，嘴里还不停地嘀咕着什么。

应该说，这是一次失败的沟通教育，失败原因就在于这位班主任没有注意场合。其实，班主任点名批评的目的并不是为了让这名学生在众人面前难堪，只是想通过教育他让其他学生也注意不再犯这种错误，结果他却没把握好分寸，适得其反。班主任的话让犯错的学生感到在其他同学面前丢了面子，所以他不但不接受班主任的教育，反而产生了抵触情绪。

试想,如果班主任选择在课后找个安静的地方单独和他沟通一下,效果还是这样吗?肯定不一样。

**2. 不要在情绪激动时与学生沟通**

这是个别年轻、没经验的班主任与学生沟通时经常犯的错误。尤其是学生之间发生矛盾,采用打架的方式来解决,结果问题没有解决,还出现打伤的情况。这个时候班主任都会比较生气,情绪一激动,上来就对学生一顿训斥。这时候被训斥的学生也会不服气地反驳班主任,最后往往是三败俱伤。不但没解决问题,反而让学生觉得班主任不分青红皂白,失去了威信。

其实,碰到这种情况的时候,班主任不应该过于激动,而应把学生带到办公室,先不一定要谈话,而是让学生单独冷静一下。有时候学生冷静后会后悔甚至主动反省自己的行为,这时班主任再进行教育就容易多了。

**3. 不要等学生犯错后再沟通**

有一名学生上课经常做小动作、开小差,班主任课后常常找他谈话,指出毛病后再说一些鼓励的话。但话说了不少,也进行了苦口婆心地思想教育,而效果却一次比一次弱,甚至让学生有了反感情绪。

这是什么原因呢?根源在于班主任每次跟学生的沟通都是在他犯错之后。这时的谈话目的是极其明显的,不管班主任用多么温和的语气来交谈,在学生看来都是在批评他的错误,甚至好心的鼓励也会被学生理解为一种变相的批评,这样的交流效果当然会一次比一次差。

其实,班主任应该在学生犯错之前就找他沟通,在他表现较好的时候借机表扬他,掌握好沟通分寸,效果一定会截然不同。

**4. 沟通要点到为止**

有的班主任认为与学生的谈话应该越多越好,越是苦口婆心就越能打动学生。俗话说"动之以情,晓之以理"嘛!所以这些班主任动不动就找学生谈话,而且每次谈话时间都不短。但时间长了,班主任会发现学生们对自己讲的话渐渐变得漫不经心了,所说的话也失去了以前的威信了,学生们都用敷衍了事的态度对待班主任的问话。

原因何在?问题就在于班主任说的话太多了,太啰嗦。其实和学生沟通,尤其与一些爱犯错误的学生沟通并不是越多越好。对这些学生不仅要给予关爱和鼓励,还要让他们对班主任产生敬畏之感。如果班主任一味地苦口婆心又婆婆妈妈,学生不仅摸清了班主任的底线,更厌烦了这样的沟通。所以谈话不在多,关键是要谈到心里、谈到要害、谈到位。

**5. 沟通不要急于定调**

班主任最头痛的就是碰到屡教不改的学生,讲过多少遍的问题还是犯错,这其实是在考验班主任的耐心。如果班主任沉不住气,每次找学生谈话都是教训一通以发泄心头怒火的话,那极有可能达不到班主任所要的教育效果。

班主任越是想以权威的姿态镇住学生,学生的逆反心理就越重。因此,每次过早地给谈话定下基调——先教训一顿,并不是最好的沟通方式。班主任应该先考虑一下处理的思路,然后带学生到一个合适的地方,制造一个合适的氛围,用一种合适的语调开始第一句话。

注意:班主任要用和蔼的态度讲述原则的重要性,切忌威胁学生,如给处分、告诉家长等之类的话语。

**6. 沟通不要总是在集体间进行**

有些班主任口才很好,心得体会又多,时常不知不觉就在班级中展开个人演讲,滔滔不绝。开始的时候学生觉得这个班主任很有才华,很有内涵,很乐意听班主任的调侃,但时间长了学生就会生厌,就像吃一道喜欢的菜一样,天天吃,顿顿吃,再好吃的菜也没滋味了。听多了,学生们会说:"大道理又来了。"

比如,班中几名学生同时犯了错误,有的班主任就进行集体教育,让全班学生和那几名犯错学生一起"洗脑",结果效果并不好。其实,集体的教育也是必要的,但是这样的话讲多了就会出现重复与空话。班主任一定要经常找不同的学生进行交流,尤其是当学生集体犯错的时候,尽量不要全体谈话,而是各个击破,否则学生会形成抵抗同盟。

**7. 不要人前鼓励,背后失望**

在办公室讨论学生的种种表现是班主任间相互交流时常谈的话题,班主任希望通过这种相互交流,促进自己在教学和管理方面的水平。但个别班主任讲的时候不注意场合和分寸,谈到学生的缺点时,免不了一顿怨气,讲得很直白。

如,有一名学生经常不做作业,班主任找他多次谈话都不见效果,但是班主任仍然耐住性子找他谈,并且每次谈话都很注意分寸和语气,并对学生抱以希望。但有一次在办公室讨论时,这位班主任发现很多班主任都碰到过这样的学生、这种问题,于是相互间开始感叹"对某某学生是不抱什么希望了"。然而就在他一回头的瞬间,突然发现这名学生正站在后面,已经听到了班主任的谈话……此时,学生会怎么想呢? 这时,班主任在学生心里已经变成了一个虚伪的人:"当面鼓励我,说我有希望,背后却早已放弃我了,我再也不相信班主任的话了。"在学生看来,班主任之前的谈话都是虚情假意,以后想再进行沟通恐怕就更难了。其实,即使学生不是从班主任那里亲耳听到,而是从他人嘴里知道的,结果也是一样,再沟通都是比较困难的。

8. 不要大谈错误、要求或学习

有些班主任对学生非常用心,经常与学生谈话。每次发生一点小事,就要把所涉及的学生统统叫到办公室,把事情从头到尾搞得清清楚楚,把每个人的错误都说得清清楚楚,而且重复强调自己的要求都要做到。但学生好像都不领情,很多学生一见到这样的班主任就苦起了脸。问题在哪儿?

其实,班主任谈论这些没有错,错就错在谈过了头。错误和要求不是受学生欢迎的话题,班主任要适当谈谈别的话题。比如,从生活与做人之道谈起,这样学生更容易认识自己的不足,还可以培养学生做人的胸怀。所以,班主任与学生沟通时,不要总谈缺点和要求,总是说重复的话,这样不但后进生听不进,优等生也会厌烦。

与学生沟通是一门深奥的学问,时机、场合、态度、语气都要把握好,有一点疏漏,都会让沟通功亏一篑。因此,班主任要有分寸、有尺度地与学生沟通交流,尊重他们,理解他们,让师生在良好的气氛中,进行心灵的对话,这样才会使沟通顺利进行下去,产生良好的效果。

# 幽默,传递快乐的天使

幽默是生活的调料,是人类智慧的火花,是属于艺术性的口语。它能用生动形象、鲜明活泼、委婉、含蓄、风趣、机敏、确切的口头语言,友善地提出自己对现实问题的见解,使学生在愉快的情境中,欢乐的笑声中接受批评教育,从而改正自己的缺点和错误。

在教育学生的过程中,班主任经常面临这样的问题:如何才能既指出学生的缺点,又不伤害学生的自尊心? 因为如果处理不恰当,往往会因为一点小事发生冲突,影响师生感情的沟通,造成教育的失败。在这方面,我们看看前辈是怎么做的。

一次,生物学家格瓦列夫在讲课时,突然有一名学生在下面学鸡叫,课堂里顿时一片哄笑。这时,格瓦列夫却镇定自若地看了看自己的挂表,不紧不慢地说:"我这块表误事了,没想到现在已是凌晨。不过请同学们相信我的话,公鸡报晓是低等动物的一种本能。"格瓦列夫没有生气愤怒,而是用幽默的批评对学生起了警告作用。

再来看一个例子。

有人问一位著名的班主任:"如果你的班级中有一名学员过于活跃,上课时总是发出声音干扰别人,也影响你讲课情绪。你打算怎么行之有效地解决这个问题?"这位班主任回答:"我下课后可以与他交流一下,向他说明情况——教室的秩序要很好地维持。并且我会与他开玩笑说:'谢谢你在课堂上为我活跃气氛,但我很生气你太活跃,以至于抢了我的风头。'"这是很艺术的回答,风趣幽默,大概任何一名学生听了这句玩笑,都会羞赧地笑起来,并决心不再与这位宽容风趣的班主任为难。

这些事例告诉我们,幽默在沟通中有着不可低估的作用,它能使沟通的效果更趋完美。它就像我们打开电灯开关,电力便沿着电线输送过来一样,按下我们幽默的按钮,就能促使一股特别的力量源源而来。

幽默使人与人积极交往,能降低紧张、制造轻松的气氛;它以愉悦的方式表达人的真诚、大方和心灵的善良。幽默是师生关系中必不可少的"润滑剂",具有幽默感的班主任一走进学生中间,学生就会感到快乐,沟通也就畅通了。

师生沟通的艺术也是师生之间的语言交流的艺术。

恩格斯认为幽默是"具有智慧、教养和道德上的优越的表现"。可见,幽默其实是一个人的人格特征中的重要因素。

班主任难免有情绪,难免会冲动,说出一些过激的话,这时,我们就可以通过幽默的语言化解师生对立的情绪。例如:许老师就是因为小南推卸责任而有些恼怒,气愤之下声音也提高了;小南当众受到批评,再加上心里感到委屈,于是当众顶撞了许老师。这时,沟通出现了问题,许老师立刻冷静下来,开始思考问题所在及解决方法。最后,在许老师夸张诙谐地说明后,课堂又出现了热烈的场面,师生之间丝毫没有因为刚才的小风波而影响到感情和关系。这就是幽默沟通的妙处。我们班主任应该学会运用。

比如,有一位班主任被派去担任一个"乱班"的班主任。当他第一次走进这个班级的教室时,看到的是这样的情景:教室的课桌椅被摆成了几个"摊子",每一个"摊子"的边上都有几名学生在挥舞着扑克战得难分难解。

看到新班主任进来,他们才恋恋不舍地停止游戏。班主任让大家把桌椅整理完毕,站在了讲台前。这时,全班学生都神色紧张、手足无措地坐着不吱声,等待着班主任的严厉批评。可是,这位班主任微笑了一下,他的第一席话却是这样说的:"同学们,作为新来的班主任,我第一幕见到的就是你们那种学习'五十四号文件'的积极性,那么好,我现在也想和大家一起来研究一下。"

面对学生略微放松、又感到诧异的神情,班主任接着问:"你们知道为什么一副扑克牌要分 4 种花色、每种花色有 13 张、一共有 54 张吗?牌中有 K、Q、J 等人物形象,这些人物又代表的是谁呢?"

学生们的脸上产生了热切求知的表情。这时,班主任就简单地介绍了扑克牌的由来、四种花色的象征、有关人物在历史上是谁等知识。此时,学生已对这位新来的班主任产生了知识渊博、语言风趣的良好印象。

班主任此时感到沟通教育的时机已到,便说道:"大家想想,小小一副扑克牌中就蕴藏着这么多知识,可见,知识在任何地方都有用武之地。那么,大家是否愿意从今天起,跟着班主任一起去遨游知识的海洋呢?"回答班主任的是一片热烈的掌声。

教育家米·斯维特洛夫说:"我一直认为,教育家最主要的、也是第一位的助手是幽默。"苏霍姆林斯基说:"如果班主任缺乏幽默感,就会筑起一道师生互不理解的高墙——班主任不理解儿童,儿童不理解班主任。"国外早有研究表明,班主任的教育沟通语言与教育学生的效果是有很大关联的,特别是幽默的艺术语言,更能大大提高教育沟通效果。

心理学家追踪调查发现,学生最大的愿望就是班主任语言生动形象、风趣、有幽默感;学生最不喜欢的就是没有幽默感的班主任。有幽默感的班主任是随和又理性的,不会把自己的快乐建筑在别人的痛苦上,以损人自尊的伤人话语来逗趣取乐;有幽默感的班主任会自我解嘲,会转移冲突,运用智慧巧妙地教化学生。所以幽默的班主任通常是受欢迎的。

那么,班主任在与学生的沟通中,如何有的放矢地运用"幽默"这一润滑剂呢?

*1. 趣从智生,怒息巧出*

有一次,某位班主任走进教室,看见讲台上有一堆橘子,心中纳闷,橘子外观完好,但似乎不太寻常,就随口问道:"这些橘子是做什么用的?"学生回答:"请班主任吃的!"班主任含笑称谢,拿起一个来,不料橘子早已被掏空,改塞卫生纸。

学生们哄堂大笑。班主任一时僵住,但马上反应过来,幽默地说:"哎呀!原来你们这么细心,替我准备好了橘子皮,这可是美容上品!值日生,替班主任包好!是哪几名同学,下课后到我办公室,我要好好地谢谢你们!"学生们又是一阵大笑。课后,几名调皮鬼主动到班主任办公室认了错。

*2. 移花接木,无心插柳*

有一次,魏书生老师刚走进教室,便发现有两名学生不知为什么正扭打在一起,全班同学的目光都望着他,看他如何处理,而那俩调皮鬼却浑然不知,仍打得十分"投入"。

见此情景,魏老师便幽默地说:"同学们请继续欣赏这场十分精彩的'男子双打'比赛。"在同学们的笑声中,两个人不好意思地停了下来,魏老师又不失时机地补充了一句:"同学之间应互谅互让,不要因一点小事弄得大家都不好意思。"

还有一次,魏老师发现一名学生听课时思想开小差,眼睛总是望着窗外,他便说了一句:"外面的世界很精彩,里面的世界也不坏。"这名学生立刻意识到魏老师在讲自己,于是马上重新集中精力听课。

"幽默"是一种能量,它能增进彼此的亲密度。"幽默"也是一个成熟者自信的表现,以幽默建立的师生沟通渠道,能收到春风化雨的效果。

# 教育沟通要情与理结合，双管齐下

如果把教育沟通比作牧师布道，班主任就是牧师，学生就是宗教徒。教育沟通的目的就在于，不露痕迹地对听众施加思想影响，使学生于不知不觉中接受其教育。班主任在与学生的沟通中，要做到"动之以情，晓之以理"。

在教育沟通中，"动之以情"就是以班主任对学生的热爱、奉献教育的精神感动学生，用身体力行的教育行为感化学生；"晓之以理"就是教育学生明白为人处事的道理，从学生、生活、家庭方面积极适应各种环境，妥善处理各种问题，化解诸多矛盾。

"动之以情，晓之以理"，两者相辅相成。班主任在与学生沟通时，应注意以下几点：

*1. 对学生一视同仁，动之以情*

班主任在与学生沟通时，尤其是与那些所谓的差生沟通时，情是必不可少的。这个情，就是班主任深沉热爱学生之情。唐代诗人白居易云："感人心者，莫先乎情"，说的就是这个道理。只有炽热的感情，真挚的语言，才能使倾听者感到可亲、可信，从而产生极大的认同感。

一旦学生觉得班主任就是他的知心朋友，那么，他们就会敞开心扉，把内心的秘密向班主任倾诉。在这种情况下，班主任的劝告和要求乃至批评，都会容易被他接受，紧锁着的心房大门就会被"爱"这把钥匙轻易打开。

相反，如果班主任对学生感情淡漠，甚至讨厌、呵斥、挖苦，学生就会产生逆反心理，或敬而远之，或心生愤恨，这样就很难能有效地转变学生的思想了。

因此，班主任在与学生谈话时，切忌表露出不耐烦的神情。班主任皱一皱眉头，学生有时都会敏锐地产生一种被轻视的感觉，从而引起对立情绪。因此，班主任在谈话时要多一点"人情味"，这样就容易和学生产生亲近感，为良好的沟通打下坚实的基础。

罗老师初为人师就受到校长赏识，让他担任六年级（1）班的班主任。后来，学校里有名的差生何灵也编入了（1）班。没多久，何灵旧"病"复发:吸烟、打架、盗窃……

罗老师听到学生反映后,狠狠地批评了他一顿。可是"倾盆大雨"不但没有改变何灵的行为,反而使他产生了逆反心理,使得师生关系变得更加紧张了起来。

而罗老师由于年轻气盛,亦不肯低头,发展到后来,师生矛盾尖锐,何灵不仅自己不学好,还带动了班里几个不安定分子,将整个班级搞得乌烟瘴气。为此,校长多次对这个班提出批评。

罗老师自感无力教化这帮学生,最后向学校申请辞去班主任一职。

几年后,罗老师回忆起往事深有感触地说:"当时的我,太年轻,只顾讲理而忘了动情。其实那名学生人并不是很坏,只是毛病由来已久,一时难以改正。"

## 2. 耐心教导,晓之以理

班主任不可一味地动情,该讲"理"的时候一定要讲"理"。

顾老师接手一个新班时,遇到一名顽固不化的学生,他在学校里拉帮结派,欺负其他同学,搞得众同学怨声载道,甚至连批评他的班主任也会遭到他的"报复"。

面对这样一名学生,班主任们都无可奈何,顾老师却想用"情"来感化他。他经常与这名学生谈心,表示自己对他的关爱。当他发现这名学生组织能力不错时,便大胆提议请他担任纪律委员。

表面上,这名学生把班上的纪律维持得很好,没想到几周后发生的事让顾老师大跌眼镜:有一次上早操时,班里的学生和邻班的学生发生了口角,这个纪律委员不是及时制止,而是给他上中学的哥哥打了个电话,放学后带了几个人在路上把邻班几个与他们发生口角的学生暴打了一顿。

这下事情闹大了,顾老师一时间四处奔跑,多方调解才把这件事解决好。这时他才意识到自己犯的错误:一心想着用情去感化这名学生,却忘了讲"理",以至于这名学生情绪一冲动就想到用暴力去解决问题。

顾老师开始转变工作方法,与这名学生谈话时,不再单单动"情",而是结合实际情况,帮他分析问题,指出他的不良行为对他人造成的伤害。在经过一次又一次的"晓之以理"的谈话后,这名学生的思想认识渐渐有了转变,不再惹是生非,也能与同学友好相处,学习成绩也渐渐赶了上来。

做学生的思想工作,有时要动之以情,有时要情与理结合,双管齐下,班主任与学生的沟通方能奏效。"动之以情,晓之以理"可以作为班主任与学生交流的沟通技巧,使我们发乎情、止乎理的教育更实实在在地见到成效!

# 通过因势利导,使沟通水到渠成

因势利导,语出《史记·孙子吴起列传》:"善战者,因其势而利导之。"意思是说,善于指挥作战的人能够根据战争的态势加以引导而取得胜利。对于班主任而言,因势利导也可以说是和学生沟通的良谋妙招。如果我们能将因势利导的方法巧妙地运用到师生交往中,就可以使沟通工作得心应手。

在一个素质教育开放日,青岛市育新学校为了展示学校、学生的风貌,规定全体师生必须穿校服,并且三令五申。然而事与愿违,五年级(2)班的班主任李老师却发现班上竟有三分之二的学生没有穿校服。李老师意识到,这些问题的出现,虽然只是一些小事,如果不及时调整,就会使学生习以为常,以后他们会继续对班级利益、荣誉视而不顾,从而影响到他们最基本的素质的养成。

于是,针对上述问题,李老师首先给学生提出了两个问题:

1. 如果你是班主任,对于自己再三强调的问题,而学生根本就不重视,你会怎么想?

2. 集会时,当你看到一个班级的同学,服装如此的不统一,你会怎么想?

学生思考后的回答是:如果他们是班主任的话会很生气;如果看到别的班的同学服装不整齐,他们会觉得这个班的学生没有集体荣誉感。这说明学生已经注意到了一些问题,但还没有上升到班级集体荣誉和自己的社会公德意识上来。

接下来,李老师通过五个方面给学生们说明了穿校服的意义。

1. 校服是一个学校的象征,校服穿在身上应该感到自豪;

2. 整洁统一的校服可以体现学校、班级的精神面貌;

3. 外出时,一旦掉队,可以通过校服找到自己学校的队伍;

4. 穿校服便于学校进行统一的管理;

5. 可以消除同学间的贫富差距。

从此,学生们开始主动地按照要求穿校服,而且对各项班级活动都能积极参与。

李老师及时抓住机会,把出现的问题和素质教育紧密结合,对学生进行了必要的引导,使学生们树立起了较强的集体主义意识,取得了良好的沟通效果。

俗话说,强扭的瓜不甜,只有水到渠成的东西才自然、流畅,才美得酣畅淋漓! 强按牛头去喝水,只能事与愿违,费力不讨好。面对江波的"问题",张万祥班主任冷静处之,因势利导,巧于点拨,启发领悟,从而打开了"柳暗花明又一村"的崭新境界。

不可否认,由于认识和思维的发展、情绪和个性的变化,学生们常常因自己的需要和愿望得到满足而欢欣鼓舞,也会因一时得不到满足或遇到挫折而悲观失望。我们该如何对学生因势利导呢?

洪水淹没大地,舜帝命鲧治水。鲧采取水来土挡的办法,结果无功而返。鲧的儿子禹承父志,潜心治水,后来采取因势利导的办法,疏通江河,让滚滚洪流汇入四海,从此山川定位,百姓安家乐业。

治人如治水,凡事要善于因势利导,要求我们做好以下几个方面的工作:

*1. 善于审时度势*

审时度势是班主任具有沟通机智的突出表现,也是成功运用因势利导这一沟通技巧的必要前提。

也许有的班主任会问:"势"在什么地方?"势"随时都会在你身边的学生中出现。比如,当学生拿着刚从别的学生桌上取来的铅笔交给你,说是捡来的,这里的"势"班主任如果掌握好了,培养学生拾金不昧的导向就有了,但处理不当,就会养成投机取巧的不良因素。

班主任要善于审时度势,发现和捕捉偶发事件中的积极因素和转化因素,化不利为有利,使学生迅速迈入最为有利的道德轨道。

有一次,模范班主任毛蓓蕾组织学生在班上举行"我们是红军的新一代"的诗歌朗诵比赛。

一名有先天生理缺陷、吐字不清的学生小孙在同学的带领下走上讲台,她一口气吐出"长征路上"四个字后,好不容易才把"百花开"三个字读出来。

这时,毛老师发现坐在本班末排的一名学生呶着嘴在学她,眼看她再继续朗诵下去就会引起哄堂大笑,既会影响比赛效果,又会伤害朗诵的学生的自尊心。

毛老师立刻用眼神示意同学们鼓掌。

掌声一停,毛老师鼓励大家说:"同学们,小孙同学决心学习红军不怕困难的精神。上台来朗诵,这很好。看到同学们有困难,我们应该怎么办?"

"帮助她!"同学们大声回答。

"对!一个人有困难,大家都来帮助,这才是红军的好作风。好,我们大家来和她一起朗诵。"

顿时,整个教室响起响亮的朗诵声,小孙的声音融汇在大家的声音里,自然而和谐。

朗诵完毕,小孙激动地走回到自己的座位。

毛蓓蕾老师能够审时度势,从正面对学生进行引导和教育,收到了化尴尬为神奇的效果,显示出了娴熟深厚的沟通机智和临场应变的能力。

### 2. 从学生的优势强项着手

英国教育家洛克曾经说过:"每个人的心灵就如同他们的脸一样各不相同。正是他们无时无刻不表现自己的个性,才显示出难以想象的创造力和个性魅力。"班主任在运用因势利导这一沟通技巧时,如果能根据学生的个性特长,扬长避短,从学生的优势强项着手,往往能起到事半功倍的沟通效果。例如,让口头表达见长的学生参加朗诵小组;让动作技能超凡的学生加入手工制作、体育运动小组;让抽象思维较强的学生参加电脑兴趣小组等。

卢梅班主任曾经教过一个名叫叶红的女生,叶红入学时是个"超员生",特别是数学成绩较差,测验不及格是常有的事情。但卢梅班主任发现叶红口头表达能力和表演能力特别强,于是就着手从她的这些特长方面去培养她,极力寻找机会让她锻炼。经过一年多的培养,在镇中小学生文艺会演及学校艺术节上,叶红担任节目主持人,受到领导和观众的一致好评。她参加各种演讲比赛也多次获奖。

在平时的接触中,卢梅班主任还了解到叶红十分向往"北京广播电视大学"。对叶红的这个理想,卢梅班主任大加赞赏,并不失时机地向她讲明:高等学府需要的是具备全面素质的人才,鼓励她要克服学习上的偏科思想,引导她走向全面发展的道路。经过卢梅班主任不断的引导与鼓励,叶红在期末时被评为"三好学生"。

卢梅班主任对学生顺其所思,予其所需;同其所感,引其所动;投其所好,扬其所长;助其所为,促其所成,取得了良好的沟通效应。

3. 为学生树立目标导向

现代教育观告诉我们:在对学生因势利导时,班主任只有把引发学生的心理共鸣上升为思想认同的高度,才能将思想导向预定为目标,也才能达到有效沟通的预期目的。

有一个班的学生习惯乱丢纸屑,屡次教育都无效。

有一次,班主任董明远走进教室,见地上有几团纸屑。

于是,他指着地对大家说:"这儿有几团纸屑,进来的同学却没有捡起来,现在,还有三名同学未进来,我们要看看他们会不会发现。"

经班主任一说,全班同学都瞪大眼睛等着瞧。

第一名学生看也不看就冲进了教室;第二名看了一下地面却无动于衷,上座位去了;第三名一看地上有纸屑,就弯腰捡了起来。

全班同学报以一阵热烈的掌声,董老师脸上也掠过一丝微笑。

从此,学生们改变了乱丢纸屑的不良习惯,教室里呈现出干净、整洁的环境。

这里,董老师充分利用目标导向的作用,从正面引导和激发学生认识并改正乱丢纸屑的坏习惯。

总之,班主任只有以科学有效的方法把握学生的心理,通过恰当的时机、途径和场合,因势利导地促进各种类型的学生健康成长,才能真正做到与学生进行心与心的有效沟通。

让我们通过因势利导的沟通艺术,对学生中出现的各种问题审时度势、扬长避短,水到渠成般地为学生传道、授业和解惑,使他们在欣然接受意见或建议的同时,又有收获的喜悦、良好的启迪,并自觉地唤起对美好未来的向往。自然、巧妙、艺术地帮助他们树立起正确的人生观和世界观,从而为美好的未来搭好桥、铺好路!

# 评语,传递班主任心声的桥梁

评语既能成为班主任评定学生的一杆标尺和父母了解孩子在校表现的途径,又能成为学生洞悉班主任心灵的一种方式。班主任的评语就是学生的一面镜子,所有的学生无一不对班主任的评语加倍关注。因此,每一位班主任都应该尽量写出赏心悦目的、贴近学生心灵的、有教育意义的评语来。

很多学生都曾拿过这种"千人一面"公文式的评语,感到它"极不像自己",因为它既没有写出自己的优点,也没有指出缺点;既没有针对性,也没有个性,而且毫无感情色彩。这种评语,自然起不到直接教育学生的意义。在以往的学生评语中,几十年来都是诸如"该生关心集体,热爱劳动,乐于助人,学习认真"之类的空泛语句的堆砌,结尾又是约定俗成的"希望今后如何如何"等无关痛痒的话。

因此,作为班主任,我们必须改变学生评语空洞、贫乏、言之无物的现状,必须用情、用心、用爱去写出一篇篇只属于一个学生的评语,为学生记录下成长过程中的每一个精彩时刻,才能使其成为拨动学生心灵的琴弦、感人肺腑的诗篇!

这就要求班主任对优秀生的评语要公正、客观,富有鞭策力;对中等学生的评语力求扬长避短;而对后进学生的评语则循循善诱,尽可能挖掘出他们身上的闪光点。

还可以设想一下,如果每一份评语只是针对"这一个"孩子而写的,那些与众不同、充满个性化的描述,那些丰富多彩、色彩斑斓的语言也就会自然而然地流淌出来。

据《中国青年报》报道,某"教育研究自愿者群体"对教育性评语进行了为期两年的探索和试验。其中,有几个发现值得我们教育工作者深思:

其一,大部分班主任,几乎对所有的评语均采用"该生……"的提法,这也几乎成了一种固定的评语写作模式;其二,评语的内容笼统、趋同,用语枯燥、贫乏,语词的重复使用率之高令人惊异;其三,不少学生记得最清晰的、最喜欢的往往是那些最符合、最代表他个性特征的句子。

班主任只有使评语从形式到内容都贴近学生心灵,让学生对评语从心灵上产生共鸣,才能理解班主任的一番苦心,实现沟通的效果,学生从而才能从行为上做到弃恶扬善,真正达到写评语的目的。

这就要求我们要做好以下几点:

**1. 人称应当更换**

传统的评语写作模式均采用"该生……"的提法,专家认为,这是一种典型的面向家长的评语,目的是为了让家长了解自己孩子在学校的表现,以便和班主任配合,更好地教育孩子。学生在这里被视为介于学校与家长之间的"第三者"。而我们教育的对象是学生而非家长,真正面向学生的评语,无论是语气还是行文都应该使学生意识到,评语是班主任对自己的评语,是为自己而写的评语。

因此,班主任写评语时可用亲切的、情感化的第二人称"你"代替刻板的、毫无感情色彩的"该生",以此缩短写评语者与观评语者的心理距离,给予学生默默交流的亲切感、真诚感、信任感。

当学生拿到成绩册,翻到评语栏,第一个映入他眼帘的便是一个亲切的"你"字,喜悦之情必然溢于言表,他会觉得班主任这样称呼他是对他的尊重,是在与自己谈心。这样,他必然会饶有兴致地往下看。

**2. 评语针对性要强**

一则好的评语,恰似一幅简笔速写,必须通过简单的几笔就勾勒出每一名学生的不同特点,切忌千篇一律。

这就要求班主任平时应深入到学生当中,把自己融入班集体中,以班级成员的身份来观察学生,观察他们的志趣爱好,观察他们的性格品行,观察他们的行为习惯。只有这样,才能了解到比较真实的学生,才会知道谁较开朗,谁较文静;谁较刚强,谁较软弱;谁较率直,谁较拘谨;谁较有耐心,谁较浮躁;谁较自信,谁较自卑。

只有在班主任了解到了这些情况以后,在写评语时,站在班主任面前的才不会是一个个脸谱化的人物,而是一个个活生生的富有个性特征的学生。

**3. 评价要客观准确**

写评语,关键要做到客观、准确、公正。班主任既要看学生的思想认识,又要看其行为和态度;既要看学生在校内的表现,又要看学生在家庭和校外的表现;既要看学生各自原有基础,更须注意了解一个时期以来学生的发展情况。

评价要掌握分寸,留有余地,既有含蓄的肯定,又有鲜明的指正,切忌走极端,防止简单化。否则,就容易让受到肯定和表扬的学生盲目骄傲自满,使受到批评的学生丧失进步的信心和决心。

例如,有一名学生成绩不好,但是他好动,喜欢打篮球。班主任便在评语中给他写道:"班主任与你相处了一个学期,你在运动场上的形象给我留下难忘的印象,班主任相信你在学习和其他方面也能不断'漂亮'起来。"该学生因学习成绩不好,平时十分自卑,但在拿到评语之后,却感动得掉了眼泪。

一则好的评语,应有充实的内容,像一篇含义隽永的短文,像一面熠熠生辉的明镜,语言优雅精致,学生形象鲜明、生动;

一则好的评语,就是一份营养丰富的精神食粮,一份珍贵的礼物,会深深地印在学生的脑海中,久久不能抹去;

评语在整个教育中的作用不可忽视。对学生而言,它是一面镜子、一张"处方",是班主任帮助学生树立自信心的好工具。

心理实践告诉我们,一次心灵的沟通远胜过百回的说教。正所谓"种树者必培其根,育德者必养其心",一段充满温情的文字,必然会激起学生心灵的涟漪,成为连接行为和信念的桥梁。让我们用心去书写评语,用爱去浇灌心灵,用情去描绘未来,让学生们看到自己在成长道路中的发光点!

# 因人而异,让沟通更具针对性

服务行业对服务人员有这样一项要求:不同对象、场合,要有不同应答。为什么这样要求呢? 因为不看对象、场合,千篇一律的应答是一种失礼的行为。例如,服务人员对一个孩子说:"先生,你要哪种饮料?"孩子肯定会不知所措。其实,在这种场合问一句"你喝什么?"不是更通俗易懂吗? 这就是说,语言交流要因人而异。同理,班主任与学生沟通也要因人而异。

黄沙如海,找不到完全相同的两颗沙粒;树叶如云,找不到完全相同的两片树叶。从严格意义上讲,世界上没有两件事物是完全相同的,它们之间总是存在着这样或那样的差异,大至一颗星球,小至一粒尘埃。

既然世界上每个事物都是独一无二的,那么作为各种复杂的自然关系和社会关系总和的人,那就更不同了。学生正处在生理、心理的成长阶段,每个人的性格千差万别。班主任在与学生沟通时,应针对他们不同的个性,采取不同的方法。在充分了解学生的个性特点后,我们才能选择适当的沟通方法,达到预期的沟通效果,从而引导学生进步。

在与学生沟通时,要针对不同的对象,选择不同的沟通方式。如某班主任,当他听班上的学生说班里有一个女生偷了别人的东西时,二话没说就当着全班同学的面严厉地批评了她,还叫她到办公室里说清楚。这名女生来到办公室后,班主任又是一顿严厉地批评。这名女生一语不发,浑身发抖。班主任这才意识到自己的方式错了:他因为一时冲动没有注意到这个女生是一个性格内向、孤僻,平时很少和同学说话交流的学生,错误地选择了当众批评的方式,结果这名女生无法承受这种压力,产生了对抗心理。试想,这种沟通怎么会顺利呢?

综上说明,对不同的学生采取不同的沟通方式,是班主任需要掌握的一种沟通技巧。这种沟通艺术的实质,是倾听的艺术,同时也是认同的艺术。

一方面,我们要学会倾听。

倾听是沟通的前提,我们应该倾听不同学生的诉求。因为它不仅可以满足学生自尊的需要,减少他们自卫与对抗的意识,还为继续沟通创造了有利的条件和氛围。这一过程是我们班主任深入了解学生的过程,也是我们准备做出反应的过程。当然,和不同的学生沟通,我们并不只用耳朵去接受信息,还必须用心去理解,真正做到耐心、虚心和会心地听。

耐心地听,是指在学生说话时,班主任应该表现出很好的耐心。即使他们所讲的事情自己已经知道,为了尊重学生,班主任还应该耐心地听下去。特别是学生申辩时,我们不能粗暴地随意打断,应该让他们完整地把自己的思想表达出来。虚心地听,是指在不同的学生讲述自己的看法时,班主任不能中途打断或妄下判断,即使学生说得不对,也要在不伤害他们自尊的前提下,以商讨的口气提出相应的看法。会心地听则是更高的境界。班主任应该学会听不同学生的话外之音,善于捕捉他们背后的真实意图。

倾听的艺术是班主任与不同的学生进行沟通时必备的基本功,是班主任对沟通结果做出相应判断、进行有效处理的前提。

另一方面,班主任要有认同意识。

我们班主任应该设法寻找与学生谈话的共同语言,以求得心理上的接近与趋同。这是班主任与不同的学生进行有效沟通的基础,我们只有找到共同点,才能缩短双方的心理距离,为进一步交谈创造和谐的气氛。

不同的学生有不同的问题,我们班主任应该设身处地地为他们着想。我们可以绕开他们的敏感话题,真诚地为他们解疑,进行层层分析。当他们觉得班主任的确在为他们着想时,他们的精神就会处于放松的状态,会较为客观地理解和评价班主任的看法、观点。这样,班主任与学生沟通的目的就容易达到。这就是认同艺术的效果。

那么,怎样因人而异地进行沟通呢?

*1. 对失意的学生——鼓励式沟通法*

例如,有一名学生的学习成绩很出色,总是排在班级的前三名,可是在最近一段时间里,他的学习没有以前那样扎实,在考试中,他的成绩明显下降了。这时,我们班主任首先应该明白学生这样的心理:他们对自己最近的表现感到懊悔,希望能够得到班主任的理解。

在和这样的学生沟通时,班主任一方面要帮助他们查找成绩下降的原因,另一方面要鼓励他们放下思想负担,继续努力,抓紧学习,弥补学习上的欠缺。

班主任可以对他们说:"这次试题有一定的难度,虽然你的成绩距离班主任的期望还有一定的差距,但是你已经很不错了。只要你学习再扎实一点,你的成绩一定会更理想的。"而不能说:"你这段时间不用功,怎么会有好成绩呢?"这种带有批评语气的话,会伤害他们的自尊心,不但不能让他们从班主任那里得到帮助,相反还会增加他们的心理负担。

*2. 对自负的学生——提醒式沟通法*

自负学生的表现心态是充满自信,往往看不到自己的缺点。与这类学生谈话可采用提醒式。在肯定他们成绩的同时,用暗示的言辞,较为含蓄的语言,指出其自省点,从而使学生能意识到班主任的意图,正确估价自己,扬长避短,向新的目标奋进。

*3. 对双差的学生——对话式沟通法*

学校的双差生是班主任不太喜欢、容易忽略的一部分学生,他们在班

67

集体内往往自感抬不起头来,情绪低落,意志消沉,沉默寡言,怕提旧事,表现出防御心理和对抗心理。与这类学生谈话应采用对话式的方法。班主任要通过各种不同形式的场合,把握学生心理,用说理性强的内容,较严肃的语言和果断明快的语调来教育他们。既要挖掘他们的优点,树立"抬起头来走路"的信心,还要具体地带动他们寻找进取的途径和方法。

4. 对中等成绩的学生——触动式沟通法

在每个班级,中等成绩的学生占大部分,他们处于中间状态,自认为"比上不足,比下有余","100 分太难,20 分太悲,60 分最好"。因此表现拼搏精神差,缺乏前进的动力,对什么都抱着无所谓态度。对这部分学生班主任应采用触动式的谈心方式,以"刚"克"刚",启发他们的思想,打气鼓励,使其猛醒。但这种"触动"不是居高临下的,而应掌握分寸,就像孔子所言:"温而厉,威而不猛",也就是温和而又严肃,威仪而不猛烈,使学生能心悦诚服地接受。

5. 对屡教不改的学生——冷处理式沟通法

由于班主任在学生心目中所处地位的特殊性,在某种特定的沟通环境中,班主任适时的沉默会表现出一种自信心和力量感,能使学生产生一种无形的心理压力。也就是说,班主任有意识地沉默是一种很有效的批评和暗示的冷处理方法,而这种方法对某些学生来说往往更具有说服力。

这样的方法比较适用于那些屡教不改的学生。例如,有名学生经常沉迷于网吧,家长费尽心机也没办法扭转。当班主任在网吧找到这名学生时,并没有严厉地批评他,而是用严肃的目光默默地盯着他看。那名学生心里发虚,闷声不响地跟在班主任的后面回到学校。

在回来的路上,班主任一句话没说。在以后的几天里,班主任也没有找他谈话。这使得那名学生心事重重,最后终于憋不住,跑来问班主任:"班主任,你什么时候批评处分我啊?"

班主任笑了笑说:"现在你都不去网吧了,还让我批评你什么呀?"

听到班主任这么说,这名学生如释重负地笑了。

另外,性格倔强暴躁的学生有时也适用这种沟通方法。这类学生脾气没来时很懂事理,脾气来了会情绪激动,容易产生逆反心理、偏激行为。对于这类学生犯错后,班主任不能急于求成,马上批评,必须克制自己的情绪,拖一段时间,等犯错的学生情绪冷静下来,再有针对性地、平心静气地讲清道理,做到晓之以理,以理服人。在批评的过程中,最忌正面冲突,而应避其锋芒,从侧面进行疏导。这样既避免了师生发生正面冲突,又留给了学生改正错误的机会。

6. 对内向的学生——耐心询问法

有的学生性格比较内向、不善言谈,班主任和他们沟通时应该找到正确的方法,否则会出现无法交流的尴尬场面。这时,我们的耐心询问会起到很大的作用。因为,这类学生比较害怕与人交流,好像把自己给束缚、封闭起来了。如果我们询问的语气亲切些,态度和蔼些,就会让学生解除一定的顾虑,并愿意和我们沟通。

单独地与这类学生沟通交流是最好的方法,因为这可以取得他们的信任,而有了信任,学生的心扉会自然而然地向班主任敞开,愿意和班主任倾心而谈。在沟通的过程中,就学生所谈的内容我们班主任应该及时给予肯定,并为他们指明努力的方向,给他们动力,使他们能够从自我束缚中走出来。

7. 对外向健谈的学生——争论辩答法

有的学生性格比较外向,也很健谈。与这类学生沟通时,我们班主任采取争论辩答的方法比较容易被他们接受。在和他们沟通前我们要做一番必要、充分的准备,尽最大可能把他们所要述说的理由都列清楚、理通顺,并做好反驳的充分准备。

当然,和学生争论辩答并不是说班主任和学生像开辩论会似的那样激烈,而应该尽可能多地让学生发表意见,让他们在与班主任的争论中明白道理,最终达到以理服人的目的。

8. 对偶犯错误的学生——参照沟通法

有一部分学生平时表现还不错,但由于受某些客观环境的影响,或家庭受到波折和困难,或自己遭到某些刺激和打击,使思想产生变化而犯错误。这种学生往往会表现出懊丧心理和惶惑心理,自尊心减退,缺乏信心。此时,班主任应当采用参照式的形式找他们谈心,用"横向"和"纵向"对比,使他们能够认识到自己犯错误的原因,引起反思,放下包袱,增强信心。

古人云:"治人如治病,得其方,药到病除;不得其方,适得其反。"与学生沟通交流,我们基本上也是为了"治病救人"。学生个性不同,对班主任批评教育的心理承受力也有强弱之分,所以,我们与学生交谈的时候,采用的方法不能千篇一律,不仅要"对症下药",还要"量体裁衣",如此方可收到实际效果。

# 用肢体书写爱

我们通常运用的都是口语沟通,但有时一些特定的身体态势可以部分地代替言语行为,发挥独立的表达功能。比如,有时班主任可用竖起大拇指、OK的手势、放松的手势,简单地招手、击掌、轻拍肩膀等来补充口语信息,这些都能很好地传达承认、接纳的信息。

在很多特定的情境下,如果班主任能有效地运用好各种肢体语言来传情达意,往往比有声的语言更便捷、快速、有效。

例如,班主任在上课时,看到学生在下面搞小动作,这时,班主任可以有三种不同的处理方法:一是停下讲课,大声批评;二是假装没看见,听之任之;三是若无其事地走到该学生座位前,一边讲课一边用手轻轻拍拍学生的肩膀,从而制止学生的小动作,使其专心听讲,同时又没有打乱课堂的教学进程。

无疑,第三种是最恰当的。班主任用动作代替了口头批评,不费口舌、不动声色,也不影响教学,真可谓"经济实惠"的教育方式。

根据英国心理学家阿盖依尔等人的研究,当语言符号和肢体语言符号所代表的意义不一致时,人们相信的是肢体语言所代表的意义。在信息传递的全部效果中,有7%是词语,38%是声音,肢体语言沟通所起到的效果则达55%,因此,任何一位优秀的班主任都应该学会恰当地运用肢体语言。

大连开发区某中学优秀班主任张老师的班里有一个叫小莹的女生,她非常文静可爱,刚入学的时候,脸上经常洋溢着甜甜的笑容,见到班主任总是轻轻地喊一声"班主任好"。

但没过多久,笑容就从小莹的脸上消失了,她每天默默地坐在位子上,少言寡语,一副无精打采的样子,对班级事务漠不关心。起初,张老师并没有在意,认为这可能是她的性格所致。直到有一天,当张老师惊异地发现小莹突然消瘦了很多,内心一下子充满了内疚感。张老师意识到,在小莹的身上一定发生了什么不愉快的事。

通过私下了解，张老师才知道，小莹在班级自动组建的小队中受到了排斥，其他队友觉得她土气，出去玩的时候不买东西，显得很小气，所以渐渐疏远她，不愿意让她继续待在她们小队中。小莹成绩不错，平时学习很刻苦，非常受班主任的器重，有的队员说她拍班主任马屁。生性腼腆、心思细腻的小莹，在陌生的环境中缺乏主动表现自己的勇气和信心。因此，即便受了委屈也不敢跟班主任说，每天生活在失落和惆怅中，最后导致厌食，体重明显下降。

张老师得知后，心情变得很沉重，怪自己太粗心，对小莹关心太少，以致连小莹发生这么大变化都没有发现。张老师决定重新激发她心中的热情，通过自己这个中间人，改善她和同学们的关系。其实要化解她与队员间的不愉快非常简单：一个袒露自己心扉的机会和来自班主任的支持就可以了。

于是，张老师为小莹和她的队友安排了一次面对面的聊天机会。开始，内向的小莹不知道该说什么好，张老师就拍拍她的肩膀以示鼓励和信任，小莹的脸上露出了久违的笑容。她慢慢地试着参与到同学的对话当中，不时地还发表一些独特的观点，大家对她的想法深表赞同，张老师也笑着摸了摸她的头，表示赞赏。这给了小莹说话的勇气，让她感受到了班主任的关注，她渐渐融入到同学的谈话中。这次交流之后，队员们也感受到了小莹的朴素和真诚，双方的误会逐渐消除。

为了锻炼小莹的勇气和胆量，消除她的害羞心理，张老师为小莹争取了一个代表班级参加演讲比赛的名额。在参赛前的日子里，张老师总寻找时机与小莹目光相对，微笑着对她点点头或眨眨眼；在上台演讲前，张老师伸出两根手指冲她做了一个坚定的"V"形动作；演讲结束后，张老师由衷地竖起大拇指向她表示祝贺。

张老师相信，这些无声的语言会给小莹带来莫大的勇气和鼓励。果然，小莹不负众望，她为班级捧回了"第一名"的奖状。

从此，这个曾经很失意的女生变为班级建设的活跃分子，虽然她依旧那样文静，却多了一份事事行动在前的热情和自信。有一天，她悄悄塞给张老师一张纸条："班主任，是你无声的鼓励唤醒了我的自信，激发起我对班级的热爱，愿您继续关注班上每一颗沉寂的心灵，使我们的班级变成

'爱'的海洋。"

看完纸条,张老师欣慰地笑了。

对学生而言,班主任的一举一动,一颦一笑,说话的语气声调,面部的表情气色,都在向学生传递一种信息。

在一次体育课上,体育班主任发现,在五十多双小手中,有一副米黄色的手套。班主任试图用眼神暗示那位戴手套的学生摘掉它,但是二人的目光怎么也碰不到一起。于是,班主任安排了一个小游戏:手指做加法。班主任伸出五个手指,所有的学生都快速伸出一只手,和班主任凑十,只有她面朝班主任,手背在后边。班主任满含爱意地冲她一笑。当班主任再一次伸出手做游戏时,她伸出了摘掉手套的小手。

班主任和这名学生之间的秘密无人知道。因为只是一个眼神和一个充满爱意的微笑,以及班主任特意安排的手指游戏,就达成了一种默契,实现了师生间的沟通,学生马上就知道该怎么做了。

肢体语言包含面部表情、身体接触、身体姿势和手势等。现在,我们着重说明班主任与学生交谈、沟通时主要肢体语言的运用。

*1. 面部表情*

面部表情能传达热诚、认真、快乐和赏识的信息,也能传达厌烦、烦恼及放弃的情绪。

表示关注、饶有兴趣:眉毛微微上扬,双眼略睁大,常伴口部微张、嘴角上翘呈微微笑意。

表示亲切、友善:双目微眯、嘴角微翘、面露微笑。

表示满意和赞扬:眼睛略闭,嘴角上翘浮出微笑,明显地赞扬时还伴有点头的动作。

表示询问及疑问:眉毛上扬、眼睛略睁大、嘴微微张开,与表示关注的表情相似,但只是去掉了微笑而代之以疑惑的嘴形。

表示严肃认真:眉毛微皱,双唇较紧地抿在一起,眼睛略略睁大。

*2. 手势*

有经验的班主任会使用许多不同的手部信号来鼓励和制止学生的某种行为,用以维持学生的注意力。例如,伸出手掌表示"停止",掌心向上并拢手指表示"继续",把手指放在唇上表示"安静",以手指击出声音表示"注意",而竖起拇指表示"赞同"。

常用的手势语有如下一些：

大拇指的运用。向上跷起大拇指，意味着肯定、称赞、首屈一指等意义，用时必须和面部表情密切配合，否则有应付或讽刺意味。但切忌用大拇指指向身体外侧并晃动几次的手势，因为这一手势在某些场合被看做是表达严重的蔑视。

食指的运用。最常运用的是静止性食指体态语——食指靠近嘴唇并与嘴唇交叉成十字形，表示"请安静"、"不要出声"的意思。这个手势意味着一种善意友好的制止，学生一般是会接受的。但切忌用食指向学生作斥责性的上下点动。

手掌的运用。单手上抬、指向学生，可表示介绍、请求发言的意思。双手上抬、掌心向上，除表示起立外，在与学生谈话时可表示自己的诚恳和可信任。亲切温和地招手，恰到其时地带头鼓掌等都是积极的体态语。而讽刺性地鼓倒掌、宣怒性地拍桌面都不会收到好的教育效果。

双臂倒背。据观察，倒背双臂会让学生感觉到班主任的威严。因此，班主任在一些适当的场合，比如监考、巡视学生做课堂作业时可以适当采取这种体态。但是在一些场合班主任不应采取这种体态。比如，和学生个别谈话时，不应把双臂倒背起来，因为这样做会给学生一种高高在上、盛气凌人的感觉，学生心理上会生产一种压力。

双臂抱肩（双臂交叉于胸前）。对于班主任来说双臂抱肩是一种消极性体态语，在班主任的教学教育活动中不宜使用。尤其是当班主任与学生之间发生不快的时候，这种体态尤其不宜，因为这时双臂抱肩会给学生一种被蔑视的感觉。当然，这种体态并非完全是消极的，有时给人一种休闲自在的感觉。比如辅以微笑，有时也能给学生平易近人、和蔼可亲的感觉。

双手叉腰。这种体态是一种富于进攻性的体态，给人的感觉是咄咄逼人的气势。当班主任的讲话是直接针对在座的某一名学生时，建议最好不要采取这种体态，因为这种体态容易造成对其心理的严重伤害。但是，当班主任的讲话是针对令人气愤的第三者的时候，这种体态会有助于班主任感情的表达。例如，谈到社会上某种丑恶现象，讲到激昂时，不妨采用这种体态，并辅以其他体态，以增强讲话的感染力。

双手插兜。把一只手或双手插入口袋。对于班主任来说，这是一种消极性体态,这种体态给人的印象是随意。如果双手插兜的同时,其他体态同时表现出无精打采的话,那么,总的印象将不是随意,而是懒散了。所以,班主任在教育教学活动中应尽量避免使用这种体态。

此外,拍拍肩、摸摸头都是手势语,这种肢体语言会让学生感到亲切,有助于打开学生的心扉。

3. 其他肢体语言

身体前倾。在听学生说话的时候,班主任上半身前倾,会给学生一种认真听取的印象。

腿部抖动。有的班主任讲话时,喜欢一脚踏在讲台的横木上且不停地抖动;采取坐姿时,将一条腿搭在另一条腿上,不停地抖动。这是一种不好的体态。在成年人中,这种腿部抖动动作比较常见,但作为班主任,则应尽量避免,因为它会给学生留下轻浮、不稳重的印象。

总之,班主任要根据自身的特定条件,发自内心地、自信积极地运用自己的肢体语言,并不断有意识地学习和训练自己,练就传神的一举一动。

我们经常强调"言传身教",班主任的一举一动都能对学生产生影响。在西方,很多班主任都喜欢使用肢体语言来表达意思,但由于东西方文化传统的不同,我们的班主任在使用肢体语言方面的能力比较弱,尤其是一些高年级的班主任,更讲究口头表达的质量,而忽略了肢体语言的有效性。

语言沟通固然重要,肢体语言同样不可或缺。科学研究表明,人们所接收到的外界信息70%—80%来自了视觉信息。身体是传递信息、情感沟通的另一种语言和符号,我们应该学会用肢体语言向学生传达自己的观点。

# 意见箱里的建议

尊师重道是中国人的传统美德。在很多人的思想观念里,学生对班主任评头论足已是大不敬,更何况是给班主任提意见。与此同时,班主任总认为学生还是个没有长大的孩子,于是拼命地限制他们的行动。

其实,在学生们的心中,他们有太多正确的、成熟的却未被人承认的想法,他们是那么希望班主任能把他们当大人看待。请学生给班主任提意见,实际上就是给了学生这种成长的欲望。当他们感到被尊重的时候,他们的潜能就会无限量地被激发,他们的学习欲望就会无限量地被扩张。

多年来,我们一直在呼唤素质教育,强调教育应当以学生为本,但是说的多,做的却少。注重与学生的沟通,减少学生对班主任的误解,而主动征求学生的意见就是师生沟通的有效途径之一。

苏州市草桥某中学是一所百年名校,很早就有了学生给班主任提意见的传统。用草桥校长董老师的话说,让学生给班主任提意见,才能体现出谁是学校真正的"主人"。

说起学生给班主任提意见的传统,还有一段有意思的故事。

那是一年秋天,董老师到草桥实验中学执教。开学两个月了,虽然和学生们相处得很融洽,可是,他总是感觉有一些不和谐的地方,因为他有时候会从学生的脸上看到一些疑惑,而这些疑惑并不是针对课堂上的问题的。

他们好像有什么话要说,董老师心想。可是,为什么我和他们在一起时又什么问题也没有呢?有什么办法让他们说出心里话呢?

这天晚上,董老师正在看晚报,一则消息吸引了他。消息说,市长最近设立了一个意见箱,如果本市哪位居民对市政设施、法规制度或市长本人有什么意见,都可以用书信的方式来反映,市长会在七个工作日内尽快给予答复。

董老师脑海中突然闪出一个灵感:对啊,我也可以在班里设一个意见箱,让学生们把想说的话说出来!

这天上课时,学生们惊奇地看到,董老师拿着一个绿色的小信箱走了进来。

苏同学第一个发问:"董老师,你怎么把家里的信箱拿到学校里了?"

"这是我特意买的。现在我来宣布一件事,我准备把这个信箱放在教室里,你们可以把对我的意见写在一张纸上,然后放在这个信箱里。"

"啊?"学生们不解地望着董老师,性急的一个男生跳起来,"董老师,你这是干什么呢?我们没什么意见啊!"

"别激动,我不是说你们对我有意见,而是想听听你们的心里话,想看看我是不是有什么地方做得不太好。"董老师微笑着解释道。

"这样啊!"学生们一听,都来劲儿了,"董老师,我们可以不写自己的名字吗?"

"当然可以,这是你们的自由。"

一周后,董老师打开信箱,信不多,有28封,而班里一共才有40名学生。

"董老师,我希望在我没有坐上校车的时候,你能够送我回家。"

这是谁呢?董老师努力地回忆,想不起来有哪一次哪一名学生没坐上校车,难道是自己疏忽了?

"董老师,你在我们眼里是个英俊的男士,不过如果你能穿得更帅一点就好了。"

哦,这位学生的眼光还挺"挑剔"的,董老师想。

"董老师,我最不喜欢的一件事就是你经常在授课时接听手机,甚至有一次,你听完手机后都忘了我刚才问你的问题,害得我不得不再重复一次。"

"董老师,如果有什么问题希望你能直接和我说,而不是打电话给我家。那样做,会让我很尴尬。"

……

28张纸条,28条意见。虽然不多,但也证实了董老师的一个猜测:他们有话要说,但是面对面的时候又不敢说什么,看来意见箱是个好法子。

第二天,董老师特地换了一身湖蓝色的牛仔服前去上课,刚走进教室,那些小家伙们就"哇"的一声:"董老师,你今天太酷了!"

"谢谢你们的夸奖。"董老师笑着冲学生们眨了眨眼睛,"我昨天统计了一下上周收到的意见,并不多,现在我来一条条念给你们听。"

"请你穿得帅一点!"学生们一听都笑了,难怪他今天穿得这么漂亮,看来意见已经发挥作用了。

"请不要在课上按听手机!"董老师读完,一脸严肃地说:"孩子们,你们的意见很正确,我保证从今以后再不会出现因为我打手机而忘了你们问题的事。"

意见读完了,董老师用期望的眼神看着学生们:"同学们,你们的意见提得很好,我会尽力去做得更好,同时,也请你们继续给我提意见,怎么样?"

学生们都笑了。

从此以后,信箱里的信渐渐增多,而学生们最快乐的时候莫过于听董老师在课堂上进行"检讨",有的时候董老师也会进行"辩驳"。但董老师和学生们的距离越来越近,学生背地里都亲切地叫他"信箱班主任"。

一张纸条一条意见,虽然这些意见涉及的都是一些小事。但学生醮意见,反映的正是他们的心声。这个办法让董老师知晓了学生们内心战真实想法。

董老师将自己放在了与学生平等的位置上,请学生们提意见,并身体力行,有则改之,无则加勉。在学生眼里,董老师既是他们的班主任,也是他们的大朋友。"亲其师而信其道",董老师的信箱收获的不仅仅是学生们的意见,还有学生们的信任。

我们要培养学生的民主意识、培养更多的创造性人才。一位优秀的班主任应该放下"唯我独尊"的师道尊严,鼓励学生给班主任提意见,只要学生提出的意见正确可行,班主任就应该采纳。

请学生给班主任提意见的方法形式多样,班主任可结合具体情况采取合适的方法,一般说来有以下几种:

*1.* 请学生将意见写在纸条上

案例中董老师正是采取这种方式来征求学生们的意见的。采用这种方式,可以最大限度地了解学生心中的想法,找出工作中的不足之处,然后有的放矢地来进一步改进工作。

*2.* 请学生给班主任写评语

我们经常会听到学生在背后评论自己如何如何,如果是夸奖类的言语倒也罢了,但不好听的话甚至是坏话,往往会让班主任心里感到别扭。有时学生因误解班主任而说出的不合理的话更让人生气。与其让学生在背后指指点点,为何不给他们一个机会,让他们正大光明地说出来。

优秀班主任华老师为了与学生更好地交流,在班上开展了一次"评语"活动,他让学生以朋友的身份,实事求是地评价班主任,为班主任写评语提意见、谈建议,并请学生每周写一次评语,亲手交给他。于是学生有的写出班主任的优点,给班主任以鼓励,有的真诚地为班主任提出意见和建议:"请华老师帮我们设计丰富有趣的课间活动"、"请班主任上课声音响亮一点"、"请班主任不要忘了自己的身体,注意参加体育活动"等等。

77

班主任诚挚虚心地启发、引导学生把要在背后说的话,当面给班主任提出或给班主任做评价,这对教学改革,密切师生关系,提高教学质量,都是十分有利的。

*3. 在日记或周记中提出意见*

学生写日记或周记时,可以将自己对班主任的意见附在其中,而班主任可以利用这个机会与学生一对一地交流思想。班主任应首先肯定学生的勇气,感谢学生愿意把班主任当做朋友,然后虚心接受学生提出的正确意见和合理建议,并解答学生提出的疑惑。这个方法能够很快拉近班主任和学生的心理距离,增进师生情谊,建立起新型的师生关系,赢得学生的尊重。

*4. 以书信的方式提出意见*

班主任可以把学生给班主任提意见、建议当成一项定期进行的活动,可以制作"交流卡",学生写好后不用署名,直接投进班主任的信箱。这种方式让提意见者有充分的思考空间,这个过程本身就是帮助学生思考的过程。这个过程只有学生和班主任两个人知道,避免了学生当面指出班主任问题的尴尬。

*5. 通过网络论坛等*

有条件的学校可利用校园网上的教学论坛,请学生们在论坛中提出自己的意见。这种方式的好处是保密性强,学生们可以无所顾忌地畅所欲言,但需要班主任加以引导,避免出现学生发泄私愤的情形。

当然,如果师生关系融洽,有些意见也可以当面指出,这就需要班主任与学生把握好一个度。此外,学生敢于向班主任提出意见只是第一步,班主任如何对待学生提出的意见才是最重要的。那么,班主任应该如何对待学生提出的意见,并且让意见真正落到实处,而不是流于形式呢?

*1. 尊重学生的意见*

在现实的师生关系中,班主任往往容易忽视学生的民主权利,使师生关系出现不平等现象。事实上,学生的意见帮助班主任改进了工作,并且提醒班主任不断严于律己,追求教育的尽善尽美,这种效果是显而易见的。

学生给班主任提意见,这体现了教育应有的民主监督,也体现了学生权利意识的增强,这种教育民主的精神和民主教育的形式正是公正的一

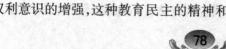

种体现!

班主任应尊重学生的意见,才能与学生共同探讨,共同进步,教学相长。当然,民主平等是师生双方都应该遵循的基本准则,班主任应该平等对待学生,学生才会平等对待班主任。

2. 以平和的心态去面对学生的意见

有的班主任表面上也会请学生提意见,可一旦被学生点中痛处就怒不可遏,就好像被人揭了伤疤一样。

据报道,烟台某中学班主任在课堂上让学生提意见。可是当一名学生勇敢地站起来指出"学生学习不好,不全是学生的责任,班主任不应在班里发脾气"时,班主任的脸色立刻大变,当着全班同学的面说出了"这个学生我教不了"的话,还让学生在办公室站了一个下午。受到班主任的侮辱后,这名学生晚上总是失眠,最后忧郁成疾。经医院检查,确诊为精神分裂症。

或许班主任只是想"惩罚"一下这名"口不择言"的学生,没想到却造成了如此严重的后果,起因仅仅是由于学生直言班主任的"发脾气"。

学生提的意见有时可能会不公正,面对这种情况,班主任要做的不是发脾气、使性子,而是以平和的心态面对这一切,静下心来好好反思自己在教育过程中的得与失,对照学生的要求去改变自己不恰当的做法,把自己对学生的关心、爱护和严格要求以一种学生能够接受的态度表达出来。退一步说,即使是学生误解了班主任而提的意见,我们也应考虑"我为什么没能让学生理解我的教育,这责任是否也在班主任身上"。

3. 有效引导,合理采纳

班主任应当要求学生诚恳地、善意地提出建议,也应该适当地注意提意见的场合。对于学生合理的意见,班主任应该采纳并给予鼓励;不太合理的,可以婉转或直截了当地给学生指出来,提高他们分析问题的能力。

学生的意见和建议犹如一面镜子,可以让班主任看清真实的自我!

学生的意见和建议如同一根鞭子,在班主任懈怠时给自己继续向前的动力!

一位优秀的班主任,应当鼓励学生"知无不言,言无不尽,言者无罪,闻者足戒",对学生的意见"择其善者而从之,其不善者而改之"!

# 倾听,与学生贴近的秘诀

倾听大自然的声音让我们心旷神怡;倾听朋友的喜悦让我们身心愉悦;倾听别人的意见让我们获得成长。只要我们认真倾听,就能享受学生那色彩缤纷的世界,感受每名学生心中的精彩世界。

学生也有自己独特的思想,它们虽然只是些零碎的、简单的、幼稚的观念和看法,但这些思想却构成了他们未来发展的现实基础。学生们在自己的思想中生活和发展,在自己的思想中与教育者沟通。

班主任要善于倾听学生声音背后的某种思想和观念的萌芽,并尽量认可它们的价值和意义。当学生发现自己那些隐藏不露的思想被班主任倾听并认可时,他们就与班主任建立了更深一步的关系。这时班主任就更易走进学生的心灵,就能及时了解学生的思想动向,师生之间的沟通也会变得更容易。

在一次语文练习课上,班主任让学生给词语找"家"。一名学生把爸爸分到交通工具一栏,立刻引来其他同学的反驳:"爸爸不是交通工具。"

班主任也很愕然:"爸爸怎么会是交通工具?"但他并没有立即否定,而是让这名学生解释其原因。

"在家里或上街的时候,爸爸经常给我当马骑,他不就是交通工具吗?"学生见班主任愿意听,不由胆子大了起来,声音也随之大了不少。

"爸爸是交通工具",多么荒谬的一句话呀!可当我们听了学生的解释后,这句话又变得那么的自然。

在平常的教育中,这许多本可以成为自然而又富有创意的东西,却因为我们的固执,因为我们的不愿意继续倾听,而未能给学生一个解释的机会。

苏联教育家苏霍姆林斯基曾经指出:"教育者应当深刻了解正在成长的心灵!"真正的教育是从心与心的对话开始的,而心与心的对话又是从真诚的倾听开始的。

倾听是一种相互间的尊重,一种热情的期待,一种无言的爱。多给学生一个解释的机会,多去倾听学生的心声,就等于多给了学生一个展示独特自我的机会。只要你愿意倾听,你会发现,这一切都十分有意义。

遂宁市优秀共青团员、遂宁市优秀支教班主任、遂宁中学分校（三中）班主任成老师在支教期间爱生如手足，每天起早贪黑、早出晚归、任劳任怨，为藏族孩子贡献着自己的一切。

在遂宁这个风土人情皆不熟悉的地方，为了解学生们内心的所思所想，成老师更是把多听多想当成了打开孩子们心扉的一把钥匙。

到三中没多久，成老师就发现史同学是班上的淘气大王。他聪明好动，喜欢调皮捣蛋，攻击周围同学，给同学取绰号。上课时，他喜欢讲空话，几句俏皮话逗得大家哄堂大笑。他时不时离开座位到饮水机旁喝水，到图书箱里取书。为了看卡通连环画，他能把作业搁上整整一天。

班主任问他为什么不好好听课，他理由十足地说："这课信息量太少。""这个单词我早就会了！""整天写，真没劲！"

总之，他是一个令人伤透脑筋的"问题"孩子。当然，他得到更多的是批评。而他也多次告诉自己的父亲不愿在三中读书。

然而，有一件事让成老师感觉到了史同学真实的心声。

冬日的阳光正柔和地照在教室的窗户上，午间谈话开始了，成老师说："孩子们，今天我们讨论的主题是——'什么是最宝贵的'这个问题。"

"身体最宝贵，身体不好了，什么事也不能做了。"李同学马上回答。

苏同学接着说："读书最宝贵。你不读书，什么知识也没有。"

"时间最宝贵。"胡同学站起来说，"时间过去了就不再回来了。"

同学们争先恐后地发表着自己的想法。

"自由最宝贵！"不等成老师指名，史同学坐在椅子上大声地回答着。

成老师有些诧异。

"史同学说自由最宝贵，就是想整天玩。"

"对，他就是想玩，作业也不做。"

"上课时他总是说话，总是走来走去的。"

……

教室里气氛顿时紧张起来，同学们的矛头直指史同学。

成老师看见史同学一副委屈的样子，眼里含着泪水，望着成老师，口里不停地轻声说："不是的，不是的。"

此刻，他正需要班主任的帮助与保护，成老师想。

于是，成老师心肠一软，便微笑着道："史同学，为什么自由最宝贵呢？

请你谈谈自己的想法吧,我和同学们都想听听呢。"

史同学一定是从成老师的目光中,看到了给予他的鼓励,他站起来说:"有一只小山羊,因为想去草地上晒太阳、吃青草,它冒着被狼吃掉的危险也要走出羊圈……"

因为激动,他的脸涨红了,声音有些颤抖。也许是想证明自己的观点,他又补充说:"羊就是为了寻找自由才这样做的。这个故事,是我在一本书上看到的。"

成老师心无旁骛地专心倾听着,她惊讶于他对自由的理解,之后,她激动地说:"史同学爱读书,会思考,我们应该掌声鼓励。"

下午,成老师约史同学在学校的休闲广场聊天。她告诉他,自己不但欣赏他对自由的解释,更欣赏他爱读书,知识丰富。

接着成老师问:"听说你不想在三中读书了,是什么原因呢? 说给班主任听听。"

史同学看了看成老师,怯生生地说:"三中太不自由了,什么都要排队,还要天天夜自修,电视也看不爽快……"他终于向成老师敞开了他的内心世界。

成老师静静地倾听着,之后,针对史同学的种种想法,成老师也谈了自己对自由的理解,并告诉他,现在的主要任务是什么,遵守学校的规范有什么好处,分析同学们在讨论会上为什么误解他、批评他的原因,还严肃地指出他平时因为太自由,忘却了责任。

他听后,红着脸蛋儿点了点头,表示接受意见。

从此,史同学改变了很多。在课堂上,他已不再随意离开座位,随意讲空话。看连环画依然是他的爱好,不过,他已不会因此拖欠作业,而且阅读面越来越广泛,还学会了做读书卡;他不仅能在课堂上大胆发表自己的意见,更能在课后与成老师愉快地沟通和交流。

史同学大胆表达自己的观点,并用已经获得的信息来解释自己对自由的理解,这是值得赞赏的。成老师善于发现学生的长处,借助"倾听",为学生才华的涌露和锋芒的显现创设了一个理想的环境,达到了理想的交流效果。

学生有着同成人一样的情感,他们懂得快乐与痛苦、羞愧与恐惧,他们有强烈的自尊心和荣誉感,他们希望和班主任进行心与心之间的对话和交流。

比如当史同学大声说"自由最可贵",并用小山羊冒着生命危险要走出羊圈的事实来证明自己的观点时,他希望的是自己的想法能得到班主任和同学的认可与欣赏。

当学生还不能正确表述时,班主任就常常不给他时间和自信;当有学生创造性地发表自己的意见时,班主任往往把他视作"胡言乱语",不客气地打断他的话语……这样的现象在我们的教育中比比皆是。

在英国的学校,我们经常看到这样一幅画面:师生席地围圈而坐,甚至班主任经常在课堂里或跪或坐在地上和学生交流。从这个细节中就能看出,英国班主任对学生是多么的关爱和尊重,他们乐于倾听学生的心声,在单脚跪地的动作中显露无遗。

倾听会使学生感受到班主任尊重他的意见、在乎他的见解,从而增强学生的自信心。尤其是出错的学生,当他们感受到班主任正在认真地聆听自己、班主任能够猜测到自己内心的想法时,这对他们来说,无疑是一个巨大的鼓励和鞭策。

在倾听的过程中,我们必须注意到:

第一,班主任必须给予学生必要的尊重。

在交流过程中,班主任不要以长者自居,不要以训导者自居,要充分尊重学生的人格,让学生充分地表达自己的想法和感受,千万别随意打断他们的话题,不要害怕他们"出格",更不要目空一切地抢先发表自己的"高见"。尤其是与成绩差的学生的谈心,要放开偏见,创设平等的环境,让他们自由地说,尽情地说,发现并形成适合于他们发展的教学风格。

第二,班主任要积极鼓励学生把话说完。

当学生怕耽误自己的时间不敢继续说下去时,可以说"没关系,你说下去",以打消他的顾虑;如果学生思想紧张,一时语塞,说不出话来,可以说"不要紧张,慢慢地说吧",以放松他的紧张情绪;如果学生有话不敢说,"欲说还休"的时候,可向他表示"你放心说,我给你做主",或者说"我给你保密",他们就有了安全感和信赖感。

第三,在倾听的过程中,班主任要集中注意力,用心去听。

在适当的时候用局部表情或者简短的语言,不断地鼓励、理解、支持,让学生体会到班主任的关注,给学生心灵上带来温暖。这时,学生就会感到他讲的话得到了自己的重视，有助于他们有更好的表现。

当然，强调班主任倾听，并不是要班主任放弃自己的立场观点，而是要把对学生教育的过程，转化成班主任艺术地倾听的过程。班主任不凭自己的好恶支配倾听，只是暂时地把自己的观点放在一边，先听听学生的心声，并以此为根据，洞察他们这些想法的由来，就能做好与学生的下一步沟通的工作。

一位优秀的班主任要海纳百川，在倾听中获取学生的见解，发现自己工作的失误，找出有效的工作方法，在教学上做出适当及时的反应和调整。这种虚怀若谷的精神，能够让自己散发，出一种诱人的魅力，更多地吸引学生的注意，得到学生的好感，让他们接受你，真正做到让学生"亲其师，信其道"。

有这样一句话："听君一席话，胜读十年书。"倾听别人的话，是可以从中受益的。

学会倾听，就能还学生一片洁净的灵魂天空，就能让阳光、花朵和蝴蝶再次成为他们心灵的友伴；

学会倾听，在学生们的絮语中，倾听能让他们疲惫的灵魂重新歌唱，能让快乐与幸福再次回到他们生活的中心；

学会倾听，学生们在自己的心跳中感知岁月与季节的脚步，感知班主任的爱。

只要班主任学会倾听，就会感受到教学的真谛，会发现好学生还有很多很多。去倾听吧，把身边的琐事放下，听听学生在说什么，听听学生想表达什么，不要简单地就下结论，更不要放过任何沟通交流的机会。

# 攻心，沟通的情感切入口

古语云："用兵之道，攻心为上，攻城为下。心战为上，兵战为下。"意思是从思想上瓦解敌人的斗志才是上上之策。可见，自古以来，人们就懂得"攻心"在战略上的重要性。其实，与学生沟通也需要"攻心"战术，心灵是师生感情沟通的一个切入口。

班主任对学生进行教育时，要针对学生的实际表现和心理状况，多进行思想上的交流，让班主任与学生之间产生心与心的碰撞。教育学生时，只要把握好时机,找准他们的感情切入点,就比较容易打动学生,使他们深受触动。这时班主任再巧妙引导,联系到对学生的教育上来,一切问题就都容易解决了。

广东三水某中学陈老师就善于实施"攻心"。

有一年,陈老师接手一个新班。上课第一天,他临时改变课题,来了个《畅所欲言话语文》。陈老师刚一出示课题,第二排的一名男生就嚷道:"班主任,你什么都不用讲了,只教我们高考夺高分的绝招就可以了。"经他这么一嚷,全班学生都笑了起来。

好啊,竟然这么目无尊长!陈老师对这名学生乱插嘴的行为有些不高兴,却没有表现出来,而是用一番大道理搪塞过去了,但从此他对这名男生有了"特别"的印象。

经过了解,陈老师知道这名男生叫小鹏,学习成绩优异,小学、初中就已经是学校很有名气的尖子生了,高一曾入重点班,高二后成绩开始走下坡;家境富裕,父母对其呵护有加,常与父亲顶嘴,瞧不起任何人。

难怪这么嚣张,原来有点"小资本",但也不能因此而骄傲自大啊!时间长了,不但影响他的人际关系,成绩也会受到影响。得想办法和他沟通,但怎么沟通呢?像这种骄傲的尖子生,一般的说教肯定很难有效果,必须找个突破口。

一天课上,陈老师讲到王国维的三重境界,其他学生听得一头雾水,只有小鹏脱口而出,将"昨夜西风凋碧树,独上高楼,望断天涯路"、"衣带渐宽终不悔,为伊消得人憔悴"、"众里寻他千百度,蓦然回首,那人却在灯火阑珊处"三境界背了出来。

不错嘛,够厉害!陈老师不禁暗暗佩服,同时,他脑中一闪,这不是最好的突破口吗?好,攻心为上,就从这下手。陈老师当场表扬了他,并约他课后交流。

课后,陈老师与小鹏相互交流文学知识,他发现小鹏对文学有着浓厚的兴趣,曾经是学校文学社的编委之一,对古典诗词情有独钟,能背诵大量古典诗词。

于是,陈老师开始实施自己的方案。他经常利用课余时间与小鹏谈诗词,他们共同走近诗词作者、走近诗词,探讨、品评、交流。小鹏很有灵性,很多诗词陈老师一点就明,有的甚至有突破性理解。为使他在古典诗词上更上一个台阶,陈老师还替他查找大量资料,并将自己心爱的《唐宋鉴赏辞典》借给他。而与此同时,陈老师也借助诗词将很多做人的道理间接告诉了小鹏。

一段时间之后,小鹏主动找到陈老师坦陈心迹:"班主任,过去我总是以为自己了不起,瞧不起同学,瞧不起父母,甚至连班主任也不放在眼内。现在才发现我有那么多不懂的东西,我现在努力还来得及吗?"陈老师一听,暗暗欢喜,心想,看来"攻心"战术起到作用了,于是他对小鹏的坦诚大加赞赏,并幽默地对他讲了一句:"一切皆有可能。"

但陈老师的"攻心"术并没有就此结束,虽然小鹏渐渐改掉了骄傲自大的毛病,但他性格上还有很多弱点,比如受挫力比较差、不懂得关心人、自私自利等。要想纠正小鹏这些不良思想和行为,还必须从古典诗词上下工夫,通过古典诗词走进他的心理。

之后,陈老师还是经常与小鹏畅谈诗词。与他一起走近苏东坡,让他领略苏东坡"一蓑烟雨任平生"的豁达与洒脱,让他明白,人可以有挫折,但不可被挫败;与他走近杜甫,品味杜甫的"穷年忧黎元,叹息肠内热",让他明白一个人的价值不在于自身的荣誉,而在于他与人民同苦难,共甘苦;对小鹏性格的改造,陈老师以温庭筠为例,一方面肯定温庭筠的文学成就,另一方面对其人品却大加批判,让他明白,一个有成就的人应是一个尊重他人、关心他人的人,而不能为一己私利损人利己。

诗词的魅力,让小鹏忽略了陈老师在与他讲道理,从诗词中,小鹏不但能读书,而且能明理,这就是诗词对他的魔力。一次家长会上,小鹏的妈妈告诉陈老师,最近小鹏在家已很少与父亲顶嘴,放学后也主动做家务了,脾气比以前好了很多。

慢慢地,小鹏将陈老师当作自己的良师益友,学习上、生活上有什么事都主动与陈老师沟通。有一次测试,由于一句古诗句的默写错了,小鹏很自责,觉得自己连这么简单的问题都错了,太不应该。陈老师知道后立刻鼓励他,肯定他的成绩,同时也指出他的粗心大意。还有一次,小鹏的测试成绩位居班里第一,居全年级前 30 名。小鹏很高兴地找到陈老师,一副飘飘然的样子,陈老师没有批评他,而是与他背了一段《蜀道难》,让他从诗词中明白到前路的艰辛,不能因一时的成绩而骄傲。

在陈老师的"攻心"战术下,小鹏有了很大改变,变得会尊重人、会帮助人、会关心人了,而且成绩也不断地进步,成了一个品学兼优的好学生。

成绩优异、家境富裕,再加上父母的娇宠,这些养成了小鹏骄傲自大、瞧不起人、不懂得尊重人的不良品性。这种学生很难与之沟通,他们根本不把班主任放在眼里,班主任说什么,他都不屑一顾。陈老师却另辟蹊径,利用小鹏喜欢古典诗词的嗜好,攻心为上,用诗词架构起了师生沟通的桥梁。

在战争中,"攻城为下,攻心为上"是一条至高无上的作战准则,也是一切兵法的核心思想。其实,这又何尝不是教育学生的核心思想呢?

攻城,本意是用武力去征服敌人。而用在教育中,则是用"大棒"政策去教育学生。比如,学生做错事时,班主任把他们叫到办公室里劈头盖脸地教训、呵斥,直至认错为止;让学生学习时,对于不认真学习的学生施以高压政策或者惩罚措施,直到其端正态度为止。很多时候,这种以强击弱的"攻城"教育,是有副作用的。首先,它会刺激学生的逆反心理,造成甚至加剧学生的不良心理与行为;其次,对于一些表现欲非常强的学生,过分强硬的批评会使其产生挫折感,损伤其自尊心,造成学习兴趣下降;最后,不适当的批评会影响师生关系,使学生对班主任产生抵触情绪。一些学生被批评后,往往不是寻找自身的原因,而是采取消极的自我保护措施,即对班主任敬而远之。

班主任如果先研究学生心理,思索学生的犯错动机,站在学生的角度去体会他们的感受,然后对症下药,采取相应的沟通方法,往往能把握学生的心理要害,使其认错并转变态度。班主任要把握学生的性格和心理,采用灵活多样的方法,做好学生的思想工作。那么,怎样进行攻心教育呢?

*1. 刺激学生的自尊心*

有经验的班主任在与学生沟通交流时,很注意对学生自尊心的刺激。但刺激学生要有限度,做到"刺而不伤"。有限度地刺激学生的自尊心,实际上是为了唤起学生的自尊心,使学生在自尊心的激发下,抛弃不好的行为习惯,向健康的方向发展。

*2. 激发学生的自信心*

有几位心理学家曾做过一个有趣的实验:他们到某所学校,与几个一直被班主任和同学认为很"糟糕"的学生进行了沟通,通过交流激发这几名学生的自信心。交流完后,他们肯定地对学校班主任说,这几名学生将来一定会有出息,班主任们半信半疑。然而,一年多后,这几名"糟糕"学生果然变成了全校屈指可数的优等生。

一个人失去了自信,也就失去了奋斗的勇气和力量。在激发学生的自信心时,班主任一定要注意语言的分寸、尺度,可以用实际例子使学生觉得这些可望而又可即,自己确实大有成功的希望。

3. 转化学生的虚荣心

学生有虚荣心并非完全错误,从某种角度而言是件好事。班主任与学生沟通时,只要准确把握、合理引导,就能使学生的虚荣心转化为上进心。譬如,有的学生成绩和表现都很好,却没有被评上三好学生,于是感到在亲友面前丢了面子,与班主任产生了对立情绪,成绩也日渐下降。这时,班主任与学生交流时,首先应肯定学生的表现,然后就势引导他:"假如你的各方面表现在所有同学中确实出类拔萃,有什么理由不能被评为三好学生呢? 你虽然优秀,但优势不是十分明显。我相信,只要你不懈努力,从各方面严格要求自己,你必定会成功。"

4. 疏导学生的妒忌心

学生有妒忌心,实际上从一个侧面反映出学生还是有上进的欲望的,只不过这种上进的欲望受到一定主客观条件的限制而难以实现,学生只好以妒忌心理替代。班主任只要准确把握,沟通时从正面疏导学生的妒忌心理,就能构成一种前进的动力,促使学生进步。

5. 培植学生的好奇心

牛顿、瓦特、爱迪生、陈景润等一批卓有成效的科学家,小时候都有一种好奇心,受这种好奇心的驱动,他们才变得勤于动脑钻研。我们要懂得利用学生的好奇心,让学生主动去寻找答案、主动去探索,在探索中尝到成功的甜头。有的班主任对学生的好奇心求全责备,认为好奇心强的学生是爱捣乱的学生,这样会扼杀学生的好奇心,不利于师生沟通。

但班主任要想很好地运用"攻心"术,需要具备以下特质:

1. 能控制自己的情绪

当发现学生出现问题或者犯错误时,班主任不能情绪失控,因为这样很容易与学生当众发生冲突,使攻心战术不能继续下去。要想保持良好的情绪,需要班主任平时不断提高自己的修养,这样才能在批评学生时,控制好情绪。

2. 了解学生的心理

实施"攻心"式批评，班主任要多在工作之余研究学生心理，要知道每一名学生的真实想法，而不能相信自己的臆断。班主任应首先攻克学生的心理壁垒，然后想办法消除学生的不当行为。

3. 善于随机应变

学生心理是千变万化的，面对具体场景中的突发情况，班主任要随机应变，及时调整自己的情绪和教育策略。学生的心灵是敏感而脆弱的，不同年龄段的学生有不同的心理特点，班主任根据实际情况及时做出调整。

4. 多为学生考虑

班主任要注意从心理上为学生考虑，考虑他们的理解能力、承受能力，考虑他们的自尊心是否会受到伤害，使他们减少对批评的戒备心理，消除抵触情绪，进行自我反思。这样才能达到预期的沟通教育效果。

俗话说"两军相遇智者胜"，而智者以攻心为上。在班主任与学生沟通的过程中，心灵是神秘莫测的。要打开学生紧闭的心灵之门，班主任一定要懂得运用"攻心"战术，使学生对自己产生认同，心悦诚服地接受教育，这才是沟通的上策。

# 冷静是良好沟通的基础

苏联教育家马卡连柯在名著《教育诗》中，有这样一段描写：

一个冬天的早上，书中的"我"让一名叫扎托罗夫的工学团团员去砍柴给厨房用。谁知扎托罗夫却挑衅似地答复："你自己去砍吧，你们的人多得很。"这个时候，"我"又恼又恨，过去几个月的种种事情把"我"逼到绝望和疯狂的地步。"我"操起手来对扎托罗夫的脸就是一记耳光。这一记耳光打得很重，他站不稳了，一下子倒在炉子上。"我"打了第二下，抓住他的衣领把他拉了起来，又打了第三下。"我"的怒火是那样的疯狂和不可遏止。"我"觉得，如果有人说一句话针对"我"，"我"就会向那人扑过去。

情绪作为人的一个特性，班主任也是必然存在的，但作为一位班主任，在处理学生问题时如此冲动，且诉诸武力，结果伤害了学生的心灵，加深了师生之间的隔阂。这样一来根本谈不上沟通,失控的情绪已经让事情糟糕到了极点。

我们的教育对象是情感丰富、朝气蓬勃的学生,他们思维活跃、善于思考,有着强烈的自尊心,他们会犯各种错误。作为班主任,不论遇到什么情况都必须意识到"我是班主任",从而自觉地把自己置于"教育者先受教育"的位置上,在正确分析和判断教育情境的基础上,有效地调节和控制自己的心理和行为,保持心理平衡和稳定的情绪,让师生间的沟通在良好的氛围中进行,从而达到较好的教育效果。

梁老师,广东三水某中学的优秀班主任,多年的班主任工作使梁老师意识到,在处理学生问题时,一定要克制、要理智、要冷静,这是师生良好沟通、解决问题的基础。

有一年开学不久,学校要进行风纪仪表检查。梁老师先在班上讲了学校对仪表,包括头发进行统一规范的意义。然后,再指出班里哪些学生的头发是不及格的,并且告诉他们放学后去剪掉,否则按照学校的规定,明天是不允许上课的,直到剪好头发为止。

第二天,大部分学生都按要求剪了发,只有小伟、小进、小浩三个人没有剪。梁老师把三个人一个个单独叫出教室谈话,结果小进和小浩接受了立刻出去剪发的处理。小伟呢,说他头发不及格,他没有意见,说让他出去剪头发,他却说:"我不去。"

"为什么不去呢?"梁老师问。

"我回来是为了学习的,不是为了剪头发的!"小伟理直气壮。

"你连学校最基本的要求都做不到,怎么学习啊?赶紧去把头发剪了,然后回来上课。"梁老师好言相劝。

"我不去。"小伟很固执。

"这是学校的规定,目的是使同学们能够安心学习。去吧!"梁老师继续耐心地劝导。

"不去。"小伟仍不同意。

"真的不去?"梁老师有些生气了。

"说什么我都不去!剪不剪头发是我的自由,你无权管我。"小伟出言顶撞。

"你……"梁老师真的有些生气了,但想了想,最终忍住了心中的怒

90

火,"好,不错。回来是为了学习,理由不错。你先回去上课吧,我课后再找你。"

小伟转身回去上课了,但梁老师的火气还没有消,他努力使自己冷静下来:这件事还没有完,小伟的头发是必须要剪的,但怎样才能让他明白道理,心甘情愿地把头发剪了呢?为什么他坚决说不剪呢?其中会不会有什么原因?

想到这里,梁老师拨通了小伟家的电话,把今天发生的事跟他母亲述说了一道,然后向她了解小伟的情况。从谈话中梁老师得知:小伟从小就是个自尊心特别强的孩子,爱面子,不能在同学面前出丑……吃软不吃硬。

哦,原来如此,在和小伟的家长通完电话后,梁老师想:既然课堂上把你叫出来,你心里不能接受,那我就在下午的体育活动中和你聊。于是,下午体育活动的时候,梁老师边和小伟聊天,边和他谈了剪发的事情,态度非常随和,最后终于把小伟的思想给做通了。

第二天,小伟就剪了个非常标准的发型回来。梁老师为此还表扬了他,让他的自尊得到了满足。从此,小伟的头发再也没有不及格,也再没有和梁老师顶撞过。

学校对学生的头型做统一的规定,作为班主任是必须要执行的,但有些学生顽固不化,班主任越让怎么样,他们越跟班主任对着干。

对于这样的学生,有些班主任经常忍不住,一时怒从心起,对学生大发雷霆。这时,双方都处在不稳定的情绪中,师生间还能有所谓的沟通吗?更不要说心灵沟通了,根本没有那个基础。

从案例中可以看出,小伟是一名顽固的学生,梁老师好言相劝让他去剪发,他却坚决不同意,还对梁老师出言不逊,说:"剪不剪头发是我的自由,你无权管我。"哪个班主任听了这种话不会生气呢?但生气能解决问题吗?不能。

梁老师明白,要想让小伟去剪发,发火是没用的,还会因此阻断师生间的沟通渠道,所以他压住了怒火,冷静对待这件事情。梁老师通过与小伟父母电话沟通,了解到小伟是个自尊心很强的人,他之所以与自己顶撞是自己没有选对解决问题的场合,在课堂上把他叫出来,让他感到很丢面子。找到了原因,梁老师选择课下和他谈论这个问题,而且态度和善,小伟很快就答应了班主任的要求。试想,如果梁老师当时忍不住对小伟的顽固行为大肆批评,他还会有心情去调查事情的原委吗?即便他这样做了,小伟也会心生芥蒂,梁老师再与他沟通,就会多出一道隔阂,使交流充满阻碍,无法顺畅进行。

梁老师之所以能及时压住怒火,冷静面对小伟的事情,应该说与他的一次切身经历有很大关系。

有一次,也是因为学生剪发问题,有一个叫小刚的男生,梁老师三番五次让他去剪头发,他就是不听。梁老师不禁有些气愤:"这两天你跑哪里去了,你为什么不剪头发?"

"我觉得这样已经及格了。为什么还要剪?"

"按照学校的要求与标准,你的头发就是不及格。你现在到底想怎样,你的头发剪不剪?"

"不剪!我觉得已经及格了。"

哎呀,竟然敢跟班主任对抗,年轻气盛的梁老师感到自尊受到了损害,不禁火冒三丈,一拍桌子:"不剪头发就别留在这个班!"其他学生都被梁老师的举动吓坏了,整个班非常安静。

"啪!"没有想到,小刚把书一甩,跑出了课室。当梁老师回过神来,跑出去想把小刚追回来时,发现他已经不知道跑到哪里去了。这时,梁老师后悔不已,急忙跑出去找,课也没法上了。结果找遍校园都没找到,最后只好通知了家长,后来家长来电:学生回家了,并且已经把头发剪了。梁老师才松了一口气。

从此以后,每当面对犯错的学生,梁老师都尽量告诉自己,冷静处理,以平衡稳定的心态与学生沟通,这样才能起到教育的作用。否则,只能适得其反。

因此,我们班主任在面对学生的错误时,要像梁老师一样保持冷静,以正确的态度和方式来处理事情。

### 1. 用宽容对待学生

当学生有不良行为时,班主任千万不能操之过急,否则会出现"欲速则不达"的结果,不可一时激愤而把师生关系搞僵,这会影响双方的沟通交流,不利于问题的解决。

"好的关系胜过很多教育"这句名言是极有道理的。想一想,学生毕竟年龄小,各方面的思想都不成熟,有时做事太主观,太情绪化,需要我们引导。所以班主任千万不要和学生太计较,要"动之以情,晓之以理"。

当然,我们不能把班主任对学生的关心和爱护仅仅理解为用慈祥的、关注的态度对待他们,甚至理解为姑息迁就、懦弱回避,而应当同合理的严格要求相结合。

*2. 要有对策*

对学生有不良表现时,提出批评是必要的,但态度和策略很重要。最好是,轻轻地来了,就让它悄悄地走。

比如,对于课堂上个别学生的走神、开小差、小声讲话等行为,我们可以通过注视、停顿或走到学生身边去,引起个别学生的注意,暗示他:"班主任已经注意你了,请你改正。"这样不但对整个课堂没有多大的影响,而且其他学生也不会因班主任的发火而打断思维。别小看这小小的一个动作,这也是冷静沟通的一个好方法。

另外,班主任也可以让调皮学生来回答问题。这时候我们对他提问,正常情况下他是回答不出来的,但学生违纪的行为已自然停止,班主任的目的已经达到了,也就不必再与他计较了。不然,又会人为地制造沟通障碍。

*3. 要给学生缓冲的机会*

对于学生的违纪行为,班主任常采用"发火"的方法,想通过发火让学生心生敬畏,让学生加深印象,不要再犯同样的错误。可事实证明,这样不但于事无补,还会让沟通失去良好的基础。

如果大事小事都发火,学生就习以为常,见怪不怪了,而班主任的发火就失去了相应的价值。事实上这也在向学生传递一个信号:对这事班主任没有办法了。本来,当学生违纪后,大多数学生内心充满了不安,如果班主任发火了,就抵消了学生的不安,学生也就无所谓了。这时,班主任再说什么,他都不放在心上,甚至懒得与我们沟通交流。在学生看来,班主任的沟通就是发火,既然如此,学生就会想:我又何必向你辩解呢?

其实,最好的方法是在课堂上先给学生上课的机会,让师生间的情绪都冷却一下,下课后再到办公室沟通,这时,双方的情绪都平静下来了,沟通起来也会客观一些,问题相对也会容易解决。

那么,班主任如何控制和调节自己的过激情绪,为沟通打造良好基础呢？

**1. 爱心移情**

每个父亲、母亲对自己的孩子的爱都是最伟大、最无私的，如果我们每位班主任都将学生当作自己的孩子，把对自己孩子那种伟大、无私的爱移情到学生身上，好多所谓的问题矛盾都将不复存在，沟通也就不存在什么障碍了。

**2. 换位思考**

在某种意义上讲，学生的错误举止是自然而然的事情，不足为怪。想想自己也曾经是一名学生，也干过蠢事，说过错话。通过换位思考，将心比心，说服自己宽容和谅解学生。这样我们便会怒气全消，理智地处理问题，赢得学生尊敬。这时，还有什么不能交流的呢？

**3. 自我检讨**

"百怒之源，起之于辱。"所以当问题出现激化时，我们要及时做自我检讨，自我反省，要认真思考侮辱之来源和自己有无辱人之处。如果有，即使再小，班主任也要做好解释说明工作。

**4. 自我提醒**

有的班主任性情暴烈，易冲动，容易产生过激情绪。这类班主任要时刻提醒自己，不要发怒，有必要的话可以在办公室、办公桌、课本、教案上写一些名言警句，告诫自己，提醒自己，预防发怒。

**5. 发展看待**

苏霍姆林斯基曾说过："从我手里经过的学生成千上万，奇怪的是，留给我印象最深的并不是无可挑剔的模范生，而是别具特点、与众不同的孩子。"

在学校里令班主任大伤脑筋的常是调皮淘气的学生，而这些学生犯错，更使班主任不能容忍。遇到这种情况，不妨控制住否定的评价情绪，多在印象中搜寻该生的闪光点，用发展的观点来看待学生，使自己心平气和，对学生因势利导。

**6. 重新评价**

在教育教学中遭到学生的反抗时，如果我们暴跳如雷、气急败坏地给他们扣上不尊师守纪的帽子，狠狠地批评一番，最终只能阻隔师生的沟通。

反之,换个角度去想,可能是由于自己思想的局限性,引发学生的不满反抗,也可能是由于学生本身的独立性要冲破依赖性的束缚而反抗班主任的管理指导。我们只有这样弄清原因后再对症下药,才能化解学生这种反抗的对立情绪。对立情绪解除了,才会有平静的沟通交流。

换个角度重新评价吧,也许事情并不像我们想象的那样糟糕

### 7. 气息调节

当自己即将发怒时,我们应该用气息调节稳定情绪,待自己的情绪恢复正常后再处理遇到的问题。具体做法是:双目微闭站立,目视鼻尖,缓吸缓收,一般即可恢复平静。如若不行,还可以加上双手轻抚太阳穴。

### 8. 谈话倾诉

当班主任遇到烦心郁闷的事或有委屈时,在发怒之前,找自己的好友、同事、领导或其他人进行交流,倾诉自己的心事,把自己心中的郁闷委屈统统倒出来,心情肯定会好一些。

### 9. 音乐排怒

科学实验和生活经验告诉我们,音乐是排除怒气的一剂良药。当人即将发怒或已经发怒时,听音乐,听歌曲,旋律明快的音乐会驱散自己的忧愁、烦恼、怒气,同时也能陶冶自己的情操。

### 10. 运动释怒

当人感到很大的委屈或愤怒时,挑选自己平时比较喜欢、活动激烈的体育项目去做剧烈的运动,委屈、愤怒会随着汗液一起流出,很快就会还我们一个快乐的心情。

### 11. 暂时回避

有时师生之间矛盾冲突已经发生,双方都很激动,头脑不够冷静,在这种情况下,作为班主任应当冷静,应该"走为上计",并且默默地对自己说:"我现在正在气头上,如果我意气用事,或许会带来后悔莫及的结果。"留下的问题等到第二天双方都冷静思考后再处理,这样会创造一个沟通的平台,更容易解决问题。

喜怒哀乐,人之常情。班主任也是食人间烟火的凡人,情绪也会受到周围事物的影响。但我们作为教育者,要懂得"亲其师,才能信其道",这就是说教育的过程也是情感交流的过程。

学生犯了错,我们应该教育批评,但要克制冷静,以良好的心态与学

生沟通。在沟通的过程中，要处处不忘尊重学生，鼓励学生。杜威曾说过："尊重的欲望是人类天性的最深刻的冲动。"让我们去尊重一个德高望重的人，尊重一个事业有成的人，尊重我们的上级很容易，但让我们去尊重我们的学生，尤其是一名品行、学习各方面存在问题的学生，是不是同样容易呢？

# 勇于承认错误，为学生做出表率

据报载，广州一名小学生因在课堂上指出班主任把"天网恢恢，疏而不漏"说成"法网恢恢，疏而不漏"的错误，居然被班主任当着全班同学的面打了六个巴掌，导致学生因右耳部与脸部多处被划伤而被送进医院。

几乎所有的班主任都会这样教育自己的学生："犯了错误，就要勇于承认自己的错误，不要为自己找各种借口，谁都会犯错误，关键是要能面对错误，改正错误。"但有些班主任自己错了，却不愿意在学生面前承认，尤其是在学生受到曲解、误解时，或错误地批评了学生时，更不愿意直接、正面地向学生承认错误，唯恐在学生面前没了尊严，没了威信。或许这是中国几千年来的师道尊严使然，使得班主任无法放下架子，去向学生承认错误。更有甚者，还出现班主任"怒"对学生指出错误的事。

古语云："人非圣贤，孰能无过？知错就改，善莫大焉。"一位真诚的班主任应该放下狭隘的师道尊严观念，客观地对待学生指出的错误。

教育学家陶行知先生素来以言传身教为教学准绳，认为班主任的一切行为都必须是光明磊落的，都将是学生的标杆。他平生最厌恶那种"严以待生，宽以待己"的班主任，认为这种班主任十分虚伪，这种人也不具备做班主任的资格。

有一次，陶行知走进办公室，眼前的情景让他大吃一惊：桌子上、椅子上全是散乱的书和报纸，整个办公室里乱七八糟，而他的学生王友正坐在地上翻看一本画册。

陶行知很生气，王友向来就是个调皮捣蛋的孩子，这回竟然跑到办公室来胡作非为了！

于是，陶行知提高了声音，甚至有些愤怒地叫道："王友，你怎么能乱翻班主任的书呢？请你马上把书整理好！"

王友闻言一惊,抬起头道:"不,不,陶先生……"

"王友!"一向随和的陶行知更加生气,又抬高了几分音贝:"你怎么能这样?把书搞乱了还不承认,我再宣布一次,命令你把书整理好!"

王友惊讶地睁大眼睛,好像不认识陶行知似的:"你不能这么做!你有什么证据证明书是我弄乱的?"

陶行知冷冰冰地板着面孔:"好了,王友,我不愿和你多说了,现在请你在半个小时内把书整理好,我先到隔壁办公室等着!"

说完,他转身往外走,只听得身后传来很重的"啪啪"声,那是王友生气地把书扔在桌子上发出的声音。

10分钟后,当陶行知正坐在隔壁办公室生闷气时,一位姓李的班主任从外面匆匆走进来,一看到陶行知,便道:"对不起,陶先生。半个小时前我在办公室里寻找一份重要文件,不小心碰翻了一个书柜,把大家的东西搞乱了,可当时我急于要把那份文件送到校长会议室,因此没来得及整理。十分抱歉啊,5分钟后,我就过去收拾它们!"

"什么?!"陶行知大吃一惊,立即小跑着回自己的办公室。这时的王友已经整理好了杂乱的办公室,但他却不肯再搭理陶行知,虽然他已经看见了气喘吁吁的陶行知。

陶行知面带歉意地说:"王友,真抱歉,我错怪你了!我刚刚才知道,这都是李老师做的'好事'。"

王友依旧拉长着脸一言不发。是的,他受的委屈实在太大了,能不生气么。

陶行知又道:"因为办公室里只有你在,所以我误认为是你。对不起,在事情没有搞清楚之前,我就批评你是不对的,现在,我正式向你道歉。"

王友的脸开始由阴转晴:"是的,这事情与我无关。我来找您时,这里就是凌乱的。我正要帮您收拾时,却发现了一本十分有趣的画册,便忍不住翻看了。"

陶行知微微一笑,轻轻地拍打了一下王友的肩膀:"是的,你没有错。而且,我还是要感谢你帮我整理好了房间。"

王友笑了:"陶先生,没关系的!而且,我也不该随便看您的画册,对不起。"

当李老师得知这件事后,惊讶地道:"陶先生,你竟然向你的学生道歉?"

陶行知严肃地:"当然。我素来教学生们有错就改,如果我有错却不知改,以后,谁还会信我?"

一段时间后,正好是春节,陶行知收到王友的一张贺卡,上边画有一个红太阳,下边写着一句话:"陶先生,那天你向我道歉,让我很感动,这个红太阳是专门送给你的礼物。"

陶行知喃喃地道:"将卡片送出的人,应当是我才对……"

一件看似微不足道的小事也能反映出一位班主任的综合素质。陶行知勇于向学生认错,这种坦率的人格,最终打动了学生,赢得了学生的爱戴。

在不了解真相的情况下,陶行知误解了学生,并命令他"在半个小时内把书整理好",当真相揭开,陶行知立即毫无顾忌地向自己的学生道歉,这也正是陶行知的可亲可敬之处。陶先生这种坦诚的沟通方式并没有降低自己的威信,相反,他还得到了学生的春节礼物,赢得了学生的信任。

陶行知之所以能成为教育史上的一座丰碑,就是因为他从不拿师道尊严作借口而拒绝与学生的心息相通。

有的班主任为了维护自己在学生心目中的地位,不停地寻找学生的缺点,回避自己的错误。如果连自己犯的错误都不能直接面对,躲躲闪闪,闪烁其词,甚至恼羞成怒,还怎么走近学生呢?

作为班主任,应该如何面对自己的错误呢?

*1.* 虚心接受学生的指正

全国优秀班主任李镇西曾经和学生们共同制订了班规,其中有一条是"班主任冲学生发火,罚扫教室一天"。

一天,学生们参加学校"一二·九"歌咏比赛排练,担任领唱的杨玲玲同学却不知何故"罢领"了。师生做工作均无济于事。比赛迫在眉睫,临阵换将已不可能。一气之下,李镇西猛拍钢琴,高声呵斥道:"你不唱就给我出去!"杨玲玲当然没有真出去,排练重新开始。

事后,李镇西为自己的出口伤人向杨玲玲承认错误,真诚道歉。杨玲玲也感到自己在非常时期使性子,很对不住班主任与同学们,自然就原谅了班主任的口不择言。

本来以为这事已经过去了,谁料第二天早自习李镇西刚一走进教室,便见黑板上赫然一行大字——"李老师昨日发火,罚扫教室一天!"

李镇西先是心里一惊:这些学生还真够大胆的! 转而又是一喜:学生们执法如山的精神实在可嘉!

他故意做出一副无可奈何的样子,笑着对大家说:"好,好! 我认罚。看来,面对班规,我想赖账也不行! 今天放学后,由我扫教室!"

在担任班主任两年多的时间里,李镇西老师因"触犯班规",曾五次被罚。但他甘愿受罚,因为在学生们的心目中,李老师也是班级中的一员。

在学生眼里,坦然承认错误与知错不认错的班主任相比,显然前者更可贵,更具有高尚的人格。

当班主任不小心出差错被学生指出来时,班主任应虚心接受并纠正,让学生真正感受到班主任和自己是平等的学习伙伴关系,而不是上下级的关系。

*2. 培养学生敢于质疑的精神*

天津市第一小学四年级某班的语文课上,一名学生指出班主任的错误:"班主任,应该是'憧(读'充',第一声)憬',不是'憧(读'宠',第三声)憬',您读错了。"

"哦,是吗?"班主任愣了一下,"那同学们打开词典查一下吧。"话音刚落教室里便响起了哗哗声,同学们查词典好像从来没有如此兴奋过。

结果出来了,班主任说:"刚才老师的确念错了,希望大家记住它。你们如果能对老师讲的课提出质疑,就说明你们没有机械地读书,而是在思考。"

勇于承认错误,既能纠正错误,又能达到教育学生、警示自己的目的。

学生的眼睛是雪亮的,他们监督班主任的教学行为,洞察班主任的所有举动! 班主任是一个坚持真理的勇者,还是一个逃避错误的懦夫,在他们心中都有一根公平的杠杆!

# 用坦诚做铺路石

我国著名翻译家傅雷先生说:"一个人只要真诚,总能打动人。"坦诚是一种可贵的品质,一种真诚的对话,一种情感的交流,一种信息的互换。

它不需要华丽的辞藻来修饰,不需要甜言蜜语来遮掩;它是生命的原汁原味,它是天地之间的一种本真和自然。

美国心理学家罗杰斯研究发现:"如果班主任以坦诚的态度面对学生,学生也会逐渐向班主任敞开心扉,说出自己的感觉,提出自己的看法,使得师生之间有更深刻的沟通。"

因此,班主任要发自内心地把自己看做是与学生一起探求真理的志同道合者,坦诚相见,以心换心,使师生产生和谐的"共鸣",碰撞出心灵的火花。

郑州市某中学的吴老师是一位普通得不能再普通的班主任,她几乎没有什么值得炫耀的荣誉称号,但被她教过的很多学生都叫她妈妈。

新学期的第一堂课上,吴老师看见周某一脸的忧郁,像是有很重的心事。

后来吴老师发现他很少与别的同学来往,很少说笑,待人处世有点冷漠,每天总是紧绷着那张忧郁的脸,吴老师从来没有看见过他的笑容。

只有那一次,吴老师在课堂上讲了一个很好笑的故事,别的同学都笑得前仰后合,周某也笑了,浅浅的,从脸上一掠而过,这是她第一次看到周某笑。

但是,吴老师总觉得那无声的笑容,不是甜蜜的,它掺杂着别的什么。这个奇怪的男孩,心里到底隐藏着什么呢?

不久,吴老师发现周某还有一个不好的习惯,就是经常不按时交作业,而且有抄袭作业的情况。吴老师几次都想主动找周某谈一谈,但一直都没有遇到好的机会。而周某似乎也没有意识到自己的问题,依旧我行我素。

一天,吴老师特意在放学的时候和周某一起骑车回家。在路上,她向周某讲起了自己的大学时光。

"那真是一段值得人回忆的日子呀。"吴老师对周某说,她注意到周某在很用心听,就问他,"周某,你的理想是什么,能告诉班主任吗?"

周某使劲地摇头,就是不愿意说话。

吴老师笑了笑,继续自己的话题,向周某讲了自己小时候和长大以后的理想。周某在一旁始终是个忠实的听众。

接下来的日子,吴老师每天都要换个话题讲给周某听,但始终留意自己不要留下说教的痕迹。慢慢地，吴老师发现，周某和她之间逐渐消除了隔阂。

终于有一天，周某不愿意再当吴老师的听众，他主动向吴老师讲了很多他以前的故事——他父母离异，母亲带着他从外省来到这里，并有了一个新家。可是他非常想念亲生父亲，一度曾想过放弃学业，回去找他。

吴老师仿佛看到了这个男孩一直藏在内心深处的泪水：是啊，一个13岁的男孩，除了需要母亲的慈爱，更渴望父亲的关怀和指导啊！可以想象，这个才13岁的孩子内心背负了多少酸涩，多少不情愿。他在妈妈的新家里过得很拘束，只想着离开。

看着满面泪容的周某，吴老师坦诚地告诉他："周某，你的年龄太小，不适合这样做。我还有一个更好的方法，希望你能采纳。"

听到这里，周某疑惑地望着吴老师。

"周某，从现在开始全心全意地努力学习，要风风光光地站在父亲面前；平时，你可以多交几个以诚相待的知心朋友，我也算一个；还有，你在家里要做一个乖孩子，听父母的话，主动跟他们聊天。班主任相信，只要你用微笑面对生活，就一定能做个生活的强者。"

夕阳笼罩下，周某用力地点了点头……

此后，吴老师开始大力鼓励周某走出封闭的世界，并且试着在课堂上向周某提问，当众表扬他。开始，周某显然有点局促不安，不知所措。

后来，面对吴老师越来越多的提问和表扬，周某逐渐变得活跃起来，他的脸上也少了些许忧郁，有时还会羞涩地笑一笑。

是的，十几岁的少年拥有的不应该是忧郁，而应该是快乐。就像周某，虽然吴老师始终没有问他作业的情况，可是他却自动地、彻底地解决了这个问题。

每一名学生都是一本独一无二的书，只要我们用心去读，坦诚去读，一定会发现每一本书其实都是好书。

吴老师那种无私、坦诚的品德，就像一束阳光，照亮了周某的心灵，使周某勇敢地走出了封闭的世界，告别了忧郁的自我。

坦诚还可以弥补情感的互缺，可以抚平对方的伤痛，也可以碰撞出思想的火花。

如果所有班主任能像吴老师那样用自己的坦诚去开启学生闭锁的情

感,让学生感受到班主任的真情实意,学生们就会从感情上接近班主任,以积极的心态与班主任沟通。

苏格拉底曾经指出:"教育的过程是一个不断展开对话的过程,教育者首先是一个对话者。"班主任与学生的教育交往是一个双方互动的过程,要想学生向班主任敞开心扉,班主任必须先向学生表明自己的诚意。

1. 要有坦诚的态度

苏霍姆林斯基认为:"学校内许许多多的冲突,其根源在于班主任不善于与学生交往。"当学生遇到坎坷、碰到困难、遭到失败时,往往对人情世态最为敏感,最需要关怀和帮助。这就要求班主任对学生存在的问题,必须保持坦诚的态度,语气温和亲近,行为诚恳真挚,使学生觉得班主任是他们真诚的、可信赖的朋友和知己。

师生交流时,班主任一定要在事实的基础上不断启发学生的思想,使其豁然开朗。切忌为了说明某一道理而瞎编事例,或者高谈阔论、哗众取宠、垄断话题,否则会给学生一种虚假、冷淡的感觉,沟通就很难再深入下去。

2. 与学生坦诚地交流内心感受和心得

英国文学家萧伯纳说过:"你我是朋友,各拿一个苹果彼此交换,交换以后,仍然各有一个苹果;如果你有一种思想,我也有一种思想,相互交流,那么每人就有两种思想,甚至多于两种思想。"

班主任只有坦诚地与学生进行交流,才能真正地融入学生心灵的世界,共享他们的喜怒哀乐,才能更准确地感受学生的思维节拍并去学着与学生和拍。

当然,班主任必须学会把内心感受与道德行为连接起来,这样有助于学生在潜移默化中培养自己真实的人生体验和真实的思想感情,逐渐地形成正确的世界观和价值观。

3. 大胆展示真实的自我

一位班主任接了一个新班。第一次上课点名时,点名簿上忽然出现了一个古怪的姓,他不知道这个字的读音。

但凭着多年的经验,他很快就应付了眼前的这个难题:他隔过这个学生的名字,继续往下念。

念完后,他不动声色地问道:"刚才有没有没点到名的同学? 如果有,请告诉班主任添上。"

这位班主任以为这个办法很灵验,因为以前上课往黑板上写字,如果偶尔遇到记不起来的字,他就这样问学生:"这个字我们学过的,看谁能记得?"

这时候学生就会争先恐后地举手。

可是这次连问两遍,居然没人回答。

班主任觉得很奇怪,难道这个学生今天没来?

他数了一下人数——那个没点到名的学生的确就在教室里。

他很尴尬,只好自我圆场:"没点到名的同学请下课后到班主任办公室来一趟。"

下课后,一名学生来到办公室,给班主任交上一张纸条,上面写道:"今天这种场面,我已经历过好几次了。也许我的姓很少见,可是您为什么不直接问我姓啥呢?"

其实,没有人是全能的,无论是大文豪,或是语言学家,抑或是圣人,都不可避免地会遇到此类尴尬的场面。

那么,我们为什么不能用最直接的方式来解决问题呢?

试想一下,如果我们遇到这类事情,能毫不犹豫地告诉学生:"哎呀!下一名同学的名字中有一个字班主任也不认识,能不能请这名同学站起来告诉班主任?班主任在这里表示非常感谢!"

相信学生们绝不会因为自己的无知而对自己反感,相反,他们还会为这种坦诚而感动,会为这种坦诚而感到亲切和友好。这样的结果难道不正是我们所期待的吗?

中国的班主任,对学生是不能说"不懂"的,不然有损师道尊严,这是十分错误的。真正有人格魅力的班主任,是敢于在学生面前展示真实的自我的。它让学生感到自己的班主任是个透明体,没有伪装,没有虚假,没有矫揉造作。

比如,班主任可以在学生的歌会上亮出自己五音不全的歌喉,可以在学生的诗会上用外地籍普通话朗诵自己的诗歌,可以在学生的书法展上挂出"字体作品"等。在一定的场合把自己拙劣的一面毫无顾忌地展示给学生,有分寸地向学生承认自己不是一个完美无瑕的人。

在处理师生关系时,班主任要十分注重把人心当作一项伟大的工程来"经营",用坦诚相待交换人心,用高尚人格臣服人心。

　　坦诚是沟通师生之间的桥梁,它是彰显灵魂的美德之花,更是人性的一种至高境界。一位优秀的班主任,要凭借内心世界的坦诚与丰富,才能在教育的舞台上赢得更多的掌声。

第二章

班主任的综合素质培养

# 班主任的仪表与风度

和谐校园建设离不开教师的率先垂范,班主任不仅要有内在的潜质,而且也要有外在的高雅气质。教师的仪表风度也是一种教育手段,具有潜移默化的感染力和征服力,使学生从自己的身上发现美、感受美、创造美,受到美的熏陶,美的启迪。

**班主任的外部形象系统**

所谓的外部形象,主要是就其外部表现形态而言的。构成此系统的基本方面应是:

*1. 行为习惯的准则——社会伦理道德和社会生活规范*

班主任是社会的中的一员,是一定历史范畴中的社会角色,任何社会角色都必须自觉地将自己制约于一定的社会伦理道德和社会生活规范之中,在社会伦理道德所统辖的风俗、习惯、礼仪、时尚和社会生活规范所涉及的规章、制度、纪律及守则方面成为"模特儿"。比如习俗,它是人们在集体生活中逐渐形成并共同遵守的东西,是人类生活中最早产生的一种社会行为规范,人人都要遵守。再如纪律,它是国家机关或社会团体为自己的成员规定的行为准则。国家和社会往往以此要求班主任、量度班主任,班主任又往往以此要求学生、量度学生,正己方能正人,在尽职尽责于历史使命中,班主任能不经常在这方面做出样子吗?

*2. 个性心理的外露形式——活跃、轻快、稳定*

首先,重要的是要有良好的兴趣爱好。兴趣爱好狭窄的人,个性的发展,认识事物的能力,都会受到影响;兴趣爱好宽广的人,会经常关注和研究许多新问题,从而扩大眼界,学会和掌握更多的文化科学知识,提高自己的各种能力。班主任是期冀自己的学生都有广泛的兴趣爱好的,许多班主任也确实在不惮辛苦地做着这方面的工作。既然如此,我们有何理由不来个身先士卒,不来个"以我为准"?我们有何理由不在对天文地理、琴棋书画和古今中外等等知识的摄取中来个率先行动?其次,保持正常的外显情绪。或出或入,全部情绪应由平静、审慎、深思、坦然、和蔼、乐观所占有;全部信心和力量应由洒脱、微笑、镇定自若来显示。既不要因为遇到了顺境或获得了成功而难以自制,给人以轻浮浅薄之感,又不要因为遭到了不幸或失败而精神不振、忧心忡忡,给学生以脆弱的印象。

3. 日常生活的趋向——恪守社会性、科学性原则

这里主要讲仪表问题,主要是说装束、打扮、服饰、发型等要求问题。

按照班主任这个特殊角色,学生极易"以衣貌取人"。因此,班主任的装束服饰需要特别检点,颜色不宜太艳,款式不可过于时髦。班主任给人的感觉只能是大方、文雅和庄重。他的风度,不能用奇装异服来表示;他的姿态,不能寄希望于朦胧轻纱的修饰。

发型,亦很能表现一个人的精神风貌,班主任留发也要因情而定。老年:或蓄太平头,以示精神不减,或留大背式,以示气质不凡;中年:或理高平头,或剪小分头,以示精明灵活;青年:或留青年式,或成松散状,以示利落果敢。女同志的烫、梳辫、髻,首先要考虑的也是年龄、头型和体型。

### 班主任的仪表印象

在过去一段较长的时间内,学校的领导者往往不敢或很少向班主任提出仪表上的要求,究其原因,一是怕有人批评是资产阶级的标准;二是认为班主任的仪表、衣着等是无关紧要的事。我们应该认识到,一个人留给他人的仪表印象对他人的心理会产生重大的影响,一个班主任留给学生的仪表印象的好坏与否,在教育中有着重要作用。

一个人的仪表特别是外貌对他人的心理有何影响,社会心理学做过不少研究。在一项研究中,卡雷·戴恩和她的同事给大学生们看三个大学生的照片,其中一个外貌有吸引力,一个相貌一般,第三个无吸引力,然后要他们对这三个人在人格上做出评价,并估计他们的未来是否幸福,好的评价结果和最合人意、最幸福的预言都落在外貌有吸引力的人身上。美国著名心理学家阿伦森等在一次实验中,选择一位天生美丽的妇女,让其扮成临床心理学研究生,给男大学生们的个性做临床评议,当这位妇女在打扮得很不得体无吸引力的条件下,被试的大学生们似乎不关心她给予自己评价的好坏与否,然而当她打扮得十分漂亮相貌出众时,得到好评价的大学生们很喜爱她,得到不好评价的男大学生们表示愿再来参加实验,以促使她改变对自己的评价。上述两个实验结果表明,外形美是人与人互相吸引的一个重要因素,一个人的外貌影响着人们对他(她)的评价,同时一个人的外貌也不同程度地影响着人们。

教育心理学的研究也同样表明:"班主任的仪容体态,对学生的心理

有一定的影响,特别对幼儿园、小学、中学学生影响较大。班主任仪容不整,反映精神面貌不佳,但奇装异服,也有损严肃端庄,都不利于教育工作。只有仪表大方、衣着整洁、朴素,才能引起学生的尊重和好感。"因此,一个班主任在仪容体态方面给学生印象的好坏与否,是影响班主任能否引起学生的尊重和好感、能否在学生中获得威信的重要因素之一。心理学有关研究还表明,一个班主任的威信又影响着他的教育效果,即一个班主任在学生中威信越高,他的教育效果一般就会越好。所以,一个班主任仪容体态给学生印象的好坏与否,又直接影响着他对学生的教育效果。如一个班主任不修边幅,不仅不易得到学生的尊重和好感,而且学生对他的批评或表扬往往也采取不以为然的态度。

上述分析说明,要求班主任注意自己的仪容体态,绝不是什么资产阶级的标准,而是学校教育工作中每位班主任不可忽略的问题。因此,班主任应十分注意自己的仪表,力求留给学生良好的整体形象。这里略提几个注意的要点:

*1. 注意衣着打扮*

一个人的衣着打扮,是仪表的一部分,衣着打扮如何,自然影响仪表美。班主任的衣着打扮,一是要考虑得体,即适合班主任的职业特点、适合班主任的身份。过分要求"清一色"的灰、蓝、黑衣着,会显得呆板、死气沉沉,但奇装异服或不伦不类,又会有损严肃端庄,班主任的衣着打扮应留给学生既朴素又美观大方的良好印象;二是要考虑合体,即要适合于班主任的性别、年龄、长相、身体等方面特点,不同性别、不同年龄班主任的衣着应各有特点,不必整齐划一。而且衣着打扮还要考虑自己的长相、身材特点,决不可赶时髦,如女同志烫发后,由于头发蓬起,头部比原来要显得大些,这对头小身材高、苗条的人来说,自然显得俊美,而对头大身材矮的人来说,头部显得更大,反而不美。

*2. 讲究个人卫生*

个人卫生,是仪表美的重要标志之一。一个班主任能否讲究个人卫生,将直接影响着他在学生心目中的仪表印象的好坏。马卡连柯认为:"无论对学校或教育机关的班主任或其他工作人员,都必须要求衣服整洁,头发和胡子都要弄得像样,鞋袜洁净,双手清洁,修好指甲和经常备有手帕。"因此,一个班主任要常洗澡、常剪指甲、常理发、常换洗衣服,男班主任不宜留长发和蓄胡子,班主任上课前应梳头,整理一下衣服,整洁能给人以愉快的感受,班主任应留给学生仪表整洁的良好印象。

3. 注意举止风度

一个班主任的形象,不仅表现在他的容貌、衣着上,还表现在他的举止、谈吐、表情、态度上。这些仪表风度反映出一个班主任的思想情操、意志、品德、人格、学识水平等,也是班主任心灵美的主要标志。马卡连柯说:"教育工作人员和学生一样,需要说话的时候才说话,需要说多少就说多少,不能随便靠在墙上和伏在桌上,不躺在沙发上,不随地吐痰,不抛掷烟头。"因此,为留给学生良好的仪表印象,一个班主任,还应注意自己的举止风度,应使自己的举止庄重大方、谈吐文雅、富有表情、神态自然、待人亲切和蔼。

这里要指出的是,一个人的外表修饰和言行举止特征,必须受到其内在素质的制约,因此,最根本的是要注意提高自己思想、道德、文化等方面的修养。

**仪表行为**

所谓仪表行为,是指人在一定的思想情操的支配下所表现出来的外在的气质风范(包括容貌、姿态、风度等)和行为活动。通常来说,一定的仪表行为具有一定的典范性和表率作用,是人的内在的心灵美和外在的仪表美、行为美的和谐统一。因此,仪表行为所体现的内容主要包括两个方面:一是直接表现人的外在美。人的外在的风度气质与行为活动是外在美的最好体现,它是在一定的内在的思想道德文化素养的基础上,在较长时间的社会活动中逐渐形成的,主要通过人的容貌姿态、言谈举止和穿着打扮等反映出来。气质风度是外在美的最高层次与体现。二是反映人的内在美。内在美亦即我们通常所说的心灵美,它是人的一切美感中最本质的东西,是一定的思想道德情操及文化素养的最好体现。它通过人的外在的言谈举止、仪容笑貌透露出来,是外在美的本质与灵魂。一般来说,一定的内在的品质与情操规定着外在的风度与气质,一定的外在的风度气质与行为活动也表现与透露着一定的内在的品质与情操。内在的品质与情操(即内在美)是源,是根本;外在的风度气质与行为活动是流,是前者的外化与具体形式的体现。二者是互相联系的和谐的统一。但由于人的因素的复杂性,内在美与外在表现之间往往要受到审美价值和某些其他因素的影响、干扰与制约,使二者有时又具有不一致性。突出的表现在:有的人内在的思想情操、道德境界与品质素养很高,也具有良好的文化知识素养,甚至在这些方面积淀深厚,造诣颇深,但他们却并不一定都表现出具有良好的仪表行为水准与风貌。有的或工于自身的内在修养,疏于外表;有的或埋头致力于自己所醉心的事业,无暇旁顾;当然,也有的以清高自居,不屑于一些相应的外在仪表行为。也有的人正好与此相反,衣着考究,仪表堂堂,风度潇洒,气宇不凡,很有些正人君子的味道,却是道德败坏、知识贫乏、思想庸俗、品格低下,空有一副漂亮的外表,追求的却是低级趣味的东西。可见,外在的美虽然受到内在的美的规定与制约,但其自身有时也具有一定的相对独立性,并非完全都能为内在美所规定,也并非都能准确地反映、揭示出内在的品质情操。认为只要有了良好的内在品格素养与高尚的思想情操就一定会产生与之相适应的良好的仪表行为是片面的;同样,认为凡是有了良好的仪表风度就一定会有与之相适应的内在美的依托同样是不完全切合实际的。因此,服从于不同的目的要求,为了达到仪表行为的内外统一,神形兼备,对仪表行为做出一定的规范是很有必要的。

### 班主任的仪表行为

所谓的班主任的仪表行为,指的是班主任在一定的职业道德的支配下所表现出来的班主任这一职业所特有的气质风范及育人活动。对受教育者来说,班主任的仪表行为具有示范与样板的作用,是他们学习、向往的典范与榜样。班主任的仪表行为是班主任的内在品格素养与外在气质表现的有机统一。由于社会分工的不同,社会形成了不同的职业集团,不同的职业集团具有不同的职业习惯与特征。一定职业的特点规定了从事同一职业的人群具有大致相同的职业素质、爱好与风格内容,甚至在思想方法、审美情趣等方面,由于共同的职业习惯,也都有了近似或相通之处。这些具有共同的职业特征的人们形成了一个相对独立的职业群体。就班主任职业来说,虽然现实生活中的班主任的仪表行为因人而异、千姿百态,具有一定的个性习惯特征,不少方面彼此之间也还都存在着这样或那样的差别,但从整体上来说,相应教育层次上的班主任的文化素质、文明修养、知识结构层次,乃至思想意识、道德水平及价值观念等,基本上大体相似,有所相通,在长期的教学实践中形成了自己职业内部的共同的职业道德习惯,有着以教书育人为目的的共同的仪表行为特征。班主任属于有知识、有文化的知识分子阶层,睿智、谦和、含蓄、真诚、仪态端庄、文雅大方,这是为人师表的职业仪表行为特征。一个真正的班主任,大都具有较高的文化素养与功力深厚的专业知识积淀,职业的特点要求他头脑敏锐、思维活跃,有灵活机智的思辨能力与分析问题处理问题的能力。同时,课堂内外随时都可能要应付与处理千姿百态的突发性提问,这就要求班主任必须具备睿智的职业素质。谦和、含蓄、热情、诚恳、待人彬彬有礼、文明礼貌,则更是班主任的自身素养的体现与垂范于受教育者的美德。长期的教学生活大都使班主任形成了良好的道德风范与习惯,他们尊重知识、尊重他人、崇尚进取、不尚空谈。言谈举止,特别注意谦虚谨慎、虚怀若谷、诚以待人,很少愿意表现自己。职业的要求还使班主任处处注意言传身教,注意以自己的实际行动去影响、带动和教育学生,美化他们的心灵。至于仪态端庄、文雅大方,更是班主任沉稳持重、气度优雅的体现与要求,也是一个班主任的良好的职业形象所必备的风范。因此,班主任的仪表行为要求班主任不仅要具备常人所具有的仪表行为,而且还要具有班主任的职业所特有的职业的仪表行为习惯、道德品格,以及良好的为人师表的思想情操,呈现给受教育者一个完美的内在美与外在美兼备的班主任形象。

　　班主任的风度是班主任仪表行为的核心。风度是外在的衣饰容貌、言谈举止所反映出来的仪态或风姿与内在的品格情操和精神风貌所形成的风采或风格的和谐统一。因此,班主任的风度的展现,首先要求班主任的内在美与外在美要谐调一致。所展现出的班主任的风度要具有班主任的职业习惯特点,是班主任的风姿与风采的统一。尽管如此,和其他职业相比较而言,班主任的职业特点历史地规定了以教书育人为目的的班主任的形象风度,更多地偏重于内在的操行修养、人格的完善。内在美在班主任职业道德的审美过程中,相对来说起着重要的决定性作用。所以展现内在美的外在仪表风度,便不能仅仅指一定的容貌姿态、衣着服饰,主要的是指能够展现内在的心灵美的气度,是内在的心灵美的外在的自然呈现与流露。一个人可能无法选择他的自然外貌,但却可以通过努力使自己的心灵更美一些,从内在美中得到弥补。对一个班主任来说,也同样如此。一个有责任感的班主任,纵然没有漂亮的外貌姿容、美丽的打扮,但只要能在班主任的职业仪表行为要求下,树立起高尚的为人师表意识,也同样能以自己的内在气质和美好的心灵影响、感染、打动受教育者,使受教育者从中得到教益与启迪。那么,他的形象、他的气质风范也同样是美好的,同样是高大而又令人尊敬的。反之,如果一个班主任徒有其虚表,胸无点墨而又缺少高尚的道德情操,刻意于外表的梳妆打扮,却疏于心灵美的塑造,则不仅不能较好地对受教育者起到垂范、表率的作用,与班主任的教书育人的目的宗旨大异,而且还有可能引起意想不到的逆向效果,直接偏离了我们真正的、主要的教育目标与育人宗旨。其次,班主任的风度不仅要求内在美与外在美的和谐统一,而且还要求班主任要具有一定的良好的个性美。班主任的风度是个性美和共性美的统一。"美就是性格",一定的个性美也有助于呈现出自身的独创性与不同凡响,有助于产生独具魅力的感染力与慑人的力量。

班主任的职业特点要求班主任的仪表行为既要注重外在美,更要注重内在的心灵美,注意陶冶自己的情操。内外美的和谐统一,才是完整的美、真正的美,才能使仪表行为光彩照人。

**班主任的仪表行为规范**

所谓班主任的仪表行为规范,指的是在一定的职业道德的支配下,对班主任的仪表行为所制定的某些标准或做出的某些规定。这些标准或规定对班主任的仪表行为具有普遍的指导意义。班主任的一举一动都处在受教育者的严密监督下。国家和人民把这些祖国的希望托付给班主任来培养造就,需要班主任传授的不仅仅是知识,更重要的是还要塑造他们的心灵,既教书,又育人。育人的首要一条对班主任来说,就是要率先垂范,自己首先要用自己的模范行为去带动、影响、感染受教育者。班主任自己不仅仅是知识与智慧的化身与传播者,而且还要是美的化身、文明的传播者。班主任的一言一行、一举一动、音容笑貌、服饰妆扮,所有的这些仪表行为,无不打上教育的烙印。它不仅反映了一个班主任的风度气质、精神风貌,而且也代表了一个班主任要以什么样的风范姿态去影响带动受教育者。当班主任接触到这些受教育者时,他的所有的这些仪表行为也就开始随着班主任的知识传授过程,一道参与了教书育人的全过程。这时,班主任的仪表行为不仅会给学生留下深刻的印象,而且也直接地影响到了受教育者的情操陶冶、行为习惯等,触及到灵魂深处,产生潜移默化、耳濡目染的影响。因此,班主任的仪表行为如何,就直接影响到了教书育人的效果。为了给受教育者留下更美好的形象,获得更多的教益,我们必须要对班主任的仪表行为进行适当的规范。班主任的仪表行为规范,主要体现在以下几方面:

*1. 班主任的仪表行为要以学生的欣赏水平为前提*

班主任往往是受教育者心中崇拜的偶像,受教育者对班主任的言行举止、服饰打扮往往都是观察得细致入微,甚至是明察秋毫。班主任的仪表行为的每一变化,都逃不过受教育者的眼睛。班主任就是这样通过自己的言传身教,潜移默化地影响着受教育者。因此,班主任的仪表行为的教育力量是巨大的。作为一名班主任,就必须要慎重地把自己的仪表行为调整到符合受教育者的欣赏水平上,对他们施以良好的影响。班主任必须在为人师表的宗旨下,服饰打扮整洁朴实、美观大方,充分地把自己的审美观点和精神风貌呈现给学生;言行举止应谨慎谦和、文明礼貌;为人应热情真诚、落落大方,给学生树立一个既值得尊敬,又和蔼可亲的形象。一个成功的班主任,往往都是十分注意自己的仪表行为是否符合育人的目的要求,坐姿、站态、眼神、表情、手势,每一个动作都要照顾到它的潜在的影响,既温文尔雅,又贴切得体。

*2. 班主任的仪表行为要与自己的性格特点相得益彰*

不同的人有不同的性格特点,有不同的举止言谈风格,也就具有不同的气质风度。因此,班主任在自己的自身仪表行为的塑造中,需要充分地考虑到自己的性格特征,从实际出发,扬长避短,努力创造具有自己特点的鲜明的个性风度。这种对具有自己个性特点的风度的追求,并不等于一味盲目地追求新奇时髦、刻意猎奇,以为这就是自己个性特点的最好体现,以为只有这样才能使自己显得不同凡响,才具有个性。我们讲的班主任的仪表行为要与自己的性格特点相吻合,是说班主任的仪表行为要符合并能体现出班主任的个体,而不是不顾自己特点地盲从他人、亦步亦趋,给人以矫揉造作之感。美就是性格。

*3. 班主任的仪表行为符合自己的年龄特点*

班主任的职业特点规定了班主任在不同的受教育者面前,既要有纯真无邪的赤诚的童心,又要有沉稳持重的师长的成熟,更要有博大精深的渊博的知识,以及崇高向上的精神境界。但班主任的仪表行为由于受到年龄特点的影响,表现出一定的年龄段特征。青年班主任富有朝气、充满活力,仪表修饰上富有新颖活泼的特征;中年班主任年富力强、步履矫健,仪表修饰上往往富有成熟稳健的特征;老年班主任德高望重、广识博见,仪表修饰上亦常常透露出严谨、庄重的风格特征。同时,在言行举止上,不同年龄段的人更具有鲜明的个性特点。这就要求班主任的仪表行为要相应地适合自己的年龄特点,以期展现独具的神采。

4. 班主任的仪表行为要与课堂教学的情调相适应

班主任仪表行为的总体要求是要持重、沉稳、协调,不分散学生的注意力。但由于不同的学科,可以根据具体的教学内容来安排授课气氛、情调,以便更有效地调动各方面因素传情达意、相互辉映,使其能更好地与原内容保持审美情趣上的协调一致。比如,班主任讲授像《一月的哀思》这样的情调低沉、悲痛的内容,仪表上就不宜穿着花枝招展、奇俏浓艳的服饰。言谈举止的表情达意亦不宜激越上扬,宜保持与之相应的气氛、情境。反之,当班主任讲授像《秋色赋》这样一类节奏明快、活泼的内容时,仪表行为就可以欢快、洒脱的格调与之相衬,浑然成趣。

班主任的仪表行为规范是班主任的仪表行为各要素间以及与班主任自身个性特点间的相互协调。班主任的仪表行为美是使受教育者从中获得教益,感受到一定的意志、修养与力量的具体的美。

**班主任仪表行为规范的特点**

一定的仪表行为是班主任的教育教学活动中必不可少的一部分。根据班主任工作的职业特点而提出的班主任仪表行为规范,具有以下几方面的特点:

1. 直接性与间接性的特点

班主任的仪表行为可以直接或间接地作用于受教育者。其表现在具体的动作、手势、表情、姿态、行为及言谈等方面上,具有可以直接地向受教育者提供信息的特点。这又主要反映在受教育者所熟知的一些表示肯定或否定、排斥或接纳等一些不需要任何中间环节的表情动作之中。班主任的每一句话,每一个举动,喜怒哀乐,无不直接作用于受教育者,并对受教育者产生相应的影响。当一位班主任容光焕发、精神抖擞地出现在课堂上的时候,他所引起的一个很重要的现象是受教育者容易从中受到激发,产生一种兴奋感。这种兴奋感又有助于受教育者在听课的过程中集中精力,认真听讲,从而间接地起到了提高教学效果的作用。同样,一位班主任的翩翩风度与奕奕风采,也能恰到好处地获得这种教学效果。反之,如果一位班主任漫不经心、愁眉苦脸地踱进课堂,学生从他那儿感受到的就可能会是猜疑的情感和心理上的压抑感,从而也间接地作用于课堂听课,影响教学效果。

2. 辅助性的特点

班主任的教育教学活动是要把自己的知识与思想传达给学生。班主任的这一教育教学活动不仅仅是靠班主任的语言这单一的渠道来进行,它需要班主任调动各方面的积极因素来配合教学、辅助教学。班主任的一举一动,音容笑貌,以及某些具体的体态语言的运用,都可以造成某种课堂气氛,帮助学生更好地理解课堂教学内容。这主要表现在以下几个方面:

(1)像解释课文某一内容或某一言词的意义时,班主任可以根据具体情况,利用体态语言传情达意,或是做出相应的姿态,形象传神地把要解说的内容揭示给学生。

(2)描述某一事物的某种特征时,如它的大小、高低、肥瘦等内容,班主任可以适时地把这种特征用体态语言表现给学生,以此来配合、辅助自己要讲解的内容。

(3)表现某种特定的情感时,班主任可以以相应的外部仪表创造某种与之相协调的氛围,增强教学的感染力与感情力量。比如,班主任的授课,当讲到兴奋之处时眉飞色舞,慷慨激昂;讲到愤怒之处时满腔怒火,紧攥拳头。这一切,都会时时打动并感染着受教育者,不仅有利于紧紧吸引住学生的注意力,收到较好的教学效果,而且有利于学生随着班主任的情绪渐臻佳境,走进课文,更好地陶冶自己的情操。同时,班主任在讲授不同的教学内容时,也要针对不同的风格情调,选择好恰当的服饰以辅助环境气氛,更好地表情达意。

(4)一定的动作行为可以作为无声的语言,帮助班主任向受教育者发出某一行为信号。班主任的手势可以表示开始或结束,或表示某一动作行为的暂时情况。

(5)对学生课堂情况的指导以及课堂偶发事件的恰当处理,体态语言可以较好地帮助班主任传递某一信息。一堂严肃认真的授课,当班主任的情绪和绝大多数学生的注意力都不宜被打断时,面对个别存在的诸如听课不专心或有其他的一些动作行为等情况,有时往往班主任的一个手势或一个眼色就足以起到提醒的效果。既确保了教学的实际效果,把学生的精力都集中到听课上来,又不中断授课,保持了授课内容的连续性,不分散大多数学生的注意力。

(6)授课中出现的某些内容有意未尽达,或只可意会不可言传的情况,班主任的某些外部仪表行为有时可以适当地起到补充的作用。

### 3. 示范性的特点

班主任职业的最大特点与要求是要班主任能够时时注意为人师表,处处以师长的风度气质、品格情操去带动学生。班主任的仪表行为,往往成为受教育者模仿、学习的典范与样板。班主任在课内外与受教育者的接触中,他的风范气质与思想情操会自觉或不自觉地感染学生,并被许多学生视为学习的榜样。班主任在教学、劳动、思想修养等方面表现出的衣着整洁、举止文雅、知识娴熟、身先士卒、文明礼貌、品行高尚等特点,无疑比苦口婆心地空洞地说教效果要深刻得多。

### 4. 感染性的特点

"近朱者赤,近墨者黑"这句古语,深刻地揭示了受教育者深受周围的条件因素的影响。班主任对于学生来说,既是他们的授课老师,又是他们的为人导师,班主任的言行举动无不感染、影响着学生。不论班主任课堂上的意气风发、昂扬向上的风格,还是班主任的侃侃而谈、犀利雄辩的神采,或是班主任的温文尔雅、落落大方的仪态,或是班主任的虚怀若谷、诚以待人的情怀,乃至班主任的甘于清苦、辛勤耕耘的情操,所有的这一切对学生都有潜移默化的影响。这种感染性的精妙不但在于它具有深刻性与持久性的特点,而且还在于它具有"润物细无声"的特征,是在不知不觉的过程中感染了学生,给他们以知识上的与思想上的熏染与启迪。鲁迅先生在他的《藤野先生》一文中谈到自己早年的日本老师藤野先生时,就曾谈过藤野的治学风格与治学态度给自己留下的深刻印象与影响。而这种影响与熏陶,往往令人终生难忘。

### 5. 交际性的特点

班主任的仪表行为具有沟通师生之间的思想的功能。班主任的教育教学活动、仪表行为,必须要考虑、照顾到这种特点。传统的教育,常常存在着这样一种弊端:班主任在授业过程中往往十分注重知识的传授,较少注意师生之间的情感交流;十分重视语言上的表达,一定程度上则忽视了仪表服饰、体态行为的传情达意的力量。实际上,班主任的仪表行为在教学过程中也参与了教书育人的活动,班主任的仪表行为是沟通师生间情感交流的一个很重要的途径。在课堂上,老师对学生投以和颜悦色、期待信任的目光,能够起到鼓励学生、启发学生的作用;在课下,老师深入到学生中间,热情诚恳、诲人不倦地循循善诱,则能在学生心中树立起和蔼可亲的形象,从而使师生感情进一步得到交流,取得和谐、融洽的心理效果。相反,如果班主任在学生面前过于拉开彼此之间的距离,不肯放下居高临下的傲视的面孔,则极易使学生产生敬而远之的心理,从而影响了师生之间情感上的正常沟通与交流。作为一名新时代的班主任,应该充分地认识到班主任自身的仪表行为在师生交往中的重要地位与重要作用,充分地利用班主任的仪表行为所具有的交际性的这一特点,以便在自己的教书育人实践中更好地发挥班主任的主动性,取得更多的实际效果。

6. 首因性与连续性的特点

在人际交往中,人们往往很重视第一印象、第一感受。这种第一印象、第一感受对人的心理往往影响很大。由第一印象所产生出来的心理感应效果,就是首因性。在班主任和学生之间的一系列的接触、交往过程中,班主任给学生留下的第一印象十分重要。这第一印象,实际上是班主任的精神风貌与言语仪表行为的一次总体展现。种种迹象表明,班主任和学生之间首次接触最容易为学生所接受的是温暖、友善、和蔼可亲等愉快的气氛,当然也包括班主任的学识、才智与文雅的气质风度。学生要寻找发现的,正是这样一些与其心理上相吻合的东西。假如师生接触的双方不能取得感情上的吻合,从学生一方讲,他们就会产生疑惧、回避、厌烦、不安等不愉快的心理,从而影响了师生间的正常交流与交往,并直接影响到教学效果。

班主任留给学生的具体印象一旦形成,就具有一定的扩张性与定势的效应,这就是连续性亦称连续效应。往往是一旦某个班主任的仪表行为给受教育者留下良好的印象,大家就自然而然地喜欢这个班主任,愿意接受他的教诲;反之,假如一个班主任的仪表行为跟受教育者的心理向往相错合,则受教育者的心理自觉或不自觉地会产生一种排拒心理,直接影响了实际教育效果的发挥,尽管学生对班主任的第一印象有时反映得并不见得十分准确。印象的形成也有一个过程,班主任在实际的教学实践中也总是在尽自己的努力,把仪表行为对学生产生的印象尽可能地调整到适度的位置,但不管怎么说,班主任的气质风范、言行举止、音容笑貌给学生留下的第一印象,在教育教学当中所占的位置是十分重要的。它要求班主任在职业道德的支配下,必须对此予以相当的重视。

7. 有意性和无意性的特点

班主任的仪表行为在教学过程中的体现是多种多样的,但基本上可以确定为有意识和无意识之分。因此,班主任的仪表行为也就有了有意识和无意识的特点。班主任在教育教学活动中表现出来的眼神、手势、体态、言语活动,甚至坐姿、站态、站立的位置,有些是无意识的流露,有些是有意识的支配。在班主任职业特点的指导下,在较长时期的教育教学实践中,每个班主任都不同程度地形成了有自身特色的仪表行为特征与习惯。班主任的这些习惯特点不仅直接反映并影响着班主任的自我形象,风范气质,而且对班主任、对教学效果都将产生一定程度的影响。因此,班主任不但在教学内容、教学方法、教学安排上事先都要有所设计与考虑,而且还要在教态设计上对授课过程中的主要的姿态、动作、服饰等也要事先做出相应的考虑,甚至对课程的气氛、与学生的情感如何沟通上也都要包括进去,做到心中有数。课堂表现力求动作自然、举止规范、语言简明、有条不紊。既温文尔雅,又落落大方。长此以往,班主任的这种教学仪表行为就会从有意识的运用与控制,转化到无意识的运用自如与自然流露,成为自身特点风格中的一部分。相反,如果一个班主任的课上仪表行为表现出与授课情境格格不入的态势,或拘谨呆板,气质萎缩;或随便地任意动作,摇首耸肩,皱眉眨眼;或眼神始终盯在某一个地方,忽视了众多受教育者的存在等等,这些看起来是无意识的行为,恰恰反映了他忽视了班主任的仪表行为规范还有有意识的一面,反映了其基本的教学素质还有待提高。

**班主任仪表行为规范的意义**

班主任的仪表行为规范的重要意义,主要体现在以下几个方面:

*1.* 班主任的仪表行为规范有利于班主任对学生的思想品格与道德
   情操的教育与培养

由于学生的思想品格与道德情操的形成,深受班主任的仪表行为的熏陶与影响,这就使得班主任的仪表行为规范,显得尤为重要起来。班主任应该是道德行为卓越的优秀人物。班主任首先应有良好的素质与素养,随时随地都要有符合自己身份的适当的举止与风度。只有当班主任的自我行为符合一定的社会要求,正直高尚时,他的教育才能深入到受教育者的心田中去,并支配他们的具体实践行动。青少年时期的学生,正处于世界观与人生观的逐步形成时期,他们的思想意识、行为品格具有很大的可塑性,也很容易接受某些外来的影响。这些外来的影响当然有好有坏,这些外来的影响主要来自社会、家庭和学校之中,而班主任对他们的影响是最大的。班主任是学生的知识、思想与行为的指导者、示范者,班主任的仪表行为常常要被学生模仿。从班主任的衣着发型、举止姿态、言语特点、谈吐风格,一直到班主任的待人接物、人际交往等,都会有学生暗自效仿。学生的身上往往会发现班主任的影子。因此,对班主任的仪表行为做出规范,确保并促使班主任以良好的精神风范去带动、影响并感染学生,使受教育者能够树立起良好的品格风貌,它的意义是极其重大而又深远的。

*2.* 班主任的仪表行为规范有利于配合教学,提高课堂教学的实际
   效果

班主任的课堂教学是一门综合性很强的艺术,它不仅要求班主任要具备相对完整、准确与丰富的知识,而且要求班主任在实际的课堂教学中,要调动并利用一切积极因素,发挥班主任的多方面的才能,辅助教学,以便更好地提高课堂教学的实际效果。班主任的仪表行为常常可以很直接地呈现给学生,容易给学生留下难忘的印象。班主任在课堂上的每一个眼神、每一个手势、每一个笑颜,直到其具体的衣着服饰、习惯个性,每一个细节的变化都逃不过讲台下面数十双注视的眼睛。班主任的仪表行为直接影响着课堂教学的实际效果,影响着学生对授课内容的理解、消化、吸收和发挥。

*3.* 班主任的仪表行为规范有利于形成良好的社会风尚

一定的良好的社会风尚的形成,很大程度上取决于其社会成员文化、

文明素质。当经过班主任的培养与熏陶后的受教育者一批又一批地不断地被输送到社会上时,这些经受过学校教育的社会成员的精神风貌、举止行为对社会风尚的影响变化所起的作用是巨大的。这时,从这些社会成员身上所体现出的班主任的精神风范,对于一定的良好的社会风尚的形成的影响力,也就随后逐渐地呈现出来。班主任的仪表行为无论是从宏观上还是从微观上,从群体上还是从个体上来说,都有着其他任何职业的社会成员不可比拟的影响力与社会作用。班主任的仪表行为从某种程度上讲,并不单纯是个人的兴趣爱好与习惯等这样一种意识行为,而是严格受到其职业特点的规定与制约的社会的意识行为。由于这种意识行为的延续性与深刻性,它对一定的社会风尚的形成必然要产生一定的影响。在传播、弘扬民族文化、民族精神,提高全民族的素质,推动人类文明的进步方面,班主任是承前启后的关键。在我们这样一个古老而又文明的国家里,班主任是在社会上为人师表、起表率作用的。不管外面的社会发生了怎样的变化,班主任一直忠于职守。他们的甘于清苦、耕耘不息的高尚情操,温文尔雅、彬彬有礼的仪态风度,都已为广大的人民群众所公认,并被社会视为楷模。班主任的仪表行为首先是广泛而又深刻地影响到学生,其后主要通过学生以及班主任自身的表率作用,直接作用于社会,作用于社会其他成员,从而影响了整个社会风尚,有益于良好的社会风尚的最终形成。

4. 班主任的仪表行为规范有利于班主任自身素质的提高

班主任的仪表行为不是一时一地、不自觉地形成的。初做班主任的人,在仪表行为方面,往往都经历着一个由无意识到有意识、由不自觉到自觉的过程。要想在学生乃至全社会面前展现出班主任的良好仪表风貌,起到为人师表的作用,班主任本身必须要提高自己的素质。既需要加强自身的业务能力,努力钻研专业技术知识,又需要自觉地培养自己文明礼貌的习惯,使服饰举止符合职业特点。这样,班主任的系列育人的准备过程,实际上也是班主任本人的一个各方面素质提高的过程。当一个班主任的仪表行为符合规范性的要求时,他自身的素质也就同时提高了。

**班主任的仪表风度**

作为一名班主任就要为人师表,为人师表必须言传身教。"言传"和"身教"作为教育的两种行之有效的基本手段,历来是相辅相成、紧密联系和不可分割的。契诃夫说："要知道，由活的人所说出来的话，不单是只靠它的内容来激发对方的思想和感情的。这里有一副兴致勃勃的面孔，有一双一会儿在科学的丰功伟绩面前燃烧着赞美的目光，一会儿又好像在怀疑所做结论的正确性而眯缝起来的眼睛，有表情，还有手势。"所谓身教，就是班主任在教育活动过程中通过自己的仪表风度来影响、感染和教育学生，达到预期教育目的的教育方式。它包括衣着、发式、举止、姿态以及由此体现出来的风格态度等内容，它通过感官传导进入学生的心灵，潜移默化地影响着他们的身心发展，在教育生活中起着"言传"所代替不了的重要作用。对此，马卡连柯做了深刻的论述，他说："你们自身的行为是在教育上具有决定意义的。不要以为只有你们和儿童说话的时候，或教育儿童、吩咐儿童的时候，才执行教育儿童的工作。你们生活的每一瞬间，都在教育儿童，甚至当你们在家庭里的时候，你们怎样穿衣，怎样跟别人谈话，怎样讨论其他的人，你们怎样表示欢欣和不快，怎样对待朋友和仇敌，怎样笑，怎样读报等等，所有这些，对儿童都有很大意义。"所以，古今中外的人们都对班主任的仪表风度提出了很高的道德要求。在我国当前就是要做到衣着打扮整洁干净，美观大方；行为举止文雅礼貌，稳重端庄；待人接物热情洋溢，和蔼可亲；教态自然典雅，从容潇洒等等。

*1. 仪表堂正，衣着朴实整洁*

班主任的一切都应当是美的。班主任不仅要有美的心灵、美的语言，还应有美的衣着，做到仪表堂正，衣着整洁朴实。

仪表美是班主任职业特点的必然要求，衣着打扮又是仪表美的主要组成成分。衣着整洁得体，这是对班主任服饰的一种基本的规范要求。班主任的衣着打扮，并不一定在于要有新奇漂亮、流行时髦的服装，也不一定在于本人必须有一副适宜妆扮的漂亮身材，关键在于他的仪表打扮要适合身份，适合班主任的职业特点规范下的仪表美的深层内涵。尽管适宜的身材、流行时髦的服饰对班主任的形象美也起相当重要的作用，但这并不能代表仪表美的全部。只要他在教书育人的实践行动中，衣着整洁得体、落落大方，照样能够透露出一股朴实的美、整洁和谐的美、情趣高雅的美。当然，这并不是说班主任的衣着应该是呆板单调、落伍沉闷的，似乎只有这样才能为人师表，而是说班主任的仪表妆扮要抓住美的真正内涵，抓住其基本的职业要求。美是各种各样的，美有多方面的多种体现。只要是班主任的学识渊博、兴趣高雅,即使是平凡的服饰,美也会从这平凡的装束中流露出来,使受教育者产生一种充实感、信任感与崇高感。如果一个班主任弃其基本的育人宗旨于不顾,或衣冠不整、稀里糊涂;或一味追求时髦、缺乏其基本的职业涵养,不仅有损于班主任的形象,不能很好地发挥其教书育人的作用与效应,而且还会分散学生的注意力,甚至把学生引入歧途。

基于对班主任职业的特殊性的认识,班主任在衣着的具体选择上,需要适当照顾到以下几方面内容:

(1)选择衣着要根据自己的身体条件。身体是衣着的支撑体,每个人的身体又具有每个人自己的自然条件特点。这就要求每个人在服饰选择时,需要在自己的审美观点、审美爱好下,适当考虑到自身的自然条件特点,根据自身的条件,选择恰当的颜色款式、肥瘦长短,更好地体现自己的形体美与审美情趣,并弥补体形上的某些不足。如身材较矮的人,衣着选择宜以简洁明快,上下色泽一致或上浅下深的色泽为主,以便把身体反衬得高一些;颈部较细长的人,衣着选择宜以高领、筒领或翻领为主,以便增强颈部的粗壮感;而颈部较粗短的人,则宜选择V型领口一类的衣着,以便敞开胸口,增强颈部的加长感;体胖的人,衣着选择宜以冷灰色、深色为主,以便给人以紧束感,但不宜选择紧身或束腰的衣服;体瘦的人,衣着选择宜以面料组织暖色亮色为主,或增加衣饰花样皱褶等,以便增强扩弛感、厚实感。总之,衣着服饰的选择要适合自己的身体特点。

(2)衣着选择要根据自己的年龄特征。青年有青年的服饰,老年有老年的服装,班主任的衣着选择要适合自己的年龄特点。青年人朝气蓬勃,充满活力,服饰选择上宜以活泼明快为主,可以与流行色泽款式适当地靠近一些。要避免在色泽、款式上的老气横秋,显得毫无生气与活力,也要避免给学生以沉闷感、压抑感;年长的人德高望重,沉稳通达,衣着上亦以严肃端庄为主。但也不一定非要拘泥于一端,也可以根据情况,适当选择一些既稳重大方,色泽款式又比较清新的服饰,既显得充满成熟的魅力,又显得焕发了青春的活力。

(3)衣着选择要根据环境特点。首先,一定的社会环境,一定的服饰流行方向,不可避免地要影响到班主任。班主任也需要不断地接受、选择美的服饰,纳入时代的大潮,而不可能是一味地古板地拘泥于自己的天地之中,与外世隔绝。其次,一定的学校环境也对班主任衣着发生影响。学校的环境是整洁严肃、活泼向上的,为此,班主任的衣着在整洁得体的基本要求下,也要随着具体的环境变化而变化。课堂教学时的衣着整齐与劳动、游乐时的简便、轻盈,以及不同的授课时的衣着选择要适合一定的环境的特点。不论是社会环境,还是学校环境,班主任衣着的适应必须要把握住的一条原则,就是要以基本上符合自己的身份特点或职业特点为前提,需要适当考虑到班主任为人师表的风范气质。

(4)衣着选择要根据教学对象。班主任的衣着选择需要考虑到受教育者的年龄、性格、知识、能力等因素,不宜忽视这些特点。对于处在一定年龄段上的有一定知识与能力的中学生,班主任的服装要朴素、整洁,有利于培养他们的成熟的衣着行为,并同时受到思想情操方面的启迪;对于一些年幼的孩子,要根据他们的天真烂漫、活泼好动的特点,班主任选择一些色泽鲜艳、明快的服饰,更容易给他们以美的启迪。

(5)要整齐清洁、讲究卫生,不要衣冠不整、蓬头垢面。这是衣着外表美的起码要求。现在,有少数班主任仍不注意个人仪表衣着的清洁卫生,经常是个人卫生很差、衣服很脏、领子里一半外一半、裤脚高一只低一只、外衣不扣纽扣、衬衣打个结、拖着拖鞋不修边幅地走进教室,给学生的第一印象很差,对学生的思想面貌带来不利的影响。这是不符合班主任道德要求的,应当自觉加以纠正。任何一个班主任都要认识到,讲究个人的仪表衣着的整洁卫生,不仅仅是班主任个人道德修养的表现,更重要的是教育好学生的需要。在开展精神文明建设的过程中,每个班主任都应重视仪表衣着的整洁卫生,给学生起好仪表美的带头作用。

(6)班主任的衣着仪容要美观大方、朴素典雅,不要奇特古怪、艳丽花哨。班主任的衣着仪表要符合民族特点、年龄特点、个性特点和职业特点,不能"唯洋是美",去闹"东施效颦""邯郸学步"之类的笑话,更不能搞什么标新立异、奇装异服之类。班主任的整个穿着打扮,要符合班主任的职业特点、道德要求和审美标准,不要与教学教育气氛相冲突。服装款式要美观大方,过于陈旧,会显得落伍,也不宜太赶时髦、追求新奇;衣服颜色和装饰应尽量素静雅致,不要艳丽夺目、花哨惹人。因为在教育活动中,学生们几十双眼睛的视线都集中在班主任的身上,如果班主任的衣着打扮奇特古怪,华丽花哨,就会使学生把注意力分散到班主任的服饰上,影响学生集中精力去听讲受教。如某地有一位大学刚毕业分到农村中学去任教的女性班主任,由于不能入乡随俗,过分注重梳妆打扮,服饰艳丽夺目、频繁更换,使学生眼花缭乱、议论纷纷,导致课堂纪律和教学效果很差。当地老百姓也很看不惯,请求将这位"洋"先生调走,以免教坏了他们的孩子。因此,班主任的衣着打扮一定要考虑自己的职业特点及环境要求,要和班主任的职业身份相适应,考虑到它们可能对学生产生的影响。广大班主任,特别是青年班主任,要使自己的衣着打扮美观大方、整洁朴实,仪表庄重堂正,以使学生从班主任质朴的外表美中得到高尚的审美享受,陶冶高雅的审美情趣。

班主任的职业是教书育人,班主任的着装要与自己的职业相匹配。班主任着装应遵循的原则是:庄重、大方、凝炼、高雅、明快,变化层次不要太复杂,一般不要穿不对称服装。男性的服装要正规,如单排扣西装,选用线条纹或八字纹面料,配领带、马甲等,为了避免过于格式化,衣袋、纽扣可有些变化。女性的服装可偏向时装,颜色和样式可稍花哨,可着套装,春夏可以素色衬衣配飘逸长裙。班主任着装的颜色以中性色彩、冷色为主,如选用暖色则以中、冷色相衬托。班主任服装的面料以混纺为好,显得质地好,挺拔、有光泽感,易洗易干,如选用纯毛料,则易被粉笔末污染。

总之,班主任衣着整洁得体,仪表朴素大方,既能充分体现班主任职业的特点和健康的审美情趣,又能反映班主任热爱生活的精神风貌。班主任着装对学生的心理、审美、行为有着较大的影响。所以,我们每一位班主任都要按照班主任职业的特点,注重个人衣着,仪容的修饰,给学生以美的熏陶和感染,使它更有助于提高教育教学效果。

2. 落落大方,举止稳重端庄

班主任在职业劳动中,除了要具有美的衣着仪表外,还要有美的举止,做到待人接物稳重端庄、落落大方。具体地说,班主任职业道德对班主任的举止有以下要求:

(1)班主任的举止要谦恭有礼,不能粗野蛮横。班主任在教书育人和日常生活中都要注意自己的行为举止,做到谦虚礼貌、不卑不亢,不能粗野无礼、蛮横放任,这是班主任职业道德对班主任行为的要求。如果班主任对待学生彬彬有礼、温文尔雅,使学生感到班主任和蔼可亲、平易近人,就容易融洽师生关系,便于沟通,同时还能让学生从班主任的礼貌行为中受到良好熏陶,有利于学生礼貌习惯的培养。相反,如果班主任对待学生不讲文明礼貌,粗暴无礼,气势汹汹,恃强凌弱,不尊重学生,不仅会直接造成师生间的感情对立,还会使学生从班主任粗野蛮横的举止中受到不良影响,养成坏的习惯。正如英国教育家洛克所说:"做导师的人自己应当具有良好的教养,随人、随时、随地都有适当的举止与礼貌。导师自己如果任情任性,那么教训儿童克制感情便是白费力气的;自己如果行为邪恶,举止无礼,则儿童的行为邪恶,举止无礼,也就无法改正。"因此,班主任要培养青少年学生良好的礼貌习惯,自己的行为举止一定要讲礼仪。

(2)班主任的举止,要端庄适度,反对轻浮放荡。班主任是学生的教育者,自己的举止不仅要礼貌,而且要端庄、正派、适度、得体、优美,让自己的举止体现出良好的道德文化修养,让美德表现在外部行为上。班主任在与学生交往中,要让学生体验到自己举止中那具有丰富内涵的美。走路的姿势应步履稳健、抬头挺胸,表现出朝气蓬勃和成熟向上的精神,不要身体东倒西歪、步子拖沓、左顾右盼,显得无精打采;授课时的手势姿态,要举止适度,动作文雅,表现出文明的气度,不要拍黑板、擂讲台、捶胸顿足,显得缺乏修养;和学生交往谈笑,要热情而有分寸,亲切而讲究礼节,表现出庄重而随和的品质,不要不分男女老少的勾肩搭背、无聊嬉闹,显得粗俗难看;日常生活中要讲究卫生,遵守社会公德,不要乱抛纸屑、烟蒂、随地吐痰、践踏花草、把脚搁到桌凳上等等。因为一个班主任只有举止适度、行为端庄,才有利于确立自己的完美形象,受到学生的爱戴和欢迎,为学生树立良好的身教形象,给学生以良好的精神感染。反之,如果一个班主任行为放荡不羁,松松散散,举止没有分寸,则有损于班主任的形象,不仅会使学生憎恶,还会对学生的行为起坏的影响和诱导作用。所以,班主任在教育工作中,一定要认真检点自己的一举一动,使自身的行为举止符合班主任职业道德规范。

**3. 态度和蔼可亲、平易近人**

班主任的衣着仪表、举止行为往往反映着他们对于社会、人生和教育事业的态度。培养和具有和蔼可亲、平易近人的态度,是班主任的职业道德对班主任的基本要求。它要求每位班主任必须做到以下两方面:

　　(1)班主任要有平易近人、积极进取的态度。班主任是做育人工作的,也要面对面地通过言传身教去教育感染学生。这就要求班主任在教育过程中要注意自己的态度,明确你以什么样的态度对待社会、人生和学生,学生也将以什么样的态度来看待社会、人生和老师。如果一个班主任在待人接物时谦恭有礼、坦然自若,面对成功和荣誉不骄傲自大,面对失败和挫折不悲观气馁,始终保持积极进取的态度,就会去掉学生对班主任的畏惧和对班主任水平的怀疑之感,学生就会积极主动地接近班主任,钦佩班主任,学习班主任。反之,如果班主任态度恶劣,冷若冰霜,喜怒无常,使对方产生高不可攀或拒人于千里之外的感觉,就会引起学生的猜测和不安,吸引不住学生甚至失去学生。因此,班主任千万不能把自己为人处事的态度看做是自己的私事,随心所欲或无所忌惮,而应认识到这是关系到教育事业成败的公事,保持平易近人、积极进取的良好态度。

　　(2)班主任要有和蔼可亲、宽容豁达的态度。学生是来接受教育而不是来接受训斥的。班主任在教育学生时,要表现出师长的爱抚和关切,目光要充满热情和希望,面孔要慈祥,态度要诚恳,表情要温和,情绪要稳定,让学生产生一种和蔼可亲的感觉,从而打心眼里喜欢老师,乐意接受老师的教化。如果班主任不善于控制自己的情绪、端正自己的态度,对学生疾言厉色,忽而精神恍惚,忽而暴跳如雷,反复无常,捉摸不定,就会伤害学生的心灵,动摇学生对老师的崇敬与爱戴之情,有损班主任在学生心目中的光辉形象。班主任要不辜负学生对自己的信任和期望,像珍惜自己的生命那样珍惜学生的求知欲和上进心。班主任一方面要严格要求自己、控制自己的思想行为;另一方面又要以宽广博大的胸怀对待学生,宽容他们的过失和不足。因为孩子们是基于自身的无知和对班主任的信任才来到学校接受教育的,他们对班主任的信任和崇敬胜于对自己的父母。班主任的训斥、讽刺、冷言冷语,哪怕是无意中的一点小指责,对他们来说都是最沉重最残酷的打击,他们会因此感到自己是一个没有优点的毫无用处的人,对什么都失去信心,继而消沉悲观甚至以极端的态度来对待周围的人和事。所以,班主任对待学生,应关怀他而不拒绝他,帮助他而不冷落他,照顾他而不轻视他,鼓励他而不责罚他;对于有问题的学生,则要因材施教,对症下药,若他的能力弱,则多加指导,给予锻炼机会;若他的品格不良,则找出其闪光点,帮其矫正;若他的成绩低劣,则找准其原因,帮其提高。只有这样,学生才会在班主任的慈母般的关怀指导下,虚心克服自己的弱点和不足,满怀信心地努力前进。

4. 教态自然、从容典雅

在教育过程特别是课堂教学中,班主任为了准确无误地向学生表达自己的思想感情,传授知识文化,除了衣着仪表、行为举止、思想态度等方面外,还必须注意自己的教态,做到自然、从容、典雅,只有这样,一个完美的班主任形象才能矗立于学生面前,才能正确地发挥身教的作用,教育学生成长进步。这就要求班主任的教态必须做到以下两方面:

(1)自然丰富的表情。注意根据教学内容的需要而适当变换眼神、手势、面容、声调、体态等,表明自己对真善美的褒扬,对假丑恶的贬斥,以此启迪学生、引导学生、感染学生,培养他们求真、向善、爱美的品德。在讲课时,面部表情要庄重而亲切,目光要温和而慈祥,步态手势要稳健而有力,随时注意观察学生的反应,倾听学生的意见,与学生进行交流沟通。此外,班主任还要努力改掉举止、姿态上的一些不良习惯乃至怪癖,比如讲课时搔首抓耳,与学生相处时勾肩搭背,翻书时用手指放在口中沾唾沫,站在讲台上不停地抠鼻子,玩粉笔等等,因为这些"教态"会贬低班主任的形象,引起学生的哄笑或者厌恶,削弱班主任在学生心目中的威信,降低教育效果。

(2)从容典雅的形象。能够在教育教学活动中控制自己的情绪,约束自己的行为,树立良好的班主任形象,使学生一眼就可以看出你是一个可以信赖、值得尊敬的师长。这就要求班主任在教育教学过程中,不管什么时候,面对什么情况,都要表现出博大高深的知识涵养,沉着冷静的性格气质,成熟稳定的思想情绪,进取自强的人生态度,勇谋兼备的才干本领。不能因为自己心境不佳、身体不好或个别学生偶尔"捣乱"、违反纪律,就动辄发脾气、耍态度、拍桌子、砸东西,更不能把自己对一些人或事的不满情绪转嫁到学生头上,将学生视为发泄愤怒的"替罪羊",对他们或破口大骂、或讽刺挖苦、或拳打脚踢。另外,当师生之间发生误会或学生对你不够礼貌时,也应该表现出宽容和大度,而不要疾言厉色、暴跳如雷;讲课时若学生思想开小差,不专心听讲时,可多用暗示法提请学生注意,如边讲边在学生座位之间的过道上来回走动,轻轻地敲敲调皮学生的桌子,拍拍打瞌睡学生的肩膀,这既不打断正常的教学秩序,又照顾了那些不认真听讲学生的"面子",使他们感激老师,并因此而努力学习。

显然,班主任的教态不是以上两方面所概括得了的。它包含着无限丰富的内容,而且,班主任良好的教态不是硬装在人身上的,也不是轻而易举地可以信手拈来的,而是班主任个人内心世界、职业理想、知识素养、业务能力的自然流露。任何一位班主任要想做到"教态万方",除了教学时严格要求自己外,平时就得不断提高自己的知识修养和审美素养,有意识地加强举止姿态上的自我训练。

### 班主任印象整饰的意义

印象,是指一个人的外部特征和内在品质在别人的头脑中所留下的概念化痕迹。印象的最基本特征是带有一定的"评定性"。社会心理学家奥斯古特指出,印象的评定可分为三个方面:第一,评价方面,好与坏;第二,力量方面,强与弱;第三,活动方面,主动与被动。其中"好与坏"的评价系统是对一个人形成印象的最为重要的依据,而且是最具区别性的。一旦对某人的判断有了或"好"或"坏"的确定,则其他方面也就差不多确定了。

人们在相互交往中,必然会对他人形成一定的印象,并在此印象的基础上,决定自己的行为,决定自己将同对方保持怎样的交往关系;同时,自己也必定给他人留下一定印象,这印象也影响到对方将对自己采取的交往态度与交往关系。因此,人们在交往中,总要选择一定的装束、言辞、表情与动作,以期给对方一个"好"的印象。心理学把这种有意识地控制别人对自己形成某种印象的过程,叫"印象整饰"。印象整饰是日常生活中常见的社会心理现象。譬如:会客、访友、上班之前要打扮修饰一下;有人来访时把屋子收拾得干净些;与陌生人交谈常表现得彬彬有礼;当自己言行不当时向对方说声"对不起";当发现别人言行失当时假装不在意,以解除其难堪等。这些都是自我印象整饰或帮助别人进行印象整饰的表现。

从社会心理学的角度来看,学校教育活动是以师生相互交往为基础而展开的。在这一交往中,班主任不仅作为认知者来认识学生,获取学生的印象,同时他又作为被认知者,给学生留下自己的印象。教育实践告诉我们,班主任的职业比其他行业更具强烈的示范性,他留给学生的个体形象,往往作为一种强有力的教育因素,参与他的整个劳动过程,并影响到劳动后的过程,甚至在学生的心灵中储存终生,以致融进学生的个性特征中。因此,班主任的印象整饰是为人师表的特殊需要,其意义是明显的。

1. 班主任的印象整饰有利于唤起学生对班主任的情感信赖

情感信赖是学生对班主任的信任感、依恋感,以及自己的自尊心、求知欲等方面的认知与情感需要的一种满足状态。大多数情况下,学生接触班主任,总较难对班主任的内心状态做出直接的判断,而往往从可观察到的外表印象出发,来形成自己的判断和推理。班主任如果能适度整饰自己的外表形象,讲究礼节、风度和仪表,能给学生一个具有职业特征的美好形象,那么,学生与班主任的交往,必定会在愉悦高雅的氛围中,感到班主任亲切、慈爱、富有朝气,感到班主任可信与可敬。特别是课堂教学,班主任的举止、装束、言谈、态度、作风等,更会综合地参与教学全过程。班主任若能从自己的实际情况出发,扬长避短,恰到好处地"雕饰""调色",给学生以温柔、宽容和真诚,发自肺腑的关心、爱护和鼓励,那么,学生也必定会对班主任的教导在情感上产生"相容性",对班主任肃然起敬而专心致志,配合班主任圆满地完成教学任务。可以说,没有一个学生会喜欢衣衫不整、精神不振、出言不逊、行迹不拘的班主任,即使是批评,他们也总希望班主任能讲究方式,以诚相待。所以,班主任通过印象整饰,能让学生看到一个"知识、智慧和教养的化身"。

2. 班主任的印象整饰能为学生树立真实的审美榜样

从美学的角度看,班主任与学生的一切思想接触,实际上都是美化学生心灵的活动,班主任的一切教育活动,实际上也是启发学生认识美、评价美、创造美的过程。所以,班主任的美好情操和形象,是学生最现实的审美榜样。爱美是人的天性。儿童从小就具有强烈地憧憬美好事物的倾向。一般说来,人的审美活动总是从事物的外在形式开始,因为形式美显得明确、具体,给人以突出的印象。学生在与班主任的交往中,也必定会从审美的角度,从感受班主任的外在形象入手,对班主任的朴实整洁高雅的装束,文明生动优雅的言辞,热烈真实秀雅的情感,活泼端庄文雅的举止进行全面的欣赏。班主任通过印象整饰,能让学生从中感受到力量、意志、修养与个性的具体美,得到审美情趣的熏陶。

总之,班主任的印象整饰,是美好心灵的一种表露,是内在优秀素质的表现。在学校这一以育人为中心的领域,要使师生之间的交往变得愉快、亲切和高尚,并使这种交往成为一种现实、有效的教育力量,就必须讲究礼节和风度,有意识地留给学生一个美好的印象。

## 班主任印象形成的三种模式

学生对班主任的印象如何关系着班主任的教育教学质量,因而,班主任大都注重其在教育教学活动中向学生投射的印象。

倘若学生不能对班主任形成良好的印象,则班主任的教育教学效果事倍功半,其自身价值也无从实现。因此,研究学生对班主任的印象形成机制,对于不少班主任走出"印象"困境,提高教书育人效果,是大有裨益的。

无论是有意识还是无意识,学生对班主任的判断评价总是伴随着整个教育教学关系的始终而发展的。当一个新班主任开始任课的时候,学生的判断评价意识都特别强烈,他们会细心观察潜心揣摩以形成印象。即使后来对班主任很熟悉了,其判断评价意识也不会消失,仍然要对既成印象无休无止地进行印证、补充、个性修改和深化,只是外部直观表现要淡化些。

学生对班主任形成印象的过程,一般皆可纳入以下三种模式:

*1. 累加模式*

这是一种根据学生对班主任所有特性的赞同值总和的多少来确定印象好坏的过程。例如,一位班主任智慧、干练、幽默,学生对此的赞同值依次为 *4,3,2*;另一位班主任智慧、干练、幽默、热心,学生对此的赞同值依次为 *4,3,2,1*。比较两位班主任,学生对哪一位的印象更好呢?用"累加模式"的形成印象会认为后者优于前者。因为后者的赞同值总和是 *10(4+3+2+1＝10)*,高于前者的 *9(4+3+2＝9)*。可见,对于这一类学生,班主任应尽量表现出自己的所有优点,只要学生对此的赞同值是正数,就可能使之对自己形成更好的印象。

*2. 平均模式*

这是一种根据学生对班主任所有特性的平均赞同值多少来确定印象好坏的过程。同上例,用"平均模式"形成印象的学生会与同"累加模式"者得出恰好相反的结论:前者优于后者。对于这一类学生,班主任应表现出自己的属于特长的优点,那些赞同值尽管是正数,但在自己的所有特性中并不冒尖的优点,是无助于优化学生对自己的印象的。

*3. 希望满足模式*

这是一种根据学生对班主任的希望能否得到满足和满足的程度深浅来确定印象好坏的过程。例如,一位班主任智慧、干练、理智,另一位班主任智慧、热心、幽默。如果学生心目中的理想班主任是干练或理智的,就会对前者形成更好的印象;如果学生心目中的理想班主任是热心或幽默的,就会对后者形成更好的印象,如果学生心目中的理想班主任是智慧的,这就要根据学生对两位班主任各自智慧的赞同值高低来确定对谁印象更好些。学生千差万别,其希望各有所异,而且,一个学生可能同时有好多个希望,甚至是理想的完美主义的,班主任岂能都"投其所好"? 就这个意义而言,班主任要想得到所有学生的好感几乎是不可能的。但换一个角度思考,假如班主任能注意引导学生正确、辩证地要求他人,明白"金无足赤,人无完人"的道理,就有"柳暗花明又一村"的转机了。另一方面,学生对班主任的希望再多,一般不会超出常规,通常皆为班主任的应备素质,这又有利于鞭策班主任不断地扬长避短,不断地改造、丰富、完善自己。

以上三种模式可能兼存于一个班级之中,从而使得不同的学生对同一位班主任的判断评价迥然相异。但就其主流看,三种模式又分别集合于各级学校。一般说,小学生多用"累加模式",中学生多用"平均模式",大学生多用"希望满足模式"。随着思维和主观选择意识的发展,相当多的学生会依次经历这三个模式,从而使得不少学生对以前老师的印象发生质的改变;或肯定后否定,或否定后肯定。

**班主任印象整饰的规律和策略**

印象整饰能力的发展,是班主任教育素养走向成熟的一种标志。在老师与学生的相互交往中,一个教育素养趋于成熟的班主任,才会自觉地想到自己的外表以及学生的评价,并有目的地调节自己的表现,及时地加以装饰。印象整饰与其他心理能力一样,也是习得的结果。班主任应根据印象形成的基本规律来整饰自我表现,以使"学生观念中的班主任"有一个"好"的形象。

*1.* 人们总倾向于只在获得被知者的少量信息资料后,就力图对他的大量特征做出判断,并形成带有一定评定性的印象

学生在对班主任进行认知并形成印象的过程中,总直接地受自己经

验(对班主任直接、间接的已有认识)影响,根据自己所掌握的或多或少的信息来对班主任做总体的判断。因此,必定存在这样或那样的认知偏差。班主任进行印象整饰的对策之一,便是研究影响人际知觉的因素,有目的地控制学生的认知偏差。在师生交往中,学生对班主任认知偏差主要有以下两类:

第一,以点概面。在人际知觉中,由于对人与人之间的联系和关系未作全面的考查,只根据自己掌握的少量信息,就做出总体的判断,这样获得的结论,就是以点概面。以点概面的认知偏差,具体表现为:一般的印象会使认知者正面评价被认知者做否定的评价,这种心理现象又叫晕轮效应。这大量存在于学生对班主任的认知中,使学生表现出依据班主任的某一特点而推论其他方面特征的心理倾向。因此,班主任应努力形成一专多能的教育优势,形成使学生仰慕的特点,从而把学生的注意力导向到对班主任做出正面评价的方向上。

第二,先入为主。在人际交往过程中,最先给别人或自己留下的印象往往是强烈而深刻的,它对以后的交往活动具有很大的影响作用。先入为主的认知偏差具体有两种表现:一是成见效应。学生根据间接的、少量的信息,对某班主任产生一种固定的看法,从而影响到以后直接交往时的印象形成。二是首因效应。首因即指对初识的人所获得的"第一印象"。学生对班主任所建立的第一印象往往成为师生交往的心理基础。先入为主的认知偏差相当稳定而深刻,在以后与班主任的交往中,学生头脑中这种既有的"歪曲"印象至多在"量"的方面可有所改善,却较难在"质"的方面实现彻底的改变。因此,班主任群体应该重视建立"集体的威信",使每一个班主任在学生中都享有较高的声誉和威信;班主任个体则应重视与陌生学生打交道时的才学发挥、言行表现和仪表展示,从而掌握先入为主的交往主动权。

在与班主任的交往中,学生由于出现上述认知偏差,因此很容易对班主任产生不准确,甚至是歪曲的印象。班主任应有目的地利用这些认知偏差,从"育人"的要求出发,化消极因素为积极因素,在学生心目中树立起正面的形象,促进师生关系的和谐。

2. 构成印象的各种信息资料,其比重是不一样的,具有评价作用的个性特征,尤其是非常负面或非常正面性的特征,对印象的形成起决定性作用

学生对班主任印象的形成,主要是通过对班主任性格特征的评价而实现的。性格具有社会评价的意义,有好坏之分,它在人的个性中占有核心的地位。班主任进行印象整饰的对策之二,便是要注重性格修养,强化正面特征,使它朝着与班主任的身份、职业及适应时代的方向发展。在教育活动中,班主任应着重从以下方面入手,对自己的性格进行培养和完善:

第一,优化性格的态度特征。态度是性格的核心成分,这是个人在经验的基础上形成的,对待人与事物赞成或反对的一种稳定的心理倾向。班主任对事业的态度,往往作为核心特征,对学生的印象形成发挥重大的影响作用。班主任对事业的态度集中反映在对他所服务的对象——学生的态度上。热爱教育事业的班主任必然爱学生,也只有爱学生才能搞好教育事业。学生也只欢迎热情的班主任,只对态度亲切慈祥、处事公正、关心和爱护自己的班主任形成好印象。因此,班主任在教育中要把热爱学生放在首要位置上,用亲近和信任来沟通与学生之间的感情联系,通过爱的暖流去开启每一个学生的心扉,使之乐于接受班主任的教诲。

第二,健全性格的意志特征。性格的意志特征从一个人的行为方式上反映出来,这是人自觉确定目的、克服困难以实现目标的心理过程。教育学认为,班主任的劳动对象是人,这种劳动具有复杂性、创造性、示范性和长周期性等特点,因此在教育实践中,主观和客观都必定会存在许多困难,班主任只有具备坚决完成任务的明确目的性和克服困难的坚韧毅力,才能圆满地完成工作目标。班主任对工作的意志集中表现为孜孜不倦地教诲学生,首先要长期不懈,持之以恒,终生不断地充实自己。班主任要以不倦的精神和巨大的耐心,了解学生、探索规律、改进方法,努力地积累经验、更新知识、开阔视野。其次要不怕困难,知难而进。班主任要沉着自制地去教育后进学生,改造松散班级,要坚决地与自身的惰性、自卑感做不妥协的斗争,充满信心与力量地去开拓进取。

第三,调节性格的情绪特征。情绪是人的内心感受和体验,它通过表情动作,把喜怒哀乐表现出来,为别人所感知和了解,从而发挥着信号交

际的功能。在教育中,班主任恬静稳定、豁达开朗的情绪表现是促进师生顺畅交流的催化剂。班主任首先要善于控制自己的情绪,不为学生的情绪所左右。同时要重视以自己积极的情绪去感染学生,在教育中动之以情、晓之以理、循循善诱、有礼有节,显示出亲切的心态和乐观的心胸,将暗含期待的信息微妙地传递给学生,从而激起学生对班主任的好感、信任与尊重。

第四,完善性格的理智特征。性格中的理智部分,是指人感知、记忆及思考事物时的方式方法,如主动或被动,严谨或草率,深入精细或肤浅粗略等。班主任作为科学文化的传播者,他的这些方面的特征,自然地成为学生评价时的重要依据。因此,要求班主任有精深的知识积累,使教学能厚积薄发、深入浅出;有严谨的治学态度,做到一丝不苟,实事求是;有主动的进取精神,追随时代的发展,不断提高自身的智能素质。

性格的上述四个方面特性是相互交织地联系在一起的,任何一点突出的方面,都可以使学生对班主任形成"好"或"坏"的印象。因此,班主任要努力塑造性格,强化、优化正面的特征,并在教育活动中有意识地进行整饰,诱发学生观察班主任的态度倾向。

3. 人们在对他人形成印象时,总是倾向于把他的各种特性协调起来力图消除认知信息的矛盾,以得出一个统一的整体认识

学生观念中的班主任形象,是班主任的思想品质、精神面貌、气质、文化修养等等内在因素与仪表风度的外在因素融合而成的一种整体效果。在教育中,班主任是以"整体形象"直接或间接地对学生起作用,为学生所欣赏。班主任进行印象整饰的对策之三,便是根据教育的需要,把握印象形成中诸要素的可变性,努力创造具有鲜明职业特征的整体形象美。具体应从以下方面着手:

第一,研究学生的期待心理,合理地发挥班主任的角色作用。教育心理学研究表明,在师生交往中,学生从学习的需要和情感的需要出发,会期望班主任发挥各种不同的角色作用。主要有:①学习的导师。班主任应饱学有识,无所不能,为自己提供学习的诀窍,帮助自己获取满意的学习成绩。②代理家长。希望班主任依照家庭中的行为模式与自己进行交往,像父母一样地对自己表示喜爱、亲切和关怀。③替罪羊。希望自己的不良情绪能向班主任发泄,把自己体验到的或真实或虚拟的挫折、痛苦等

都归罪于老师。因此班主任应深入研究学生对班主任的"多角色期待"心理,正确理解自己在不同的教育情境中所应该扮演的角色,并采取为学生所欢迎的言行态度去发挥自己的这种角色作用,从而使自己在任何时候都是"孩子们心中最完善的偶像"(黑格尔语)。

第二,努力使整体形象的美与具体的交往情况相适应。教育是师生在一定的教育情境中的交往活动,具体交往情况在一定程度上决定着印象的形成。首先是交往的深度。师生间的交往深度不同,认知深度也不同,决定印象形成的核心因素也会完全不同。一般说来,学生对一个新的班主任,他的仪表、眼神、表情等外在特征往往成为形成某种印象的决定因素。反之,如果是为学生所熟悉的班主任,那么外在特点对印象形成的影响便相对淡化,内在的特点如品质、智慧、修养等就上升为最具影响力的因素。因此,班主任应根据与学生的交往深度,来控制印象整饰的侧重点;其次是教学内容。学校教育以教学为主,师生的交往,主要便是以教学内容为媒介的教育教学活动。不同的学科,不同的教学内容,将会使课堂教学的气氛各异,班主任的服饰打扮、言谈举止、脸部表情等,只有与之相适应,才能诱发学生的美感共鸣,使他们对班主任留下美好的整体印象。

第三,根据自身特点,扬长避短,来创造个性鲜明的整体形象。譬如不同年龄的人给人的审美感受各有千秋,班主任的整体形象只有与自己的年龄特点相符,才能给学生以美感。青年班主任热情活泼;中年班主任稳重干练;老年班主任庄重慈祥,是班主任整体形象的美化目标。再如个性(主要是气质与性格)与人的仪表、风度存在着内在的联系。个性倾向性不同,所表现出来的整体形象就会有差别。外倾型的人与内倾型的人在审美情趣、风度的形成等方面,在社会评价意义上都会各有所长与所短。因此班主任应正确分析自己的个性倾向,扬长避短进行整饰,使自己的整体形象给人以个性鲜明的美的感受。

学生对班主任的好印象,是班主任整体形象的美在学生头脑中的反映。笛卡尔认为,美不在某一部分的闪烁,而在所有部分总起来看,彼此之间有一种恰到好处的协调和适中。班主任整体形象美的创造,就是要在教育的情境中,对服饰、言谈、举止、精神等进行有目地整饰,使之相互协调,获取相得益彰的效果。

### 班主任如何给学生良好的第一印象

第一印象是指初次见面时所形成的对一个人的印象。在人对人的知觉过程中,第一印象起着重要作用,社会心理学的研究指出:初次见面,对方的仪表、风度所给我们的第一印象往往形成日后交往时的依据。一般人通常根据第一印象而将他人加以归类,然后再从这一类别系统中对这个人加以推论和做出判断。心理学家鲁钦研究认为,先出现的线条或资料对印象的形成有决定力。因此,要想在别人心目中留下好的印象,应该特别重视第一印象。

教育心理学的研究指出,班主任给学生的第一印象,对班主任威信形成有重大影响。在师生初次见面时,学生往往特别敏感,对班主任的一言一行都能引起高度的注意,所以班主任与学生初次见面,特别是头几堂课给学生留下的印象,往往是非常深刻的。班主任给学生留下了良好的第一印象后,即使这个班主任在日后的工作中出现某点差错,学生也能谅解,甚至为老师辩解,认为老师是一时疏忽所致;反之,如果一个班主任第一堂课未上好,即使往后的讲课质量有提高,学生往往也不易改变原来的不好印象。

综上所述,由于班主任给学生的第一印象,对班主任总印象的形成、对班主任威信的形成都有十分重大的影响。因此,每一个班主任,都要善于进行第一印象的管理,注意自己与学生初交中的形象塑造,力求一开始就给学生一个良好的印象。为此,要注意做好如下五个第一,即五个最初印象的管理。

*1.* 进行好与学生的第一次见面

班主任与学生进行第一次见面或谈话时,要事先做好充分准备,要表现出对学生的热爱、关心和体贴,要注意与学生建立情感上的联系,力求一开始就留给学生亲切和蔼、关心热爱学生等良好印象。

*2.* 讲好第一课

第一次讲课,班主任必须充分准备,组织、使用好教材。善于运用启发式的方法。注意言语表达,讲究教学艺术,要力求留给学生热心教学、知识渊博、有教育艺术和方法等良好印象。

*3.* 批好第一次作业

班主任对学生作业的认真批改,对学生的学习能起到"绩效强化"作用。学生对班主任的第一次作业批改，往往极为重视，印象也十分深刻，故班主任批改第一次作业时，应特别认真、仔细，严格要求，不马虎从事，班主任应一开始就留给学生要求严格、一丝不苟的印象。

4. 处理好第一件意外事件

在教育实践中，意外事件的发生是常见不鲜的，班主任在处理第一件意外事件时，要表现出高度的教育机智，即要根据学生新的、特别是意外的情况，快速做出反应，及时采取措施，应力求留给学生沉着稳定、思维灵活、善于机智处事的印象。

5. 开好第一次班会

第一次班会给学生的印象是很深刻的，班主任要精心安排和组织，达到教育学生的目的，要表现出班主任较高的政治素养和组织才能，力求留给学生政治思想水平较高、组织管理能力强、工作有方法等良好印象。

班主任与学生频繁交往，留给学生的印象是多方面的，深刻认识班主任印象的重大教育作用，就会增强印象管理的自觉性，掌握教育的主动权。班主任善于印象管理，注意自己的形象塑造，留给学生良好的印象，不仅是提高班主任威信，提高教育质量所必须的，而且也是每个班主任在自身修养方面的基本要求。

## 班主任个人的课堂仪表

个人仪表从某种意义上讲是班主任身上的标签，学生据此可以推断老师是何种类型的人，特别是对于不太熟悉老师的学生来讲，更容易受此标签的影响。如果班主任有一个较好的仪表，则易获得学生的喜爱，相反，则易使学生产生一种拒绝接受对方的心理，降低教学内容的可信度。在此，班主任应注意。

在学生对班主任的了解认识过程中，"第一印象"起着重要的作用，特别是第一次上课时，班主任的衣着打扮，表情神态都会给学生留下深刻的记忆，学生对班主任的赞许或者是不满的议论，往往就是从这里开始的。

当班主任走进教室还未开口时，他(她)的仪表已经成为全班学生的注视中心。有的班主任却不以为然，认为现在都是开放的年代了，"衣着穿戴，各有所爱"，不必那么谨小慎微，于是穿着过分华丽甚至刺眼的奇装异服，举止轻率随便，一进教室就对学生形成了"新异刺激"，学生把注意力都集中在班主任奇特的衣着上。相反,有的班主任邋里邋遢、不修边幅,衣服上有饭粒或是扣错了扣子,也会给学生懒散拖沓之感,因而淡化和抑制了教学内容,影响了学生的学习情绪和教学效果。

一般地说,班主任的衣着打扮一要整洁,二要大方,要符合自己的职业要求和年龄特点,要色调和谐,肥瘦合体,款式大方,给人以稳重端庄、温文尔雅的感觉,这样就可以把一个美好有益的形象和行为信号输送给学生,以便在他们的脑海里塑造出一个完美良好的班主任形象。

**课堂中班主任的美**

班主任本来也是课堂结构形式的诸因素中的一个重要因素,但是由于它的构成的复杂性和相对的独立性,以及它的特殊的审美价值,故在此进行阐述。

*1. 形象美*

班主任的形象必须是美的,这是它在整个课堂教学这个大系统中的特殊地位所决定的,班主任不仅仅是创造主体,而且是创造对象,班主任在创造课堂艺术品的时候同时也创造了自身。当我们说班主任是创造主体的时候,那是指他的社会身份,是课堂之外的身份,而当班主任一登上讲台,开始授课行动的时候,他已经就不具有社会身份而成为他自己所创造的艺术品中的主人公了,成为整个课堂艺术的不可分割的一个重要组成部分。我们在这里所要研究探讨的班主任就是这种主人公意义的班主任。

也许有人对这种划分不以为然,认为是故弄玄虚。但是必须承认课堂外的班主任和课堂内的班主任是有很大的区别的。出现在讲台上的课堂艺术作品中的主人公是一个有高尚的情操、渊博的知识、优美的风采的完美的形象,是创作主体最高审美理想的反映。他作为课堂艺术美的核心,使整个课堂教学熠熠生辉。在讲台之外,这个班主任也许有许许多多的美德,也许有丰富的知识,但是,他生活在社会中,各种意识形态和小市民生活观念的影响,必然会在他的思想上打下烙印,并在他的行动上反映出来。我们可做这样一个假设,一个班主任把一些不可克服的缺陷带进课堂,比如在知识上被学生问得张口结舌、不知所云的时候,整个课堂的局面将是不堪设想的,于是课堂教学也就无美可言了。过去的关于班主任的"双重人格说",就很好地说明了班主任在课堂教学中生活真实与艺术真实的关系,向走向讲台的班主任提出了与讲台之外的不同要求,这是一个很值得重视的美学原则。虽然应该提倡班主任做到课堂内外的统一,但这只能作为一种努力的目标,而永远不可能完全弥合,只能尽可能缩小两者的差距。不承认这一点,就不是一个唯物主义者。

2. 庄严美

在此提出"庄严"这个新的美学范畴,是因为"崇高"和"优美"这两个美学范畴都无法对班主任的美进行描述。"庄严"是介乎"崇高"和"优美"之间的。其基本美感特征是"敬畏"与对"崇高"的"恐惧"区别开来)→"愉悦"。因而"庄严"既不如崇高"刚",也不像优美"柔"。课堂教学的创造主体和欣赏主体之间有一种特殊关系——教与学的关系。欲使这种关系不至于被破坏,创造主体对欣赏主体必须施行控制。一是消极控制,或者叫做行政控制,这是通过纪律、规章制度进行控制的方法;二是积极控制,或者叫做情感控制,这是通过老师的德行、学识风度和爱对学生的情感施加影响的方法。之所以把前者称之为"消极控制",是因为它首先是被动的,是在问题发生了和可能发生的前提下施行的。其次是压服而不是心悦诚服,只控制了行动而没有控制心灵,这些都是作为"人类灵魂的工程师"所不足取的。我们之所以把后者称之为"积极控制",是因为它与前者恰恰相反,是与"人类灵魂的工程师"这一称号相称的控制方法。要实现这种控制,就必须在学生的头脑中有对班主任的偶像感和亲密感,形成亲和力的情感交流,否则,这种控制就是无法实现的。鉴于这些,就决定了班主任的庄严的美感特征的必然性。

要具有庄严的美学特征,班主任必须具有优良的品德,具有成为学生行为的楷模的风范。班主任不要把有关个人利益的问题带进课堂,不要在学生的面前指责同事的低能、过失或者隐私,也不要在学生面前粉饰自己、吹牛撒谎。对待学生要谦和宽容,切忌为了个人恩怨报复打击学生,严厉要适可而止,不要过分苛求;对待学生还要平等公正,不要偏爱成绩好的学生或者放弃成绩差的学生,特别不要对后者流露出讨厌的情绪。如果和学生发生冲突,要沉着冷静,切忌冲动,不要大声吼叫,更不要动手动脚、争一时之长。任何一种过火行为都是缺乏修养的表现,是有损班主任形象的。教学中要有认真负责的精神,不能在课堂上敷衍塞责、草草了事。

我们知道,班主任的一项重要任务是向学生传授知识,班主任是打开学生智慧之门的导师,因此班主任在课堂上塑造自己具有渊博知识的形象是非常重要的,对于提高学生学习的积极性,鼓舞学生对前途对未来充满信心都有不可忽视的作用。长期做班主任的人都有这样的经验,一个在某一方面才能特别突出的班主任,他的学生也往往在那个方面兴趣最高,取得的成绩也最大。这一方面是得之于班主任的有效的传授,另一方面也是因为学生的信赖与崇拜。如果由此推理下去,一个全知全能的班主任形象会怎样地激发学生心灵,产生什么样的美感效应,那将是无法想象的。尽管一个班主任不可能全知全能,但是在他的教学和审美主体所能够涉及到的有限的知识圈里面必须做到全知全能。

3. 风度美

这虽然在课堂艺术中是占次要地位的,但却是它不可分割的一个组成部分。就像演员之于戏剧或电影一样,往往会起到意料不到的作用。班主任的风度包括三个方面:长相、服饰和言谈举止。班主任必须五官端正;其次是服饰必须庄重大方;再次是言谈举止必须优美自然,严谨而不局促,洒脱而不失度。就举止而言,动作要刚柔相济、快慢相宜、开合适度,切忌张皇失措、夸张和敷衍,要处理好动与静的比例关系,不要老站在讲台中央僵直不动,但也不要神经质地走来走去或手舞足蹈。就语言来讲,语言要清晰流畅、抑扬顿挫。干涩平淡的语言不能作为班主任的语言,说话慢一点对班主任来说是必要的。这不仅是要让学生听清楚,或便于记录,更重要的是慢中才能表现出韵味来。

4. 对学生的爱

上述三个方面,可以使班主任获得较高的审美价值,但是如果一个班主任缺乏对学生的爱,那么他的审美价值就是不完全的。班主任和学生之间,并不完全表现为艺术关系。班主任作为活生生的生命的艺术品,并不仅仅是作为精神的实体和学生进行交流,而是直接进入学生的现实生活,和他们保持着一定的生活关系,因此学生对班主任的审美活动也必须受这一定的生活关系的制约,即人与人的关系的制约,从而在纯粹的艺术审美活动之上更添一种复杂性。

生活中人与人之间的关系的美感,形成于二者之间的亲近以及在此基础上的相知。这种亲近和相知的现实表现就是信任、关心、支持,形成一种充满同志友爱的安定气氛。因此班主任还必须关心学生、爱护学生，信任他们，支持他们，成为他们的父辈、兄长和同志。否则，如果学生对你敬而远之甚至有惧怕之心，这种隔膜一定会削弱他对你的美感。

**班主任树立威信的几种错误做法**

重视自己在学生中的威信，可以说是班主任普遍具有的职业心理。可是，在现实生活当中，有些班主任为了树立自己的威信，常常采取一些错误的做法。其主要表现是：

*1. 讨好学生*

有些班主任对学生提出的要求，不考虑是否合理，总是"是是是""好好好"，一味地顺从迁就。他们以为以此可能赢得学生的好感，从而在学生中树立自己的威信。这种以无原则的迁就来讨好学生的做法，在某种意义上可以说是无能的表现，只能给工作带来不利的影响，而与威信无缘。

*2. 滥用职权*

有些班主任为了树立自己的威信，滥用职权，轻率地采取奖励或惩罚措施。为了一点小事，动辄发脾气、呵斥、处罚学生，甚至使用威胁的手段，恐吓学生，打骂学生。这种方法只能使学生对班主任表面服从，并不是从内心深处尊敬和信任，因而靠这种做法得来的不可能是威信。

*3. 贬人抬己*

个别班主任过分强调自己所教学科的重要性，有意贬低其他人教的学科。还有的班主任拿自己教学上的优点比别人的缺点，贬低别人的教学，若自己教学存在缺点，则说别人教学上也有问题。

*4. 保持距离*

有的班主任错误地认为："近则庸，疏则威"。因此，人为地与学生设置一定的距离，企图造成一种神秘感，以疏树威。这种做法会使学生失去了解班主任的机会，学生很难建立起对班主任的信赖感，当然也就谈不上树立威信。

*5. 搞形式主义*

有些班主任好做表面文章，好搞形式主义，不管教育实效，片面追求效果，只图获得表扬。这种做法即使一时获得了好名声，也只是虚名，和威信根本不能相提并论。

# 班主任的精神面貌

### 班主任精神面貌是从事教育事业的基础

"精神面貌"一词,我们平时经常用到,比如,某某人的精神面貌如何,某个集体的精神面貌如何等等。精神一般指内在的东西,而面貌又指精神的外部表现。班主任的精神面貌管理是学校对班主任的精神面貌进行规范、提高、控制的总称,是学校管理者为使班主任具有良好的精神面貌,为学生提供外在形象楷模,而有组织、有计划、有目的地对班主任精神面貌进行教育的过程。实际上就是指班主任的内在素质和这种素质的外在表现。因此班主任精神面貌管理便可以理解为:对班主任的内心世界及其外部行为表现的一种把握。它具体包括五个方面的内容:仪态端庄,稳重大方;谈吐文雅,富有情趣;严肃活泼,庄重亲切;风度优雅,举止从容;衣着朴素,整洁得体。

课堂教学熔语言、表演、造型等艺术手段于一炉,是一门综合的艺术。班主任的仪表风度将直接作用于学生,对学生产生深刻的影响。班主任的仪表端庄、稳重大方,可使学生产生信赖感;班主任的风度优雅、举止从容,可以使学生产生美好的印象;班主任富有情趣、谈吐文雅,可以取得学生的信赖和尊敬,并能净化学生的心灵;班主任严肃活泼、庄重亲切的作法,可以使学生尊重师长;班主任朴素大方、整洁得体的衣着,可以使学生作风朴实。总之,班主任的精神面貌方面直接影响着学生。

班主任精神面貌管理,既要有一定的规章制度,约束班主任的行为,使之能够切实得体,符合班主任的身份,又要灵活机动,允许多种风格和特色的存在,使得班主任的精神面貌焕然一新,从而培养出一代风华正茂、气度非凡的社会主义建设新人。

一个合格的班主任,应该具备一个良好的精神面貌,这是从事教育事业的基础。这种良好的精神面貌来源于班主任本人的道德品质、心理素质、知识水平。具体来说应该把握以下几个方面:

*1.* 应具备较高的马克思主义的理论水平和高尚的道德情操

班主任的工作是教书育人,培养祖国的接班人。这项工作关系到我国社会现代化建设事业的伟大前程。班主任需要认真学习马克思主义理论原理与方法,充分理解邓小平同志建设有中国特色社会主义的理论实质,做到热爱党,热爱社会主义,热爱人民,坚持正确的政治方向,坚持四项基本原则。只有这样才能培养学生有社会主义觉悟,使他们成为"四有"人才。同时,班主任要具备高尚的道德品质,要有团结同事和助人为乐的良好品德,养成文明的行为习惯。这样,才能使自己具备良好的精神面貌。

*2. 班主任应该具有渊博的知识和广泛的爱好以及多方面的才能*

班主任要具有扎实的基本功,要有扎实的基础知识和专业知识;要对教材有深入透彻的理解,把握好教材的实质。班主任应懂得教育学和心理学,这样才能根据教育学和心理学的基本原理(例如思维、记忆规律)进行有效的教育教学活动。同时,班主任还应不断充实自己,培养自己具有广泛的爱好,提高文化知识修养,做到多才多艺以适应不断发展的社会需要。

*3. 班主任要具备一定水平的表达能力,要培养自己的语言素质和良好的思维品质*

如果一个班主任上课时语言表达含糊不清,思维混乱,那么他的精神面貌又从何而谈呢? 不容置疑,班主任的语言素质和思维的正确性、清晰性、敏捷性直接关系到其教育教学效果。

综上所述,一个班主任的思想境界、知识修养、专业水平是其精神面貌的源泉;而班主任精神面貌的管理,就是对以上几点进行有效的改进和把握。

**班主任精神面貌的作用**

*1. 班主任精神面貌可以影响班主任威信的形成*

每个班主任都十分关心自己在学生心目中的地位,因为班主任的威信是提高教学质量的可靠保证。班主任威信的形成,一方面要靠良好的尊师重教的社会环境,另一方面,班主任还要具备崇高的思想境界,良好的道德品质,无私奉献的精神,渊博的知识,精湛的教育教学技艺,认真负责的工作态度,优雅的气质,潇洒的风度。作为威信形成的外在条件,气质、风度以及仪态、语言都是十分重要的。哪个学生不喜欢衣着朴素、仪态端庄的老师给自己上课呢?

在日常生活中,我们对班主任的内在素质强调得多一些。其实,在一

143

个班主任第一次与学生见面时,学生们首先注意的是这位班主任的外表。一个仪态端庄,稳重大方,自然洒脱的人,会给学生们留下一个正派、诚实、优雅的好印象。学生们从视觉上,就先认可了这位班主任,这对他威信的形成起到了非常好的作用。相反,对那些衣着不整,精神不振或是衣饰华丽,举止随便的班主任,学生们是不会对他留下什么好印象的。像这样的老师将来想在学生中树立一点威信,是要费一番功夫的,因为学生在见他第一面的时候,就已经把他否定了。另外,班主任的语言在其威信形成的过程中,也起着十分重要的作用。班主任在讲课讲话时,能做到客观、耐心、诚恳、热情,这是学生们比较喜欢的,慢慢地班主任的威信也就逐渐地树立了起来,学生们也很信服他。如果班主任讲话不顾一切,不考虑学生的心理与客观实际,那么学生是不会愿意听的。

比如,有两个班的班主任,在考试前都向学生们说了一些考试不要作弊之类的话,第一位班主任是这样说的:"考试是对一个同学日常学习的检验,考好了说明你以前学的还不错,需要继续努力;考不好,说明你的学习有漏洞,不要认为这是丢面子的事,谁都有错的时候,老师和同学们都会帮助你的,只要补上了,就是好样的。我不同意考试作弊,因为作弊会使你失去检验你学习成功与否的机会,更失去了使你弥补学习漏洞的信息。同时你也会失去老师和同学们对你的信任,自己欺骗自己,最终是没有好结果的"。另一个班主任是这样说的:"考试就是考试,不许作弊,学校规定,凡是考试作弊的学生一律严惩,无论是谁,只要被我抓到,一律送教务处处理。我还要请家长……"学生会喜欢哪位班主任呢? 毫无疑问,学生喜欢第一位班主任。道理很简单,因为第一位老师的话语重心长,在情在理,令人信服。

班主任的威信是要经过其本人的努力才能逐步树立起来。有威信的班主任在学生中享有很高的威望和声誉,他的意见特别受学生的重视,他的教导、劝告,学生们十分乐意地接受并且执行。他的一言一行,被学生们当作学习的榜样。学生会反映说:"我们就爱听某某老师的课。"我们曾经做过一个调查,找来一些学生,询问对他们心中有威信的班主任的感觉。有的学生回答:"我们觉得某某班主任特别风趣,我特别喜欢听他说话。"有的学生说:"某某班主任十分善解人意,他做的事都是出于爱护我们,关心我们。"

　　可见,班主任精神面貌的管理时时刻刻都对班主任的威信起着作用,影响着班主任威信的形成。

　　班主任只有具备高尚的道德,崇高的理想,勤勤恳恳的工作态度,才能做到以身作则,处处起到表率作用。班主任只有具备较高的业务水平和教学能力,课讲得精彩,才能引起学生学习的兴趣。

　　另外,班主任的仪表、风度也对威信的形成有一定影响。许多小学生、中学生往往是从十分细小的地方注意班主任、评价班主任的。他们喜欢仪表端庄、衣着整洁得体、朴实大方的班主任。

　　再有,关心学生,体谅学生的班主任,会受到学生们的爱戴。他们热爱学生,和他们交流思想,公平合理地对待每一个学生,尤其是关心学习不好的差生。这样的班主任在学生中就会逐步树立起威信。

　　2. 班主任精神面貌可以对学生精神面貌起示范作用

　　我们已经谈过,对于一个有威信的班主任,他的举止会成为学生学习的榜样。这就从一定意义上说明:班主任的精神面貌可以对学生精神面貌起示范作用。我们都知道,班主任是教育的主体,他的一举一动自然对学生学习活动产生着影响。学生时代,正是一个人的世界观、品质、性格形成、发展的阶段。在这个时期内,学生的可塑性、模仿性很强。班主任的作风习惯,甚至一言一行、举手投足都会在学生们的心底留下影子,对他们的心灵世界起着无声无息的作用,正可谓"随风潜入夜,润物细无声"。这种耳濡目染、悄然无声的影响作用,比班主任长篇大套的讲演效果还要大。在不知不觉中,班主任的道德水平、思想境界,传输给了学生,慢慢地学生看待社会问题的方法、立场也就趋同于班主任了。这表明,学生也会时时刻刻模仿班主任身上不可取的东西。这是很可怕的。人无完人,每个人都或多或少地有着这样或那样的缺点,这就需要班主任时时刻刻反省自己。比如,在课堂上,批评了一个同学,下课之后回到办公室,一定要反思一下,批评的言语是否妥当,批评得是否对。如果觉得自己言语过于武断,就应该找个机会表明自己的歉意,学生们也会谅解你的。在学校,常常有偏向学习好的同学的倾向。一些班主任在班里处事,总不"一碗水端平"。在这样的班主任眼里,好学生和坏学生如同白天鹅与丑小鸭。两个学生都犯了错误,他总是照顾学习好的那一方,放纵那些学习好而又经常犯错误的同学。结果使得班集体中失去了是非标准,正气树立

145

不起来,班里出现两极分化,学习差的同学对自己的一切都失去希望,堕入自卑与消沉之中不能自拔。这就是班主任不正确的是非标准影响了整个班集体,使每一个学生的心目中失去了衡量对与错的尺度,班主任对学生的爱变成了畸形的爱,这必然会对学生人生观的形成造成不利的影响。

# 班主任精神面貌管理的内容

我们认为,班主任精神面貌管理应包括以下几个方面的内容:

**衣着朴素、整洁得体**

衣着朴素,就是指班主任的服装不要过于臃肿,身上其他的装饰品不要过于艳丽。班主任在着装上要求不赶时髦、不能穿奇装异服。班主任是知识、教养、道德的化身,如果他穿上过于浓艳新奇的衣服来上课,那么不仅会使学生忘掉班主任所具有的丰富、充实的内在素质,而且还会使学生在上课时,过多注意班主任的衣服,从而分散学生们的注意力,降低了课堂教学的质量。整洁得体,就是指班主任穿的衣服要干干净净,不能又是尘土又是油渍;衣服要适合班主任的身材;服装要与身体得当合体,不能太大或太小。

说到衣着,其实它包括很多方面,如衣、裤、鞋、袜、帽、围巾、领带,以至胸花、胸针、项链等等。这些穿着必需品或是装饰品,如果搭配合理,对班主任教学能起到很好的衬托作用。

中国有句俗话:"人配衣服马配鞍",某些歌星、影星,其本人相貌平平,但只要一经过"包装",立刻就显得光彩照人,潇洒异常。前苏联电视剧《办公室里的故事》,女局长柳德米拉,最初的穿着和发式给人一种老气横秋的感觉,但影片的结尾她穿上漂亮的裙子,重新梳理了头发,使得这位局长简直像换了一个人,年轻了几十岁,使得观众也为之一振。郭沫若先生曾说:"衣裳是文化的表征,衣裳是思想的形象。"班主任是知识、教养的化身,穿着得当,使内在的学识、修养与外在的衣帽服饰合谐统一,就会有利于传播科学文化知识,又会有利于"教书育人"的工作宗旨。如果班主任的穿着过于华丽、时髦,就会在学生眼中成为商店里的衣服架子,丧失班主任在学生心目中崇高的地位。

那么,穿着朴素,整洁得体要求班主任们做到哪几个方面呢?

*1.* 班主任的衣着服装要适合于场合

服装是门艺术,它除了遮体、御寒外,还是一种艺术的再创造,能使人体显得更完美、更动人。穿着服装,本身就意味着美的追求与享受。着装穿衣赶时髦,本来是无可厚非的。谁不希望自己更年轻更漂亮更潇洒更可爱呢?在这些人中也包括班主任。现在国家搞对外开放,班主任的穿着也明显地起了变化,这是件好事。可班主任在工作时,也要考虑自己工作对服装的要求。假如在课堂上,老师打扮得花枝招展来给学生上课,其教学是不可想象的。有不少班主任以为国外的服装穿着是很自由的,其实不然。在国外,学校以及办公地点,着装都有严格的规定:裙子过短,开衩过大,上衣过紧,领口过低,面料过透,花色过艳,装饰过多,款式过奇,暴露过甚的,都不准在上班时穿着。因此,班主任一定要考虑穿着的场合。在家里,在业余时间,穿着可自由随便一些。但是在学校,班主任的穿衣一定要考虑教育对象,要考虑他们的年龄以及教育要求。小学班主任穿的衣服要线条明快、色彩可以艳丽一些,这样有利于启迪孩子们爱美的天性。

中学班主任的衣服颜色就要略趋于稳重了。这样对于培养中学生沉着思考的品质有一定的好处。

*2.* 衣着要适合于自己的体形

俗话说:量体裁衣。身体胖一点的班主任就应穿宽大一点的衣服。颜色不能太浅。相反,身材偏瘦的班主任,要穿浅色的衣服。就面部而言,颈短头大的人宜穿"V"字大开口翻领的上衣,借敞开的领口使头、颈部显得长些;反过来,颈部较长的人宜穿高领、筒领及翻领类上衣以增加颈部粗状度、协调头颈比例。目前,佩带首饰之风的盛行,班主任也有戴上了项链、戒指等的装饰品。佩带金银饰物的时候,班主任应注意,饰物不过大或过多,以免显得过于庸俗,分散学生的注意力。

*3.* 着装要适合性格

班主任的衣着色调的选择应该考虑自己的性格,使衣服的冷、暖与性格的刚、柔相协调。在人们审美通感的作用下,各处颜色都富于感情色彩:红色令人感到热烈、兴奋,橙色令人热情、快乐,黄色令人明朗、活跃,紫色使人华丽、高贵,黑色使人高雅、肃穆,白色令人纯洁、质朴等。班主任的性格各异,因此就可以根据自己的性格适当的选取服装面料。

4. 班主任的服装要适合年龄

班主任的衣着和款式以及色调应与自己的年龄相协调。青年班主任活泼、有朝气,中年班主任年富力强,老年班主任干练稳重、精神矍铄。一般说来,青年班主任的服装应趋于线条明快、色彩鲜艳,这样反映社会时代特色强一些。如果青年人的衣服颜色过于暗淡,款式过于陈旧,会给人一种缺乏朝气、缺乏活力的感觉。中老年班主任的服装应该稳重一些,充分体现他们的经验丰富,沉着干练,见多识广。如果他们的服装过于时髦,过于追求"老来俏",就会失去朴实大方的美,使人看了不自然。

5. 班主任的服装要适合教育对象

班主任的衣着应考虑教育对象的年龄特征及教育要求。小学低年级班主任和幼儿班的班主任,在衣着上应该款式线条明快,色彩鲜艳点,这样有利于启迪儿童爱美的天性;中学班主任衣着色彩则不易太鲜艳,这样有利于培养学生深思熟虑的性格。

总之,班主任的衣着是一门学问也是一门艺术,对教育和教学起着不容忽视的作用。每一位班主任的衣着都应该朴实大方、整洁得体,体现出其高雅的情趣,丰富的涵养,给学生以美的熏陶和启迪。

**仪态端庄、稳重大方**

这是班主任精神面貌管理的最基本内容。所谓仪态是指一个人的仪容和姿态。仪态端庄,稳重大方是指班主任的仪容和姿态端正、庄重、自然而不失分寸。一个国家有一个国家的领袖,一个集体有一个集体的核心。不管什么样的组织,在从事一项集体活动时,都应该有一个带头人,上课更不例外。班主仟是教育的主体这是毫无疑问的。早在两千多年前,荀子就曾把教师与苍天、大地、君王、父母相提并论。班主任的任务是"传道、授业、解惑"。于是他就应该有一种踏踏实实、不急不躁的精神。同时,班主任又是课堂上权威的主要体现者。因此就更需要班主任有安详庄严的外表,笃实开阔的心胸。

仪态端庄,稳重大方,可以使学生对班主任产生信赖感,有利于班主任威信的形成。端庄的仪容、稳重而大方的姿态,既是社会安定、进步、文明的标志,也是个人有修养的标志。在号称"礼仪之邦"的我国,历来讲究"站有站相,坐有坐相"。班主任作为知识和智慧的象征,作为人类文明的使者,应该首先做到仪态端庄、稳重大方。一个符合这一规定要求的班主任来传授知识、启迪智慧,学生自然会对班主任产生信赖感。反之,如果一个班主任不注意自己的仪态,即使服饰再美,也会黯然失色。因为暗淡的目光,憔悴的面容,过早的驼背……会使学生感到班主任怯懦和畏缩,是没有什么威信可言的。

班主任端庄而稳重的仪态,是学生仿效的榜样。身教重于言教,稳重端庄的仪态给学生以好的影响,还有助于学生克服自己长期形成的仪容不整、姿态随便等习惯。有的学生自制力差,学习一种好的习惯固然不容易,克服一种不好的习惯则更困难。还不仅需要班主任一而再,再而三地强调、号召,更需要班主任身体力行,作出示范。班主任过分做作,粉饰自己仪容,或过于轻浮,流于滑稽的姿态习惯,都会对学生的心灵以至外表产生不良的影响。

站在讲台上,手拿粉笔,面对几十双天真纯朴的眼睛,班主任的任务就是要通过自己的讲授,使这几十双眼睛逐渐闪现出聪颖的目光来。班主任的形象一向被人们认为是端庄稳重的。这里涉及到一个"角色"的概念。角色就是个体在特定的社会关系中的身份以及由此而规定的行为规范和行为模式的总和。

1. 班主任的角色

在课堂上,班主任充当什么角色呢?

(1)班主任是知识的权威者。班主任具有的知识应比教给学生的知识更加深入,更加广博,这才能教好学生,教会学生。有人曾说:"要教给学生一杯水,班主任先要有一桶水。"这话十分有道理。班主任不仅要把知识系统、清晰地传播给学生,更重要的是,他还要回答学生提出的各种各样的问题。这时班主任必须要体现出他是知识的权威者;学生们把老师当做一个知识宝库或一部活的教科书。班主任在课堂上回答学生提出的问题时,应该严肃认真;对于一些爱钻牛角尖的学生,要心平气和,耐心讲解,不失班主任端庄的外表。绝不能受学生情绪的感染,忘记了自己是班主任,而和学生在课堂上争个"脸红脖子粗"。这样会降低班主任的知识权威者的地位,更严重的是影响教学效果,使学生上了一堂课,对所学的知识半信半疑,没有定论。

(2)班主任是集体的领导者。班主任是班级的一家之主,不管他与学生的关系如何,也不管这个班集体的学生如何放纵自由,班主任毕竟是这个班有权威的领导者,绝不能把自己完全与学生等同起来。尽管每个班里都有班长,都有一些班委会的干部,但是班主任必须要承担领导这个班集体的重任。他组织班干部开会,商议班里的活动,要结合课堂教学和学生的思想情况,开设一些有益的活动来加强对学生课外的学习,丰富学生们的课余生活,正确引导学生们的思想倾向。班主任的领导地位决定了班主任的仪表。班主任的责任,不容得班主任漫不经心、散散漫漫。有的年轻班主任总以为自己和学生交了朋友,同学们就会对他言听计从,从此工作便好开展了。但他们恰恰错了。错就错在班主任就是班主任,他绝不是学生。班主任和学生一起进行体育活动,一起吃饭,一起上自习,这样做是无可厚非的。可是如果班主任自己心目中和学生没有什么两样,甚至上课也十分"民主",弄得上课像是开讨论会,课堂秩序很差,学生有的在看课外书,有的在聊天,这就严重影响了教学效果,适得其反。因此,我们说:"干什么就要像干什么的样"。班主任应该庄重、踏实、沉稳,不失领导者的风范。

(3)家长的化身。班主任工作的特点决定了班主任不能和其他职业人员一样,他要经常来扮演家长的角色。因为在班集体里,班主任是一家之主。这个工作特点决定了他的仪表应该具有大方稳重的特点,对于如自己孩子一样的学生们,做到大度容忍、热情体贴。

2. 班主任如何做到仪态端庄,稳重大方

那么班主任怎样才能做到仪态端庄,稳重大方呢?

(1)仪态美。这里主要谈谈班主任的发型。发型与脸型的关系是很密切的。左右横宽的脸型,适合高耸式的发型,并使两侧头发收拢并盖住耳前的一部分面颊。这样可以削减脸的横向宽度。长形脸可留出齐眉的刘海,以便使脸减短,此外两侧头发应稍显蓬松。这种脸型不宜在头顶束发,因为高耸式的发型会将脸拉得更长。方形脸应使头发呈斜垂下,以遮盖前额两边的棱角,对于这种脸型的女班主任来说,还可以将头发盖住耳朵,自然垂下,发尖稍可向上弯曲。这样可以遮掩脸下部的棱角。"瓜子脸"的脸型,头发应尽量"上紧下松",脸上部的头发要紧束,不要蓬松,耳朵以下的头发应疏散展开,另外,前额部位的头发最好呈斜线垂向一边可以减弱前额的宽度。"鸭蛋"型脸,在发式的选择上可以自由一些。

再有,还应注意发型与脸型的侧面效果。对于鼻梁高而后脑隆起的女士,最好不要在后脑梳出发髻,因为这样会使头部拉长,应当梳一些如披肩长发,或是下垂的发辫比较好。如果留短发,一定要将后脑的头发削薄一些。相反,对于鼻梁低而后脑平直的女士,披肩长发就不合适了,梳发髻效果较好。前额突出的人,应削减前额的头发,以缓和前额的隆起感。前额后收的人,应将刘海留得厚一些。

另外,发式的选择也要看身材。个子高的班主任,不要把头发梳得太高,女士不要梳过高的发髻,而应当使头发自然下垂。个子矮的班主任可以把头发梳高一些,以弥补身高的不足。

下面谈谈眼睛。目光是最能流露灵魂的器官,班主任的目光应该明亮有神,充满着挚爱和期待,而不应该是黯然失色,也不应该是含有厌恶和敌意。学生非常重视来自班主任的目光反馈。班主任的目光不仅可以显示出自己个性的某些方面,而且也把自己对学生的态度、感情传递给了他们,学生从中体验到温暖、鼓舞,或是领略到冷漠厌弃。

(2)形体美。班主任应当具备健美的体形,健壮的体魄。

作为男性班主任,他的形体主要看全身各部位的比例是否匀称、协调、和谐,整个身体以及主要肌肉群是否具有曲线。一般来说,男子的身材比女子高大,其肩膀部宽而厚,上肢结实有力,髋部较窄,下肢较长,体现出男子特有的粗犷而棱角分明。男性的骨盆窄于肩宽,呈"倒三角形"的体形,这也是男子形体美的一个特点。对于男性美而言,男子上、下肢的肌肉发达程度,要求匀称和谐,这样才能保持形体健壮而又体态优美。

女性班主任肩窄髋宽、皮下脂肪丰富,整个躯体的曲线柔和圆润,似水一般流畅,这就形成了女子躯干细腻而富有曲线变化的体态美。女子的脖颈纤细,前胸突出富有弹性,再加上腰肢较细,臀部也较丰满,这样从上到下显示出多处曲线,给人以苗条和温柔娴静的感觉。

作为班主任应当主动地进行体育锻炼,为了使自己拥有健美的体形,可以参加一些健美运动班,坚持定期训练。这样,一方面有利于身体健康,以便更好地工作;另一方面也有利于身体的各个部位趋于匀称、和谐,增加身体的美感。

(3)姿态美。有的专家认为,站丁字步最适合班主任,以两腿不靠在一起为宜。为了使静止的姿态优美、舒适,两条腿前后交叉的距离不应超过一只脚的长度,否则,就会显得没精神、不灵活。两脚错开后,不能把人体的重量平均放在两只脚上。无论多么短暂的时刻,都要把主要重量平均放在一只脚上,用另一只脚保持身体的平衡,防止左右摇摆,承重的那条腿要保持直立,除非在特殊需要倾斜的姿态时例外,这样会给人以稳重又自然的美感。班主任在讲台上不可能也不应该在一个地方一直站着,可以来回走动,但这也要与站姿相结合,走动太频繁会影响教学的效果。班主任的手要随着课的内容作一些手势。要注意的是,手势的动作不宜过大,不要像舞台上演戏一样。同时注意不要做作,要手势清楚,自然大方,意义明确,点到为止。

我国自古就很重视人的姿态美,所谓"站如松,坐如钟,行如风,卧如弓",就是古人对姿态美的要求。现在一般人们较注意追求自己形体的美,却忽视了姿态、动作的美。其实,与形体美相比,人的各种姿态、动作美更重要。端庄、稳重、大方的姿态,敏捷准确的动作,不仅本身就是一种美,而且可以弥补形体上的某些缺陷,也有助于身体健康。

总之,仪态端庄、稳重大方,这是班主任精神面貌管理中应注意的最基本内容。引导班主任做到这一点,有助于帮助班主任创造一个良好的知识传递的主观环境。

### 谈吐文雅、富有情趣

我国古代的《礼记·仪礼》中曾指出:"言语之美,穆穆皇皇。"说明我国古代就提倡说话要尊重对方,谈吐要文雅,态度要和气,这是处理一般人与人之间关系上的要求。对于班主任来说,更要注意语言美。语言是班主任用以教育学生不可缺少的工具,而如何使用这个工具,直接关系到教育的效果。文雅而富有情趣的谈吐,不仅能取得学生的信任和尊敬,增强班主任的教育影响力,而且有利于净化学生的心灵。很难设想一个在粗俗、骄横的语言环境中学习的学生,会养成文雅、谦恭的谈吐习惯,文明礼貌的风度。

风趣幽默而富有感情的谈吐,还能调节环境气氛,缩短师生间的距离。一本正经的言语固然可以使班主任显得庄重,但这种严肃有余,活泼不足的气氛往往使学生产生一种压抑感,会增大师生间的距离。而文雅风趣的谈吐,会"以声传情,以音动心"给学生一种亲切感。有时候,一个尴尬的局面出现,班主任风趣幽默的谈吐,往往可以迅速缓解紧张气氛,沟通师生的心理,缩短师生之间的距离。

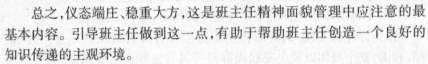

那么班主任怎样才算做到谈吐文雅、富有情趣呢?

*1. 学会使用文明礼貌语言*

礼貌是指说话要尊重对方的人格,使用美好的语言来协调人与人之间的关系。当学生犯了错误时,班主任也要注意使用礼貌语言,即使经教育学生还不听,仍要注意语言的礼貌性,可以说:"请你冷静地回去想一想,想通了再来。"班主任学会使用礼貌的语言,这对于协调师生关系,提高教育效果都有很大好处。

礼貌语言的核心问题在于尊重对方。一个爱学生、尊重学生的班主任,遇事自然会进入学生的"角色",多从学生的角度去考虑问题,时刻想到学生也是一个人,他们还在成长中,还不成熟。这样的班主任谈吐自然会文明而不粗俗。如果班主任不尊重学生的人格,尽管有时候动机是好的,但往往说出来的话过于尖刻,容易损伤学生的自尊心,引起学生的反感,产生对立情绪。比如,一位班主任敲着桌子大声训斥学生:"你知道当你损坏公物的时候,是在冒'坏水'吗?"批评学生不该损坏公物是对的,但班主任用了冒'坏水'这样尖酸刻薄的语言,学生能心服吗?

使用文明礼貌语言,就是要坚决摒弃一切刻薄地挖苦学生的语言。挖苦性的、不文明的语言不仅会污染学生的思想品德,还会伤害学生的心灵。

文明的谈吐,还常常需要班主任把话讲得委婉一些,也就是说,有时有些话不好或不便直说,但又要把某个意思表示出来,这时便可以换一种说法,这样既不妨碍语义,又不致遭人反感或显得不得体。比如,有位家长到学校了解孩子的情况,班主任老师本来是热情地接待的,谁知一上来就使家长产生了反感。班主任老师对学生家长说:"您的孩子有些笨,所以……"其实换个说法效果可能更好:"您的孩子和有的同学比较来看,不是很聪明的,所以……"前后两种说法,意思一样,但后一种说法让人听起来温和有礼貌,并且家长能够接受。

*2. 谈吐要讲求纯洁性*

文雅的谈吐,固然要注意语词修饰,但在选择词句时要以自然为好,过分转文,会使学生误解你是在卖弄;用词不当,反而会使学生贻笑大方。

讲求语言的纯洁性,首先,要改掉不健康的口头禅。有的班主任有一种不好的习惯,他们常常在谈话中插入一些毫无意义的口头禅,此起彼伏,接连不断,使学生有一种不胜负担之感。其次,不使用"切口"。切口又称之为"黑话",是社会黑暗面的一种反映。有些人由于受社会不正之风的影响,有时喜欢讲些切口,什么"有数"啦,什么"通通路子"啦,什么"吃这个的"啦等等。如果我们的班主任对此不以为意,也跟着讲那么几句,这样不仅令人感到粗俗,还会给学生造成一种错觉,似乎它们已成了大白话,甚至还会被当作是一种时髦,争相学说,使之在学生中四处蔓延,毒害学生。再次,不给学生起绰号。不管绰号是属褒义还是贬义,起绰号总是一件不严肃的事,特别师生关系是一种活泼而又严肃的关系,更不应该使用任何绰号,这既是对学生人格的不尊重,也降低了班主任自己应有的尊严;同时还会使师生关系流于庸俗,降低教育的严肃性和影响力。班主任给学生起绰号,也会导致学生给班主任起绰号,这无疑又会损害班主任的形象和威信。所以,班主任应成为正确使用祖国语言、捍卫祖国语言纯洁性的模范。

3. 班主任的语言要具有科学性

它要求班主任的语言要准确、精练、系统,具有逻辑性,发音要准,语调要准,用词要恰到好处,准确无误地表达思想与教学内容。班主任讲课时,要注意教材的内在联系,注意整体与部分的关系,一环扣一环,有层次,有条理,论证详细严密,材料观点统一,结论准确无误。语言要言简意赅,不要冗长繁乱。这是班主任的谈话文雅、富有情趣的最基本的要求,如果班主任做不到这一点,那么文雅与情趣也就无从谈起了。

4. 班主任的语言要注意规范与文明

规范指的是用普通话教学,普通话就是指以北京语音为标准音、以北方话为基础方言、以典范的现代白话作为语法规范的汉民族共同语。文明指的是班主任的语言要文明礼貌,符合社会的道德文明标准。

5. 语言的通俗化

"俗"有两种,一种是"庸俗",一种是"通俗"。俗话说"话需通俗方传运"。为什么人们总爱引用一些"俗话"?就是因为它不仅带有很强的哲理,且通俗易懂。不要认为班主任的谈话文雅就是满口"之乎者也",这就理解错了。班主任的谈话首先要确保学生听得懂,进而才能让学生感到文雅。通俗化并不等于"白、浅、土",不要把它认为不让班主任使用华丽的词藻,而是要班主任合理、适当地使用这些词汇。历史上许多英雄人物,许多人民领袖说的话给我们留下了十分宝贵的语言素材。他们的语言中也并不是没有过于华丽的"辞藻",但是我们会感到这些话十分通俗易懂。让我们来听听美国第一任总统华盛顿在《对部队的演讲》中的一段话:"敌人将炫耀武力,竭力恐吓,但是,别忘了,在许多场合,他们已被为数不多的勇敢的美国人所击败。他们的事业是邪恶的——他们的士兵也意识到了这一点,如果我们在他们开始进攻之时,就沉着坚定地予以反击,凭着我们有利的工事和熟悉地形,胜利必将属于我们。每一位优秀的士兵都将枕戈待旦——整装待命,一旦出击,必歼顽敌。"

### 6. 艺术性

艺术性相对于前面的几点是一个提高与飞跃的过程。就像在咖啡中加入咖啡伴侣一样,咖啡会变得香浓可口。使语言、谈话富于情趣,也体现在说话的艺术性上。

如何使班主任的语言具有艺术性? 如何使班主任的谈话文雅、富有情趣呢?

俗话说"人配衣服马配鞍"。人要打扮才能漂亮,语言要修辞才能精彩。语言经过润饰之后,学生不仅爱听,而且又容易理解和接受,这岂不两全其美如果因此,修辞在班主任讲课谈话中是一个重要的技巧。比如修辞中的比喻。这是班主任最常用的方法。它能把抽象的东西变得具体而且形象;使深奥的知识变得通俗易懂。很多讲话一经运用比喻,立刻增辉,使得班主任的语言变得妙趣横生,幽默风趣。例如这样的话:"没有非凡的精力便不可能成就为天才。既没有精力也没有工作能力的天才,不过是一个透明的肥皂泡,或者是一张空头支票而已。"把幻想中的天才比喻为"肥皂泡"和"空头支票",既非常深刻地说明了这种天才的虚幻性,又使语言活泼俏皮,平添了不少妙趣。比起从头道来,具体论述,效果要好得多。使用比喻有一个基本原则,就是比喻的事物和被比喻的事物,即比体和喻体必须是可比的,有比喻的条件的。比喻虽然需要丰富的联系和想象,但是如果不具备可比的条件,即没有适当的"恰似点",比喻就会是盲目的。

除了比喻,班主任在谈话中还可以利用修辞中的其他技巧,比如引证。所谓引证,就是在说话时引用别人的欢点、语句等来证明或强化自己的意思,使所讲的内容更加清楚、明白、正确。在平常说话、班主任讲课时,如果准确、恰当地引用一些名人的言论或普通流行的观点、传说以及典故、格言、

谚语、成语等,会使所讲的内容更加清楚明白,多姿多彩,令人信服。例如一位班主任对学生讲述思考的过程,这样说道:

"每个人都会遇到难解的问题,这些问题使你百思不得其解。你吃饭在想,走路在想,睡觉在想,但始终没有结果。真是'上穷碧落下黄泉,两处茫茫皆不见'。这时,请先停止思考,干一些其他的事情,比如浇浇花,干干家务活。也许当你拿起水壶正要浇花的时候,灵感突然来了。你日夜苦思的问题终于找到突破口,按思路解下去,难题就被攻下来了,真好比是'忽如一夜春风来,千树万树梨花开'……"

在这个例子中,这位班主任利用了两句古诗,十分成功地表现出遇到难题和攻下难题时的两种不同心境,使这段话变得文彩飞扬、言简意赅。

要做到谈话文雅,一个重要的方面就是要注意语言要脱俗。一些污秽谩骂、庸俗低级的话语在班主任的语言中应是被杜绝的。比如,有的几何老师把"三角形"比喻为"三角裤衩",还有老师讲生物课时提到 DNA 一对一对时,举例说:"DNA 要一对一对的,不能单独的一个,就像找对象,光有一个男孩或光有一个女孩行吗?"这种比喻虽然一听就懂,但内容很是庸俗低级,这样的教学只能会误人子弟,有损班主任的形象,对于学生身心健康也是很不好的。

教学之中,要求班主任要寓教于乐。因为学生听讲时间长了,会感到疲劳,出现打哈欠、睡觉、小声说话、看其他书籍等行为。这样反过来又会影响班主任的情绪。这时,就需要有过硬的功夫,把思想开小差的学生拉回来。利用幽默风趣的例子,或者旁征博引,或者比喻夸张,给自己枯燥无味的教学内容增加些调味料,使学生在欢乐的气氛中学习知识。这是一个优秀班主任应该做到的。

这里要说明一点,我们提倡寓风趣幽默于教学之中,并不是不分场合、不分内容。如果不分教学内容、不分教学场合而一味以挑逗学生发笑为目的,那不但不是幽默,而是十足的滑稽与无聊。

一个善于语言的班主任,谈吐应当风趣,而又意味深长。法国著名讲演学家海因兹·雷曼麦说:"用幽默的方式说出严肃的真理,比直截了当地提出更能为人接受。"

那么如何才能使我们的谈吐具有幽默感呢?

(1)含蓄委婉。我们不必许多话都直说,可以把本意隐含起来,话有中话,制造一点弦外有音,这样会产生一种耐人寻味、幽默风趣的效果。比如,某青年拿乐曲手稿去见著名作曲家罗西尼,并当场演奏,罗西尼边听边脱帽。青年问:"是不是这里太热了?"罗西尼回答道:"不,我有一个见到熟人就脱帽的习惯。在你的曲子里,我碰到的熟人太多了,不得不频频脱帽啊……"罗西尼用幽默的方式道出了他抄袭别人作品的问题,话语含蓄,一针见血。

(2)归谬法。先假设对方的观点正确,然后合乎逻辑地推出一个荒唐可笑的结论来,欲擒故纵,亦有强烈的幽默效果。

(3)借题发挥。巧妙地借用别人的某一话题,引申发挥,出人意料地表述自己的某种想法。例如上自习时,聊天说话的同学很多,一只麻雀突然落在窗台上,同学更加议论起来,一片哗然,麻雀飞走了,班里还是议论纷纷。恰好班主任来了,他见此情景,借题发挥:"班里好热闹,你们看麻雀都被吓跑了。"这里班主任并没有严厉地训斥学生,而是利用看似有些开玩笑地话语制止了班里的喧哗声。借题发挥在这里起到了很好的效果。

(4)使用歇后语。有的歇后语本身就具有幽默感,恰当地使用歇后语,可以使自己的语言幽默诙谐。有的班主任在课上说:"这个问题我已经讲了好几遍,班里绝大多数的同学都明白了,但还有的同学出错,真是'蛤蟆跳井——不懂'('扑通')"就很形象。

(5)借用双关的手法。很多著名演说家在双关手段的借用上给我们树立了榜样。曾经创建了罕见业绩的美国总统林肯,容貌很难看,他自己也知道这一点。一次,他与其政敌辩论,对方说他两面派,林肯回答道:"现在请听众来评看,要是我有另一副面孔的话,你以为我会戴这副面孔吗?"这一机智风趣的回答,巧妙地反驳了政敌,赢得了人们的喝彩。

(6)借用借代的手法,也可以使谈吐风趣幽默。一位男青年星期天与其未婚妻及她的母亲一同去公园划船。老太太忽发奇想,问未来的女婿:"假如我和我的女儿同时落水,你先救谁呢?"男青年答道:"我当然是先救出未来的妈妈。"结果母女二人都满意而笑。因为"未来的妈妈"是可以随意理解的,老太太对男青年来讲是未来的妈妈,未婚妻结婚以后也将做妈妈,这一幽默的回答使母女二人皆大欢喜。

(7)讽喻的手法,在风趣幽默中说明道理。亦可以在谈吐中穿插少许妙语和笑话,可以使学生在欢快中受到启迪教育。但是,也应当注意下列两点:第一,幽默要得体、高尚,不能流于粗俗、低级趣味。那些反映小市民气息的以男女关系为题的玩笑、那些以人的生理特征或缺陷为题的玩笑等等,都是不健康的,它不但不能表现自己的风趣和幽默,反而说明了自己的轻薄与无聊,要知道:幽默是与人为善的、友好的,而不是讽刺和挖苦。第二,幽默要分对象、场合、环境气氛,要有分寸。同一个幽默,对甲说效果很好,对乙说则可能引起不快;在此地说皆大欢喜,在彼地说就会令人不快,这些都应注意到。

文雅而富有情趣的谈吐是与一个班主任强烈的事业心、渊博的知识以及高尚的道德修养分不开的。古人说:"慧于心而秀于言。"语言是思想的直接体现,一个热爱学生、思想纯洁、品德高尚的班主任表现在言语上,自然是说话和气,用词文雅,待人谦逊。而一个思想格调低下的班主任,则往往容易粗言秽语。思想极端贫乏的班主任,还喜欢借无稽之谈来消磨自己的时间,浪费别人的时间。因此,班主任要提高自己的语言修养,就必须热爱教育事业,提高文化和品德修养。

### 严肃活泼、庄严亲切

这是针对班主任的工作作风而言的。什么是工作作风? 工作作风就是一个人在其工作中所体现出来的思想与风格。使班主任具有这种工作作风,应引导班主任做到以下几点:

*1. 严肃*

一提到"严肃",我们可能会想到班主任紧锁双眉、冷峻的面容。其实"严肃"二字的意思是班主任在工作中勤勤恳恳、脚踏实地、认真负责。我们前面已经提到班主任工作的重要性,他的任务是造就新中国未来的接班人。因此,班主任对于工作的认真程度,与培养出的学生的质量有着直接的关系。毛泽东同志早就以"团结紧张、严肃活泼"来鞭策我们的思想与行为。在这一点上班主任还要再加上个"严"字。

班主任的工作不同于其他行业的工作。他的劳动对象是一个个活生生的人,要使他们本来一片空白的大脑中,装满丰富多彩的知识,使他们本来稚嫩天真的心灵,逐渐成熟与坚韧,没有班主任的一丝不苟是不行的。我们的老师们,他们大部分时间全都花在"认真"这两个字上了。俗话说:"十年成树,百年成人。"没有班主任的勤奋与认真,也就没有成才的人。

班主任工作作风的严肃性体现在许多方面。一方面,班主任要想提高教学质量,更深地挖掘教材,就必须不断地学习补充各种有关的知识。在现阶段,科学技术突飞猛进,不断有发明和创造,也不断有淘汰与废弃。作为一名班主任如果跟不上知识发展的速度,那么最终也摆脱不了教学失败的命运,因此,班主任要有危机感、紧迫感,要利用一切时间进行学习。要树立严肃认真的工作作风,刻苦勤奋地学习。另一方面,班主任的重要职责之一是向学生传授知识。对于传授知识,班主任绝对不能敷衍了事。学生从不会到会要有一个过程,因此班主任要有不厌其烦的精神。对于学生们的疑问、困惑,一定要耐心细致地回答。需要时,还要在课下"开小灶",进行辅导。对于学生的作业、考试答卷都要认真地批改,必要时要加一些批注,以便使学生明白自己的问题所在。

再有,班主任在教学当中还肩负着育人的责任,这需要班主任在工作中有踏踏实实、严格求实的精神。学生们的兴趣爱好、脾气秉性各不相同,班主任对学生的工作方法也要因地置宜、因人而异。北京四中的丁榕老师,在她接一个新生班的时候,第一项工作总是要和班里的每一个学生通信,了解他们的情况。新生入学后,虽然都是第一次见面,但她对每一个学生都有了大致的了解,在教育工作中抓住了主动权,而且她还经常家访,和学生家长一起完成培养学生的工作。可见,要想成为一名优秀合格的班主任,是不容易的,它要求班主任首先要做到的就是"认真"两字。

2. 活泼

班主任活泼直率,会给学生以开朗、有朝气的良好印象。活泼的对立面就是呆板、沉闷。学生最不喜欢的就是老气横秋的班主任,这也是学生们愿意让年轻教师作他们的班主任的一个原因。班主任的脸仿佛就是一张晴雨表,当过学生的人都会有这种体会。如果班主任天天总是板着面孔,一丝笑意也没有,那么班里的气氛也异常压抑,如果一旦班主任的脸上露出了笑容,那班里的空气也就跟着活跃起来,同学们的心情也会放松许多。

活泼的意思很广泛,并不仅仅指一个人爱说爱笑,还指这个人的思想、风格是否活泼。它要求班主任要有朴实直率、自然热情的品质,要有主动积极的工作精神。许多同学往往很想和班主任接近,想把其他人都不愿意说的心里话说给他听。但如果这个班主任天天沉闷死板,没有热情主动的工作作风,那学生又有谁和你倾诉衷肠呢?

班主任的工作作风会时刻影响着班集体、学生的作风。班主任老师要是热情开朗,那班里的学生也会受到感染而热情开朗起来。有一些学生毕业以后,对在母校的学习生活十分留恋。原因之一,就是因为他们的老师的工作作风,使得学生感到学校的生活有趣、生动、富有创造性。这样的生活,学生才会留恋;这样的生活,学生才会把它永远珍藏在记忆中。

3. 庄严

庄严的含义就是端庄、稳重、落落大方。班主任的庄严会赢得学生对班主任的尊敬。班主任的庄重,有很大程度上,决定于他的心理素质的高低。我们发现有些班主任,当他心中感到忧虑的时候,或者在工作中受到挫折的时候,也不会总保持着端庄、稳重的作风。如果这种不良情绪一旦表现在眉目之间,那就会对学生自尊心产生很大的影响。在心理学上,焦虑"是个体对当前或预计到对自尊心有潜在威胁的任何情境所具有的一种担忧反映倾向。"(邵瑞珍主编《学与教的心理学》,华东师范大学出版社,第371页)焦虑很多情况下对于教学效果有一定的抑制作用。班主任心情紧张易于激动,或固执、呆板,都会影响教学质量。挫折感"是指个体遭受阻碍后所引起的不愉快的情绪。"(邵瑞珍主编《学与教的心理学》,华东师范大学出版社,第373页)教学工作不会一帆风顺,大大小小的困难是会经常遇到的。有的班主任忍受不了失败挫折之后的烦乱心情,而把怒气、怨气都发泄到学生身上,或者从此对学生的学习、生活漠不关心,无动于衷。这样不仅使自己会丧失进取的精神,同时也挫伤了学生们的学习积极性。因此,每一位班主任都要善于控制自己的情绪,善于把这种不良情绪转化为推动自己奋发工作的动力。一方面,要对学生们采取容忍的态度;另一方面,自己要注意自己的言行,不要过分严厉与刻薄。要在日常生活工作中学习一些教育学、心理学的知识,把握住自己的工作情绪,使自己有宽容大度的胸怀和坚韧不拔的毅力。这是班主任能否一贯保持庄重作风的基础。

4. 亲切

说到"亲切",我们会联想到一系列的词汇,比如"平易近人""和蔼可亲""慈祥和善"等等。班主任亲切的工作作风,体现了班主任高尚的道德与情操。

班主任是做育人工作的。虽然我们古人有句老话，叫做"严师出高徒"，但是，人的工作是不能只靠一个"严"字就能做好的。对于当前的教育工作更是如此。改革开放以来，学生们的思想变化很快，在班集体中存在着思想不统一的问题，班主任的严格要求、严格约束，固然能起一定的作用，但是还有大部分的思想工作需要班主任倾注满腔的热情和爱去完成。我们会发现同样严格要求学生的两位班主任，一位只是一味的"严"字当头，另一位在教学和与学生接触当中，除了严格要求之外，还注意了态度亲切、性情和善，那么他们的教学效果将截然不同，后者必然胜过前者。

我们在前面已经说过，班主任的角色中有一点是家长的化身。班主任要像慈母那样亲切关怀每一位学生，不仅关心他们的学习，还要关心他们的生活、爱好、兴趣等各方面的情况。班主任应该用真诚体贴、和蔼可亲的作风去感染学生，使他们自觉地遵守纪律，自觉地努力学习。

另外，班主任还要注意，对学生的亲切热爱一定要一视同仁。在一个班里，由于每个学生的家庭环境不同、学习基础不同、习惯作风及思想品质不同，而出现参差不齐的现象。在这种情况下，班主任要注意发掘每个学生身上的积极因素。班主任的关心和爱护，对每个学生来说都应该是平等的，绝不能以学习成绩的好坏来决定对他们付出多少关心和多少爱护。

再有，班主任还要在学生面前表现出虚心、谦逊的作风。一个人考虑事情的时候，难免会有不全面、不周到的时候。比如集体在商议一件事情的时候，学生的想法班主任要仔细考虑，如果可行，就可以照学生说的去办；不要妄自武断，自己一个人说了算。还有，在讲解问题时，有时一道题可能有好几种解法，而班主任讲解时只用了其中的一种，对学生们的其他各种的解法，班主任要给予支持与鼓励，不要担心自己丢面子，有失尊严，而要想到这正是鼓励学生们努力思考的好机会。久而久之，学生们也会学到班主任的这种虚心精神。这样做，班主任不仅从知识上教育了学生，也从道德品质上教育了学生，实现教书育人的目的。

### 风度优雅、举止从容

风度，就是指人具有美好的举止与姿态。它要求班主任做到举止庄重潇洒、不卑不亢、从容大方。

周恩来同志可以说在风度优雅、举止从容方面,为我们树立了一个很好的榜样。他不论参加国际会议还是与人民群众在一起时,都不失落落大方的举止、从容不迫的风度,在他身上时时刻刻都体现着一股浩然的正气。因此,每一位班主任要想成为一名合格的教育工作者,就必须要注意自己的举止与姿态。学生虽然还是孩子,但他们的眼光却十分敏锐,老师只要有一点不适宜的动作,都会在他们的脑海里留下痕迹。班主任的举止将成为他们评价别人举止的一个参照标准。从这一点来说,班主任对自己的行为就更应该重视,尤其更应注意日常生活中许多十分细小的方面。

在风度举止方面班主任应该注意:

第一,班主任要有礼有信,才能得到学生的尊重与爱戴。班主任的工作对象是人,他们有思想,有头脑。班主任必须以礼待人,以信交人。这是教育教学能够顺利进行的前提条件。有的班主任,对待自己的学生,就像自己的孩子,同时又把他们当作知己与朋友。孩子们虽然有时调皮淘气,但是面对老师那充满信任与慈爱的目光,他们那善良的本性,被班主任的真情激发了出来。这才是教育的成功。真是所谓"爱人者,人恒爱之;敬人者,人恒敬之。"

班主任对学生也要讲礼貌。很多老师抱怨,学生见了他的面总是不理睬他。对此不能总怨学生,请这些班主任首先检查一下自己做得如何,再去抱怨别人也不迟。班主任和学生之间的礼貌是相互的,在某种意义上来说,班主任应先对学生表示礼貌才是。因为学生的道德修养参差不齐,他们来学校是为了受教育,班主任应该一方面教育他们讲礼貌、守纪律,另一方面自己先给他们树立一个良好的榜样。教育的成功是指学生自觉自愿地去做,而不是强迫他们去做。学生守则中的规定,只是一方面要求而已如果真要使每个学生做到学生守则中所规定的要求,需要班主任花费大量辛勤的劳动。比如,班主任和学生交谈话时热情大方等等。

除礼貌以外,班主任还要守信用。答应学生的事,无论大小,都一定做到。比如,搞活动,老师千万不要迟到;答应学生本学期安排什么内容的活动,最好要兑现。说了就要做,否则,就干脆不要轻易对学生有什么许诺,"空头支票"或者"打白条"都会给学生留下不好的印象,以后班主任说的话,学生就会半信半疑,那么还怎么教学生呢? 瑞士著名教育家裴斯泰洛齐在《与友人谈斯坦兹经验的信》中这样写到:"……第一件做的事,就是要赢得孩子们的信任和热情。假如做到了这一点,其余的一切问题也会随着解决了。"

第二,班主任的礼貌要有分寸,要做到恰到好处,起画龙点睛的作用。如果做的太多或说得太多,给学生一种婆婆妈妈零乱琐碎的感觉;做或说的太少,又给学生一种缺乏朝气、沉闷呆板之感。所以,班主任要善于观察周围的情况,把握行为与动作的时机,做要做到实处,说要说到点上。比如,在上自习课时,有个同学趴在桌子上,班主任看看他的脸色,然后摸摸他的额头,关切地询问几声,一般情况下,这样也就算恰到好处了。如果这位班主任对这个学生的身体不适无动于衷或是对这件事忙碌异常、惊动全班,又是询问又是亲自陪他去医院(除非这个学生的病十分严重),这样都不好。前者是没有尽到责任,后者又做得有点过头。什么事情都要有礼有节。才能起到最好的作用。

第三,不要揭露别人的隐私,因为在你侮辱他们时,你的信誉也将受到损失。班主任的一个大忌就是揭露学生的隐私或是小秘密(这些小秘密是正当的)。班主任一旦做了这种事情他就会至少丧失掉一半的"民心"。法律上有隐私权,别人无权干涉。孩子们因为年龄都不大,因此,很多班主任就并不把他们的个人小秘密当回事。这是不道德的,也是有失班主任风度的。

班主任在工作中,一般都会掌握一些学生的小秘密或是个人"小档案"。班主任了解了这些情况,做到心中有数,是件好事,因为这样可以有的放矢地解决班里的问题,更重要的是,可以因人而异地进行教育工作。班主任要善于从正常渠道得到这些信息,之后,再进行正确的公平的处理。

班主任要善于做一些"地下"工作。这些工作要让一般同学发现不了。这样才能既不影响班里正常的学习秩序,又能达到解决班里问题的目的。例如:班里一个男生和一个女生来往甚密。两人的学习起初还不错,慢慢地落到了班里的中下等。处理这样的问题,班主任所把握的原则就是秘密进行,不声张,要为两个人保守他们的秘密。中学生彼此喜欢对方,是因为他们随着生理发育的成熟,内心总想接近异性,这种亲近感是强烈的、新鲜的，但也是暂时的、模糊的。也许某个男生长得像刘德华，于是招来某个女孩的"爱慕"；也许有个学生家里与父母关系不好，在学校找一个异性朋友，消解一下自己孤独寂寞的繁乱心绪。班主任要明确中学生彼此喜欢对方，这种感情还是纯真的、健康的，还要弄清两个人为什么关系这样好，谁是主动的一方。有时候，解决这种问题，不必要找两人同时来，只要和主动的一方谈就可以了。根本不必采取双方请家长，或是全班点名批评等办法。班主任有时还会截获一些纸条或者所谓"情书"，对待这些东西一定慎重。班主任掌握了它，不要把它当作自己的资本，任意地炫耀或是把它们公布于众，认为这是自己工作成功的表现。其实，这正是我们进行教育工作的起点。

第四，不懂不要装懂，拥有一颗谦逊好学的心灵，这是班主任们应该做到的。在学生面前，班主任绝对不是无知的人。但在知识面前，谁也撒谎不得。班主任也不是什么都懂，什么都会。一个人的知识拥有量取决于个人的受教育情况、生活环境以及生活阅历等等因素。语文老师，他只教语文。除了语文，他可能拥有的知识量就相对少一些了。学生们总认为班主任就应该什么都懂，有的班主任也自认为在学生面前自己处处都是先生，当学生问了一个他不知道的问题时，有时不好意思说不知道，厚着脸皮与学生争一争，落得个没趣。所以，我们还是要劝劝有些班主任，对于自己不会的事情还是不要乱说为好。现在这个社会，知识不断在更新，只有不断地学习才能适应现代化社会发展的需要。在学校里，知识面广，个人修养高的老师必然会给人一种风度优雅的感觉。学生们也愿意请他们的老师来参加自己举办的活动。于是这些班主任也就越来越能受到学生们的尊敬和爱戴。

第五，"轻松与随和，奇妙的荣耀最为适合于一颗强健和大方的灵魂。"在这个世界上，有的人活得很轻松，有些人活得很累。班主任也包括在其中。虽然教学任务重，时间紧，甚至家里还有老人和小孩。但有些老师活得很轻松，因为这些人的心胸开阔、思想豁达，这是班主任拥有美好风度的一个心理基础。

学生们天真烂漫，忧虑不多，而班主任除了工作还有生活，都要他为之操心，自然不会像学生那样无忧无虑。但是心胸豁达会使你生活中三分之二的烦恼烟消云散；最大限度地摆脱焦虑的束缚，使你能永葆心灵上的青春和活力。班主任轻松的心境是良好教学的前提条件。

除了学生,班主任在学校里还要和同事密切合作。自己同样要做到轻松和随和。有的时候,因为对一个学生或一件事的看法不一致而争起来,这就要看班主任的风度如何了。班主任应该具有谦逊的品质,豁达开阔的胸怀,要有海纳百川的精神,这样才能被学生所尊敬,被同行所认可。

# 班主任精神面貌的管理方法

### 加强师德培养,以身作则

班主任美好的风度,举止来源于他有一颗高尚朴实的心灵。人的思想品德决定了他的仪表与风度。一个正直热情、光明磊落的人,其外表风度也自然就是端庄、沉稳、落落大方。班主任要想拥有一个美好的外在仪表,首先要加强班主任职业道德的修养。具体而言,就是要引导班主任:

*1. 忠诚于祖国的教育事业,为教育而献身*

一个班主任如果不热爱自己的本职工作,不愿意为培养后人献身,他也就不可能成为一名好的班主任。

我国正处在改革开放的新形式下,在这个改革的时期,教育是一切的基础,没有教育也就没有了现代化。只有通过教育才能提高全民族的科学文化和思想道德素质,培养出大批跨世纪的人才,为我国经济建设添砖加瓦。班主任要明确这一伟大的历史使命,要有使命感、紧迫感,要为国家奉献自己的一份力量,把自己的一生献给祖国的教育事业,献给孩子们,这也是班主任职业的光荣所在,值得学生和全社会尊重之所在。

*2. 热爱学生,诲人不倦*

这是班主任职业道德的基本原则,是班主任的神圣职责。如果对学生漠不关心、放任自流,培养不出合格的人才,也就没有尽到班主任的职责。热爱学生、诲人不倦,要求班主任要把自己的全部心血都贯注在学生身上,像慈母一样体贴关怀他们。要认真备课,教好课程,按照教学大纲的要求,系统全面地向学生传授知识,培养学生独立分析、理论联系实际的能力。在教学中,还要始终贯彻教书育人的宗旨,不仅教他们科学文化知识,还要教他们做人的道理,要做对社会有用的人。

热爱学生,要对学生们严格要求,同时还要贯彻"寓教于乐"的精神。

对学生的"毛病"、错误要及时指出,帮助他们改正错误。俗话说"严师出高徒"。人才是有规格的,班主任要按一定要求去培养他们。另一方面,班主任不要过于严厉,要认真选择教育方法,尽量使学生在心情愉快的同时学到知识,做到"寓教于乐"。

3. 以身作则,为人师表

班主任应该受过师范教育,那么师范两字的意思是什么呢?"德高为人师,身正为人范"。班主任只有严格要求自己,才能有培养下一代的权利。

班主任要做到具有高尚的道德品质。这就要求班主任要言行一致、表里如一、以身作则。在学校在学生面前,要给学生做好的榜样,在家里在校外,也要做到文明礼貌,助人为乐,尊老爱幼,遵纪守法。班主任还要做到正直诚实,心底无私。班主任的一举一动,都要能够作学生的表率。班主任对学生要一视同仁,没有丝毫的偏心与偏向,对于班中发生的事件,处理要公正。在生活中,班主任也要有正确的是非观,不能做"两面派",当着学生干一套,背地里又干另一套,这样做会失"民心"的。对学生要以诚相待,对他们的缺点错误要及时纠正,对自己的不足或是过失也要诚恳地进行自我批评。主动与学生交流思想,这样的以心换心、以情换情,是成为一个深受学生爱戴的好班主任的重要前提。

4. 谦逊好学,一丝不苟

班主任的工作是教学问也是做学问。不管是教还是做,都要有一种谦虚认真、严谨治学的精神。对于一个定义,解释一定要严密;一个算题,演算一定要准确。教学上的成功来源于实事求是,认真钻研的科学态度,如果一个班主任治学态度不严谨、粗枝大叶、敷衍了事,不仅完不成教学任务,而且这种治学态度也将在学生中产生极坏的影响。

除了严谨治学之外,班主任还要刻苦钻研专业知识和其他方面的科学文化知识。社会在发展,知识在更新,学生的思想也在不断地变化,班主任要想适应社会发展,培养一批又一批的合格建设者,就必须要努力学习。除了像外语、电脑等工具性的知识外,还要进一步学习教育学和心理学,对以往的教育方法进行革新和改造。庄子说:吾生也有涯,而知也无涯。学无止境,教育这门职业,只有在不断的学习中才能越干越好。

5. 班主任的精神面貌体现在班主任的衣着仪表上

班主任要注意个人卫生,头发、脸、手、指甲要保持干净,衣服不求总是新的,但要整洁得体。一个不修边幅的班主任,他的学问再大,总会给学生留下遗憾的记忆。班主任要加强师德修养这些"软件"的同时,还应注意自己的仪表这个"硬件"。只有软硬件配置合理,才能培养出德材兼备的学生来。

### 从小事做起,事事检点

班主任美好的风度、优雅的举止并不是一两天就能形成的,而是经过长期的自我严格要求,不断地加强师德修养,逐步地形成的。千万不要认为举止言谈是小事,学生们的眼睛往往注意的正是这些小事。于是班主任的"平常小事"也就是有了教育意义。马卡连柯说过:你们自身的行为是在教育上具有决定意义的。不要以为只有你们和儿童谈话的时候,或教导儿童、吩咐儿童的时候,才执行教育儿童的工作。在你们生活的每一瞬间,都教育着儿童……你们怎样穿衣服,怎样跟别人谈话,怎样谈论其他的人,你们怎样欢欣和不快,怎样对待朋友和仇敌,怎样笑,怎样读报……所有这些,对儿童都有很大的意义。你们的态度神色上的少许变化,儿童都能看到和感受到。你们思想上的一切转变,无形之中都会影响儿童,不过你没有注意到罢了。(马卡连柯《儿童教育讲座》,人民教育出版社,1985年版,第17页)

第一,班主任要不断加强师德修养,从小事入手,思想上不要对任何一点小的地方放松,一举手一投足,都要考虑到不要有损班主任的形象。这样做班主任是否很累?如果班主任在未形成一个良好的生活、工作习惯之时,他就应该事事注意,一旦这种事事检点成了习惯,那班主任就会自觉地去做,也就不用事事都面临思考该如何做了。每天工作结束之后,班主任都应该反思一下自己的行为有无过失,这样严格要求自己的班主任,一定会成为一名优秀的班主任。

第二,班主任要做到表里如一。一个人在独处的时候,往往可以看到这个人真实的面孔,班主任也不例外。在学校,有学生、有同事,往往看不出什么,但当他一旦跨出校门,仿佛换了一个人,做出一些不道德的事情,好像没有人约束他似的。这种人是经不起时间考验的,他的不良行为必将暴露在众人面前。因此,班主任要注意独处时更是考验一个人是否真的表里如一的好时候。古希腊唯物主义哲学家德谟克利特曾经说过:"要留心,即使当你独自一人时,也不要说坏话做坏事,而要学得在你自己面前比在别人面前更知耻。"班主任的外在素质也需要长时间培养。请记住：美好的外在素质的源泉是真诚朴实的心灵，而善良、热情的心灵也需要外在素质来体现。

班主任一定要在完善两者的同时，注意两者的和谐统一。学校的管理者，应该在尊重班主任的基础上，要求班主任们注意自己的外表、服装，并且制定一些有关的法规或制度，对班主任精神面貌的各个方面作出明文规定，这样有利于更好地明确班主任的精神面貌的具体内容，使班主任们用最好的面貌、最佳的心境去培养下一代——祖国的未来。

# 提高班主任思想政治素质的方法

### 发挥党团组织政治核心作用

党组织是思想教育工作体系的指挥"中枢"或司令部。加强党对教育工作的领导，就是要充分发挥"中枢"对整个思想教育系统的有效控制作用，以解决好思想教育系统中各个层次、环节和方面的关系，达到提高思想教育的效果。加强党对思想教育工作的领导，是做好思想教育工作的根本保证。各级学校，要做好班主任的思想政治管理工作，首先必须加强党团组织对思想政治工作的领导，发挥党团组织的政治核心作用。

*1. 加强学校党组织建设，发挥其政治堡垒作用*

我国学校的社会主义性质，决定了党组织在学校中的核心领导地位，进而也决定了学校各级党组织在班主任思想政治工作中的核心地位与主体作用。加强班主任思想政治的教育与管理工作，必须加强学校各级党组织的建设，充分发挥党组织的核心作用。

*(1)*必须加强党委或支部对班主任思想政治工作的全面领导。就一个学校内部而言，加强和改进班主任思想工作，关键在于加强党委或支部的领导。多年的实践经验一再证明，处于学校核心领导地位的党委或支部，是否重视和坚持对班主任思想政治工作的全面领导，是班主任思想政治工作能否得到加强并取得成效的关键所在。其中关键之关键又在于建设一个政治上坚强、具有较高马列主义理论水平，能够坚定地贯彻执行党的路线、方针和政策的，善于做思想政治工作，熟悉学校运转规律，结构合理，团结协作，密切联系群众的党的领导集体，保证领导权牢牢地掌握在

马克思主义者手中。为此,在配合党委或党支部领导班子时,要坚持把革命化放在首位,把那些能够全面、自觉地坚持党的基本路线,在重大政治斗争中经得起考验,德才兼备的人选拔到领导班子中来。只有建立了这样一个好的党委或党支部领导班子,才能保证广大班主任坚持正确的政治方向,培养出社会主义事业的建设者和合格的接班人。

(2)必须健全党委或党支部的职能机构,充分发挥各职能部门的作用。要发挥党组织在班主任思想政治工作中的主体作用,就必须健全和强化党委或支部的职能机构,在组织和体制上保证班主任思想政治工作的顺利进行。在各类高校,要强化党委办公室、党委组织部、党委宣传部等的职能,尤其要特别加强党委宣传部门的工作。因为党委宣传部门是学校党委主管意识形态的工作部门,对全校的政治、思想和文化道德建设有指导责任。在班主任思想政治工作的体制中,处于中心位置。如领导不力或力量薄弱,都是难以胜任的。中小学中,由于规模较小,不可能设立许多的职能部门,党支部则可以将这些职能工作分到各位领导、党员干部的头上,实行责任制,谁管组织问题,谁管日常宣传等,都要进行明确分工,以保证党支部对班主任思想政治的管理能正常贯彻。

(3)加强基层党支部或党小组的建设,充分发挥其战斗堡垒作用和党员的先锋模范作用。建设一支又红又专的班主任队伍,支部或党小组负有重要责任。党支部或党小组应着手抓好以下几项工作,组织党员和群众进行政治学习,宣传、贯彻党的路线、方针、政策及上级党组织的决定;加强对党员班主任的教育和管理工作,增强他们教书育人的责任心;分析班主任的思想情况,向党员布置群众工作任务并定期检查,开好汇报思想、工作和学习情况为主题的组织生活会,认真开展批评与自我批评;经常听取党员和群众对党的工作的建议和批评,帮助他们解决工作、生活、学习中的困难。中小学的党支部或党小组,处于班主任思想政治工作的第一线,只要抓好它们的建设,发挥战斗堡垒作用,广大党员就可以真正组织起来,发挥模范带头作用,班主任思想政治工作就有了坚实的基础和可靠的组织保证。

**2. 建立思想政治管理体制,党政工团齐抓共管**

班主任思想政治工作的对象是全体班主任,他们的教学科研、社会工作等涉及到学校的方方面面。这要求学校的党组织、教学行政组织、工会、共青团等各类组织共同做思想政治工作,建立以党组织为中心的,党、政、工、团齐抓共管的班主任思想政治工作系统。

(1)理顺各方面、各部门的关系,加强整体系统的协调控制。建立一个党政工团齐抓共管的班主任思想政治工作体系,实质问题在于对学校中负有班主任思想政治工作责任的各类组织,加强管理和协调,使各类组织围绕班主任思想政治工作的共同目标,有秩序地开展工作。因此,必须明确各类组织在思想政治工作中的地位与作用,注重整体化建设,建立必要的协调机构。在学校中党委或支部是核心领导者,党委或支部之下属各级各类组织,应当在党委或支部领导下,把班主任思想政治工作放在重要地位,各级之间密切配合。工会是班主任自己的群众组织,是党群之间的一条重要纽带,在班主任思想政治管理中有重要地位,因此,工会组织要在党组织领导下,积极开展思想政治工作。共青团组织是青年的先进性群众组织,在班主任思想政治工作中是党的助手,是党和青年班主任之间的桥梁,工作重点应放在对广大青年班主任进行思想政治工作。

(2)明确确定各方面的职责,既要目标一致,又要各负其责。责职分工明确,是发挥系统中整体功效的重要条件,党委、行政、工会和共青团组织,在班主任思想政治工作中,彼此间既不能相互分离,各搞一套,又不能职责不清,分工不明。各级各类组织都应在党委的统一领导下工作,把班主任的思想政治工作纳入自己的职责范围之内,并且结合各自的工作特点和性质展开工作。学校党委和支部,负有全面领导思想政治管理工作的责任,要坚持和把握好业务工作的正确方向,还要结合学校的教学、科研、管理等业务工作开展班主任思想政治工作。工会应着重抓好班主任主人翁地位和发挥主人翁作用的教育,通过组织班主任参政议政,在各种活动中教育班主任,青年团应当结合青年特点,团结广大青年班主任,调动青年班主任教书育人的积极性。

(3)建立一个班主任思想政治工作的协调机构。为协调好党政工团各职能部门在班主任思想政治工作中的关系,充分发挥思想政治工作系统中的整体功能,各学校可以建立学校思想政治工作小组,由主管思想政治工作的校领导和负责人组成,党政有关职能部门和工会、共青团的负责人成员,工作小组在党委领导下协调全校的思想政治工作。

3. 利用学校工会优势,开展学校思想政治工作

列宁同志曾指出:"工会是共产主义学校……。"这句话精辟地阐明

了工会是对工人阶级进行社会主义、共产主义教育的一个重要阵地。近几年来，党中央曾多次强调工会作为一个职工自己的群众政治团体，要根据自己的优势与特点，广泛开展职工思想政治工作，大力提高职工的思想道德素质和文化素质，并要以此作为工会经常的任务之一。

工会做思想政治工作，与党政有联系也有区别，即不能取代党政也不能重复党的工作。它有自己的特点和优势。工会是在党领导下的工人阶级自愿结合的群众组织，学校工会是包括全体教工在内最广泛的群众组织。其中既有从事体力劳动的工人，又有从事脑力劳动的广大知识分子、班主任、干部和科技人员。工会做思想政治工作的最大特点在"群众"二字上，在于它有如此极其广泛的群众基础，这是它最大的优势。基于这一优势，它在思想工作中可以做到：

（1）密切联系群众，了解群众。广大工会干部直接生活在群众之中，与群众心心相应、息息相通，最容易了解群众的意志、情绪和要求，因此，开展思想政治工作也容易有针对性和现实性。

（2）代表群众，动员群众。教育工会的职能主要有三个方面，一是参政议政，实现民主管理；二是教书育人，为国家培养合格的人才；三是维护教职工的合法权益，为教职工排忧解难。这三者之间的关系是相辅相成的。由于工会是群众利益的代表者，为群众说话办事，就能够取信于群众，从而顺利地达到宣传、教育群众的目的。

（3）依靠群众，实现群众自我教育。工会做思想政治工作，有一支人数可观的工人队伍，其中有工会专兼职干部、工会积极分子、先进人物和教代会代表，他们约占会员的30%，这是其他组织所不具备的。在开展各项教育活动中，他们既是教育对象，又是依靠力量。他们之中人才济济，代表着各个阶层，如发动得好，形成思想工作网络，定可出现"群众思想工作群众做"的生动局面。

工会做思想政治工作，方法多种多样，一般说来有下列方法：

①开展教书育人，为人师表活动。学校的根本任务是培养德智体美劳全面发的"四有"人才，广大班主任则是完成这一任务的主力军。工会开展教书育人，为人师表活动，可以激发起班主任高度的事业心和责任感。这是工会开展思想政治工作的主要途径，是工会经常性的中心工作。

②树立典型，表彰先进。这是指工会利用经常性地宣传教职工中的

好人好事,表彰先进人物和先进事迹的办法,总结和推广他们的先进经验,以班主任自己身边生动而具体的榜样,去激励班主任相互学习,达到班主任自己教育自己的目的。

③寓思想政治教育于活动之中。工会的思想工作不能呆板、单调,要增强吸引力和感染力,否则容易流于形式,不能渗透到人们的心灵之中。通过开展各种活动达到思想教育的目的,是一个行之有效的途径。

④做思想政治工作,要同解决实践问题结合起来。教职工的许多思想问题是由于他们一些实际问题得不到解决而产生的。如果解决了这些问题,随之思想问题也就解决了。工会应当利用自己贴近群众的特点,对教职工的生活问题多加关心,比如住房问题、煤气问题、经济收入问题等等。发现后尽可能及时解决,一时不能解决的,也要解释清楚,否则很容易影响班主任职工的积极性和创造性。

**4. 领导干部以身作则**

实践证明,有什么样的领导水平就有什么样的工作面貌和工作质量,学校行政主要负责人——校长水平的高低,影响着教育教学质量的高低。在班主任思想政治工作中,学校领导的政治立场坚定与否,思想政治素质高低,对班主任思想政治工作的影响是十分巨大的。这就要求学校领导平时要在各方面严格要求自己,特别在思想品德方面则要以身作则。

(1)要有坚定的政治方向。学校领导人有了坚定正确的政治方向,就能端正把握办学的社会主义方向,自觉坚持四项基本原则,坚定不移地执行党的教育方针,为祖国培养品学兼优的人才,也才能在班主任中树立自己的政治形象,有力地开展工作。

(2)要有强烈的事业心,有为教育献身的精神。学校领导人应当除了人民的教育事业外,别无他求。否则,一个无责任感、无事业心、终日不求上进的校领导,怎么可能让班主任热爱教育、献身教育呢?怎么能让班主任勤勤恳恳地教书育人呢?

(3)要具有高尚的共产主义道德品质与崇高的精神境界。学校领导应当以身作则,率先垂范,成为师生员工的榜样,因此应当作到:大公无私,先人后己;做到一切从事业出发,不谋私利,不搞特殊,坚持把班主任、广大职工及学生的利益放在首位;对同志要豁达大度,胸怀坦荡,热诚相待,不计个人恩怨;不文过饰非,不隐瞒自己的缺点;谦虚谨慎,不骄不躁;

品行端正,作风正派;要做到言行规范,举止大方,仪表整洁,严于律己,宽以待人,切忌粗野轻浮。

总之,在学校管理中,校领导在对班主任提出严格要求的同时,必须以身作则,充分发挥自身人格的力量。欲正人必先正己,欲人苦必先自苦,欲激人必先自激。如果对班主任要求相当严格,领导自己却追求安逸、不求进取、贪污腐化、以权谋私,那么你的政治说教无论多么生动感人,对班主任的要求无论怎样合理,都不可能有多少功效。只有把以身作则与对班主任严格要求有机地结合起来,领导的要求才能真正落实在班主任的行动上。

### 进行规范化制度化管理

俗话说:"没有规矩,不成方圆。"班主任思想政治工作,虽然是以教育说服为主要手段的,但是也必须与一定的制度规范相结合。学校在日常管理中只有通过制定一定的切实可行的规章制度,并认真贯彻执行这些制度,才能有效促进班主任的思想作风建设,保证和促进学校各项任务的顺利完成。

学校思想政治工作与管理工作之间是既有区别,又有联系的。所谓区别是指,思想工作是以说服教育的方法来统一人们的认识,规范人们的行动,带有明显的非行政性、非强制性和软约束性的特征,而管理工作是用一定的政策措施,规章制度和组织纪律来约束、规范、协调人们的行为,有强制性和硬约束性的特点。二者的联系是二者间互相依存、互相渗透和互相促进的关系。思想教育和行政管理都不是万能的,二者必须互相补充,互相配合,才能共同促进学校中心任务和整体目标和实现。如果思想工作不与管理工作相结合,就会变成软弱无力的说教,如果管理工作不与思想工作结合,则会显得简单生硬,各项管理制度就不会为群众所自觉接受和执行。

*1.* 思想工作和管理工作相结合,需要寓思想政治教育工作于管理工作之中

这是班主任自觉贯彻执行学校各项政策措施、规章制度、工作纪律的前提。具体地说,就是要在学校管理过程中伴之以细致深入的思想政治工作;在制定有关政策措施和规章制度之前,要广泛征求班主任的意见;在政策措施等制定之后,要多向班主任宣传解释,使其了解这些政策的要

求及意义,为顺利地执行政策奠定思想基础;在执行政策制度时,要注意协调各方关系,处理好各种矛盾;并接受班主任的监督;执行政策之后要及时收集班主任反馈上来的意见,并进行分析整理,以进一步完善各项政策和规章制度。这是一个从班主任中来到班主任中去的过程。在这个过程中,思想工作应积极渗透和服务于管理工作,管理部门则应加强同思想工作部门的联系与协调,不断地互通情况,以利于既结合班主任的管理工作做好思想工作,又推动管理工作的顺利进行。

2. 思想政治工作与管理工作相结合,还要以管理工作促进班主任思想建设

管理可以通过一定的政策措施,规章制度来约束、规范和协调班主任的行为,使之形成良好的政治素养,思想作风和行为习惯。它在促进班主任思想作风建设方向具有思想政治工作本身不可替代的作用。

管理工作中的政策、制度和措施有极强的思想导向作用,因而在制定和执行这些政策、制度和措施时,要注意全面性、综合性,既要考虑到业务方面的要求,又要考虑到思想方面的要求,并把这些要求变为实际可行的,可以衡量的具体指标,然后全面实施,严格考核,这样才能通过政策这一"指挥棒"把班主任的思想和行为引导到正确的轨道上来。

班主任的管理工作是经常性的工作,涉及到教学、科研、生活各个方面,面广量大,矛盾较多,因此必须做到制度化,做到有章可循,常抓不懈。对班主任的职责任务、工作要求、考核方法、政策兑现等作出明确具体的规定,运用制度来进行管理。只有建立和完善班主任管理的各项规章制度,才能使班主任有章可循,逐渐养成按制度办事的行为习惯,建立良好的教风、学风和校风。

班主任的管理工作是按一定的规定和制度进行的,具有强制性,因此在执行这些规章制度时,必须严格、规范,按章办事,一视同仁,不能时紧时松,可有可无。对个别班主任违反校纪校规的行为如果不加处理,不仅不利于他自身素质的提高,而且会对其他班主任产生消极影响,伤害其他班主任遵守规章制度的积极性和自觉性,最后会影响整个学校规章制度的执行和整体任务的完成。因此,只有严格执行各项管理制度,才能使班主任感受和体验到管理制度的约束作用,增强组织纪律观念,逐步形成良好的思想政治素质和工作作风。

总而言之,管理工作的综合化、制度化、规范化,是促进班主任思想政治建设,促进学校各项任务顺利完全成的有力保证。

**晓之以理动之以情**

人的思想具有互相感染性。人与人之间,正确思想和错误思想之间都可以相互影响、相互感染、相互发生作用。思想政治教育实质上正是用正确的思想,信念去感染别人,影响别人的过程。在这个过程中一定要注意以情感人,以理服人,这样才能做到良好的效果。

*1. 在班主任思想政治工作中坚持民主化*

民主既是班主任思想政治工作的目标与原则,也是班主任思想政治工作的重要途径与方法。在班主任思想政治工作中,必须始终坚持用民主的途径和方法来解决班主任的思想问题。

所谓民主化的方法,实质上是要明确教育者与受教育者之间的关系,不是上下等级的关系,而是同志式的平等关系,因而只能用平等的方法与态度来对待和解决班主任的思想问题,而不能用行政命令,简单粗暴,强制压服的方法来解决这一问题。只有用民主化的工作方法,才能大大提高班主任思想政治工作的效果,在班主任中真正造成一个"既有民主,又有集中,既有纪律,又有自由,既有统一意志,又有个人心情舒畅"的生动活泼的局面。

(1)在班主任思想政治工作中坚持民主化,首先要尊重班主任,理解班主任。班主任是思想政治工作的对象,又是办好学校和培养人才的依靠力量,尊重班主任,是"尊重知识、尊重人才"方针在学校里的具体体现。尊重班主任,最重要的是要在政治上充分信任班主任,全心全意依靠班主任,而不能歧视、疏远和排斥班主任。思想政治工作者在工作过程中要尊重班主任的人格,注意方式方法,态度诚恳,耐心听取班主任的意见和建议,切忌简单粗暴、妄自尊大、随意指责、伤害班主任,要多做深入细致的思想工作。理解班主任,要理解班主任自己的喜怒哀乐,班主任的追求和想法,思想方式和行为习惯。思想政治工作者要深入班主任的思想深处,了解班主任的根本需要,把握班主任的思想情绪,弄清班主任存在的主要想法及产生这些想法的原因,然后才能对症下药,肯定和支持班主任的正确思想和行为,满足班主任的合理要求和愿望,对班主任中不合理,不现实的要求作好解释、疏导工作。尽量成为班主任的知心朋友,设身处地为班主任着想,经常站在班主任的位置上思考问题,从而有的放矢地做好思想政治工作。

(2)要真正依靠班主任广泛参与学校的管理工作和思想政治工作,保证班主任充分行使自己的民主权利,维护和实现班主任切身利益,以增强班主任的主人翁责任感和民主参与意识,提高班主任的思想觉悟和民主素质。为此,学校领导应当注意如下几个问题:

①吸收班主任参与民主管理的人尽可能多一些。

②班主任参与学校民主管理的内容与范围要尽可能广泛一些,包括民主选举,民主决策,民主管理,民主监督等等。在涉及班主任的各种问题特别是涉及的班主任切身利益的重大问题上,都要认真听取班主任的意见,吸收班主任参与商量、解决,并发动班主任进行监督。

③班主任民主参与的形式要尽可能多样一些。建立健全各种民主机构、民主渠道、民主制度,并充分发挥其作用。如建立教职工代表大会,把有关学校发展和班主任切身利益的重大问题拿到校代会上的讨论,征求广大班主任意见,形成解决办法。建立以班主任主体的民主管理小组,思想政治工作小组等等,使班主任的民主参与做到既广泛又深入。

2. 坚持思想政治工作与解决班主任的实际问题相结合

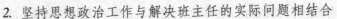

班主任的思想政治工作,要坚持以教育为主,但单纯的教育是无法真正解决问题的,必须把对班主任的思想政治教育与帮助解决班主任所遇到的实际问题结合起来,才能收到好的效果。教育事业不能单靠精神来长久支撑,还需要有个人体面的生活来做保障。当一个班主任被某个生活问题所困扰不安时,帮助他解决这个问题比谈上几条道理更有教育意义。

班主任的思想问题主要是由实际问题造成的,因此功主任思想教育工作应从先摸清班主任的思想问题入手,逐步摸清造成这些思想问题的主要原因和实际问题是什么,然后才能对症下药,采取有效措施,切实解决这些实际问题,清除班主任思想问题产生的原因,进而促进班主任思想问题的解决。影响班主任积极性的一些实际问题主要有:工作条件问题、住房问题、收入问题、伙食问题、子女入托、升学、就业问题、婚姻恋爱问题、离退休生活问题、生活服务网点、设施、环境卫生等方面。如能够关心并切实解决这些问题,就必然能大大激发班主任的积极性和责任感。否则,单纯依靠思想工作而忽视实际问题的解决,必然会降低思想政治工作的效果,甚至引起班主任的反感。

当前,市场经济发展强化了人们的利益观念,班主任也不例外,这是班主任思想政治工作中难以回避的事实,这种情况之下,如何做好班主任的思想政治工作呢?

(1)对班主任的思想政治工作不能放松。各学校应当结合目前我国改革开放,经济迅速发展的形势,使班主任认识到祖国发展对人才,对教育的迫切需要,从而激发广大班主任为国效力,安心教育工作。开展师德教育,提高班主任的职业道德水平,大力宣扬奉献精神,使班主任认识到奉献是班主任工作的特点,更是班主任工作的光荣所在。

(2)思想教育固然不可缺少,但忽视物质待遇是不利于充分调动班主任积极性的。特别是在目前情况下,随着市场经济体制的建立,直接从事商品经济的人们明显地富了起来,各行各业都在办实业,搞创收,努力提高经济效益,社会上"一切向钱看"的思想也随之膨胀,班主任的待遇及生活水平相比之下不断下降。基于这种情况,各学校在抓好班主任思想政治教育的同时,一定要花大力气来抓经济,抓创收,通过勤工俭学和争取社会各方面的赞助支持等渠道来增加经济收入,为改善班主任的生活待遇创造条件。

**3. 发挥情感作用,以情感人**

思想政治工作要提高有效性,教育者与受教育者之间的感情融洽是十分重要的。因为关心人、理解人、尊重和体贴人是进行教育的感情基础。因此思想工作者在实际工作中要学会"以情感人"。

(1)平易近人。这是领导者在思想上、工作上、生活上关心群众,贴近群众,进而与之建立感情的一种方法,也是领导者在实际工作中及日常生活中应具备的素质。

班主任在日常的学习、工作和社会生活中,总是把学校看作是满足自己物质和精神需要的主要依靠者,渴望得到单位和领导的热情帮助和体贴关怀,把这些关怀和帮助看做是对自己的鼓励、安慰与支持。因此,校领导的亲切言行、关怀举动,即使见面打个招呼,一般人都会把这看成是对自己的尊重、信任,从而促进相互感的接近。

(2)慰藉疏导。心理学家认为,人的一生有 1/3 时间是在烦恼中度过的。一个人难免要遇到某些不顺心、不愉快或意外不幸的事件,使心理失去平衡,产生挫折感。如果领导此时能通过安慰和开导的方法,平息班主任的激动情绪,则可以使他们恢复心理的平衡。具体办法为:领导根据班主任存在的消极情绪及这类情绪产生的原因,真心实意地给予同情、关怀、理解和劝慰。等班主任恢复心理平衡后,再循循开导,使其在情与理的双重作用之下受到感化。当有人在遭受挫折后采取过激行为时,领导者应持容忍态度,把受挫折者看成是一个需要帮助的人,努力造成一个解决问题的气氛,等他平静后,再帮助他分析事情的因果,明白是非所在。

(3)以情育情。这是领导者运用自己的健康情感和工作艺术的感染力,去对班主任实施影响的一种方法。具体做法为:一是领导者要以身作则,要培养班主任的工作热情,领导者自身要首先具备这种品质,这是影响班主任的一种自然力量,这种无声的命令要比领导者的强制作用威力大得多。二是努力培养领导者自身的个人魅力,如热情、坚定、公平、正直等品质,以赢得班主任的信任感。三是要善于运用各种艺术手段来激发班主任的积极情感,包括寓思想教育于娱乐之中,使班主任在潜移默化中受到教育,陶冶班主任的情操。

(4)以景动情。这是领导者为达到某一教育目的,有意识地创造一定的情景,对受教育者进行感化疏导。心理学认为,人的情感可以在一定的情景中产生,情景的各种因素对情感的产生具有综合性的作用。因此,在思想政治工作中根据情感的这一特点,有目的地创造一定的情景来教育广大班主任,可以产生以情感人的效果。

运用以景动情法,情景的创设不是任意的,而必须根据一定的教育目的而设计。并且,领导者与班主任之间要有一定的感情基础,双方心理相融了,才能消除被教育者的逆反心理,使其受到教育。最后领导得必须深入到班主任中去,了解掌握被教育者此时此刻的需要,抓住其动情时机,使思想政治工作产生最佳效果。

尊重、理解和信任是班主任情感上的需要,物质利益的要求,是班主任生存的需要。如何把思想政治工作与班主任的这些正当要求结合起来,充分调动班主任教书育人的积极性与创造性,是一门高超的工作艺术。

# 提高班主任道德素质的方法

### 审美熏陶净化灵魂

美，具有极大的魅力，对人也能起到陶冶熏陶的作用。审美的过程亦是荡涤、净化人的灵魂的过程。正如卢梭所说："只要有热心和才能，就能养成一种审美的能力；有了审美的能力，一个人的心灵就能在不知不觉中接受各种美的观念，并且最后接受同美的观念相联系的道德观念。"班主任要成为热爱美、追求美的人，就应该积极参加多种审美活动，如观赏自然景观，游览名胜古迹，阅读小说、诗歌、散文，欣赏音乐、舞蹈等，这样有助于提高自己的道德素质。

### 通过实践活动提高道德素质

道德是维持和调节个人与他人、个人与社会关系的准则，而社会关系的实现又依赖于社会实践活动。因此班主任应多参加实践活动，只有这样才能在交往活动中掌握并运用良好的社会道德规范，形成并更新道德行为和习惯。班主任不仅要参加教育教学实践活动，而且要广泛地参加社会实践活动。这不仅是教育工作本身的需要，也是提高自身道德素质的需要。

### 学习与内省相结合

知识是道德素质的基础。人只有掌握了无产阶级道德理论知识，才能使自己的道德素质具有明确的方向性和自觉性，才能具有明辨是非、美丑、真假的能力。班主任要完成对学生的教育任务以及自我形象的塑造，就应该学习和掌握丰富的无产阶级道德理论知识，同时坚持内省，通过主动、积极的反思，检查自己在学习、工作、思想、生活等方面是否符合无产阶级的道德规范，并对不符合的方面加以改正。通过内省可以强化学习效果，两者相互结合大有收益。

### 利用名人事迹激励鞭策自我

古今中外出现过许多德才兼备的优秀人物，在他们身上凝聚着人类的美德。这些美德对人们具有极大的激励、鞭策作用。通过和先进人物交往，阅读、欣赏描写无产阶级革命领袖、革命志士、先进模范人物事迹的文学作品、电影、电视,铭记他们的至理名言,可以使人从中受到教育,领悟人生真谛,从而获得前进的动力。

### 平时注意积累善行

"没有小善,则无大德。"班主任应该严格要求自己,从日常生活和工作中的小事做起,时时事事与人为善,"勿以恶小而为之,勿以善小而不为",才能使各种道德素质的幼芽成长为参天的大树。一滴水可反映太阳的光辉,一件小事亦能反映出一个人的道德风貌。

# 提高班主任文化素质的方法

### 实践

实践是认识的源泉。班主任应该积极参加各种社会实践活动,在实践活动中获得各方面的新知识、新经验,并通过实际运用这些知识来达到对知识的深化发展。班主任不能只满足课堂和学校生活,要尽量走出去,多参加社会政治活动、生产活动,进行教育实习、参观、调查、访问等,以使自己在社会实践中增长知识、增长才干。

### 进修

进修可以使班主任自身的知识素质得到全面、系统的提高。班主任要有进修学习的愿望,进修也应具有一定的目的性和计划性,要利于知识的迅速增长。班主任可以通过函授、电大、自学考试等形式进行进修学习,如果条件允许,班主任离职进修能达到更好的效果。

### 自学

自学是提高自身知识水平常用的学习方法,它具有自主性、灵活性的特点。自学贵在坚持,在自学前可事先拟定切实可行的自学计划,然后按照计划一步一步持之以恒地进行学习。在学习过程中要把普遍浏览与重点阅读结合起来;在阅读后要勤于思考,并做好读书笔记;还要把略读与详读结合起来。这样日积月累就会取得明显的效果。

### 学术研究

对某一具有学术价值的问题进行深入地探讨、论证,是获取大量新知识的有效途径。因为在论证、探讨过程中需要翻阅、查找大量资料、书刊，有时还要进行实地考察，设计实验。通过这些活动可使直接的和间接的知识，社会的和自然的知识，历史的和现代的知识融会在一起，对提高班主任的知识素质可起到很大的促进作用。

**通过娱乐进行学习**

娱乐活动是人们最喜爱的活动。通过进行有意义的娱乐活动来学习，可以增长知识。例如，参加歌舞晚会、诗歌朗诵会、演讲会、绘画、书法展览，游览风景胜地，欣赏电视、电影节目等。这些通过娱乐活动所获得的知识，对于提高班主任的知识素质大有裨益。

# 提高班主任身体素质的方法

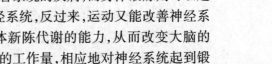

### 加强体育锻炼

要想让班主任有一个健康的身体，在教育工作岗位上精力充沛地工作一辈子，最好的办法就是坚持不懈地进行体育锻炼。

班主任的劳动主要是使用大脑，身体活动相对较少。因此容易造成心理负担过重，导致神经衰弱和心血管系统的疾病，而身体锻炼则可以起到有效的调节作用。运动离不开神经系统，反过来，运动又能改善神经系统的功能。这是因为运动能提高人体新陈代谢的能力，从而改变大脑的营养状况，同时运动增加了神经系统的工作量，相应地对神经系统起到锻炼作用。因此对神经衰弱和脑神经功能下降，有较好的辅助治疗作用。另外，经常参加体育锻炼，可以使心脏肌肉发达、心肌肥厚、收缩有力，心脏的重量、血容量都会相应增加。同时经常参加体育锻炼的人，心跳也比较有力且缓慢，这样就延长了心脏搏动的间隔时间，使心脏得到较多休息，从而增加了心脏功能的潜力。由此可见，班主任要想有一个健康的身体，能精力充沛地工作一辈子，最好的办法就是坚持不懈地进行体育锻炼。

积极参加体育锻炼是增强班主任身体素质至关重要的途径。但不断加强营养、膳食合理也是不可忽视的，这是机体维护正常生理活动的基础。

在日常生活中,班主任应根据机体对各种营养成分的需要,加强营养,合理安排膳食,尤其是含蛋白质、维生素 $B_1$、$B_2$ 和维生素 C 的食物,如鸡蛋、瘦肉、蔬菜、水果等,要适当多食用,用脑对这些物质的需要量较大。班主任体力活动较少,主要是耗费脑力,因而要特别注意对脑的营养。

人类的生命活动具有运动的特征,因而参加体育锻炼应该是积极提倡的。体育锻炼的形式很多,下面介绍几种常见的适宜班主任提高身体素质水平的方法。

1. 太极拳

太极拳是我国流传最广的一项健身运动,种式很多,动作缓慢轻柔,尤其适合中、老年人练习。经常练太极拳可以调理脏腑、疏通经络、补气益血等。

打太极拳时应注意动作要领:动作连贯,柔和缠绕,劲力完整;呼吸配合,意念集中,以意导动;保持体位,以身带臂,自如舒展;动作协调,刚柔相济,柔中寓刚。这些都能最有效地活跃胸、腹的血液循环,促进肠胃功能。

打太极拳的运动量,可以通过拳术动作的快慢,架子的高低来调节。一般来讲,动作慢、架子低,运动量就大;反之,则小些。练一套简化太极拳以 4 分钟~8 分钟为宜,练传统的杨式大架,以 9 分钟~20 分钟为宜。

如果中、老年班主任能喜爱上这项中华民族的传统体育项目,必能起强身、防病和延年益寿的功效。

2. 气功

气功作为强身壮体、防病治病的一种方法,在我国有悠久的历史,流传广泛。气功锻炼特别强调“意识”,排除杂念,对神经系统有很好的作用。气功的入静是大脑皮层处特有的主动性的内抑制过程,减弱交感神经活动,增加副交感神经活动而使两者的关系得到改善和调节;入静还可以使大脑皮层处于耗能减弱和储能活动加强,使大脑皮层的功能状态得到恢复和调节。气功可使膈肌上、下活动幅度比一般人在常态下增大 2~4 倍,大大增加吸气时胸腔的负压,对心肺循环是很有利的。气功可调节胃肠蠕动和腺体的分泌功能,提高食欲和消化吸收能力。气功对循环系统的作用也是多方面的,比如减慢心率,增加心脏搏出量,调整心律,降低血压等。

气功流派众多,锻炼方法各异,但是锻炼的基本内容总是包括三个方面:调身(姿势)、调息(呼吸)、调心(意念),通称气功保健的"三调"。在"三调"内容上各种功法又各有特点和要求,从而形成了数以千计的不同方法,其生理效应和保健治病效果亦有差异。因此,练功者必须结合实际选择功法内容和方法进行锻炼。

练功要掌握以下原则:松静自然、动静结合、上虚下实、意气相依、火候适度、养练相兼、循序渐进和因人而异。这些原则都有顺其自然的特点。

练气功有时间与方位的特殊要求。古人以子丑寅卯辰巳六个时辰为六阳时;午未申酉戌亥为六阴时。一年又分四季,春夏为阳气旺盛之时,秋冬为阴气盛时。具体到一天的练功时间,春夏练生长之气选在寅时,秋冬练收藏之气选在卯时,但以六阳时为练外界生气。练功时的面向就是方位,一般练保健功面南为宜,其次,面东或面西亦可。

对气功信则灵,不信则无,勉强不得。

3. 游泳

游泳是人们喜爱的一项体育运动。游泳不仅使许多肌肉和关节都参加运动,而且可以使整个身体都得到锻炼。游泳是在水中进行的一项运动,所以还可以收到陆上运动难以达到的良好效果。

游泳时整个身体都浸泡在水里,水有压力,胸部也要受到水的压力,呼吸肌就必须克服这种压力才能完成呼吸运动,供给运动时需要的更多氧气,这就锻炼了呼吸肌,使肺活量增大。水的传热性是空气的26倍~28倍,人在12℃的水里停留4分钟所消耗的热量,相当于在同样温度的空气中停留1小时所消耗的热量,可以起到减肥的作用和提高食欲、消化功能、排泄功能、神经的调节功能等。游泳时由于身体表面的血管受到水的压力,从而促进血液循环,使血液流回心脏的速度加快,心脏也必须加倍工作以满足运动时所需的营养和氧气,使心脏功能得到很好的锻炼。

游泳必须注意安全,要到游泳池及江河湖海中的游泳区去游泳。下水前要做一定的准备活动,游泳时最好每隔15分钟~30分钟上岸休息一会儿,晒晒太阳,总的游泳时间不宜超过2小时~3小时,以免过度疲劳。另外,有心脏病、高血压、肾脏病、中耳炎等慢性病和未治愈的各种传染病者不宜参加游泳。

### 4. 球类运动

人们喜爱的球类运动有篮球、排球、足球、羽毛球、乒乓球、网球等。打球时不仅四肢活动,全身也要根据球的方向随时急速移动,这就使全身各个主要肌肉群都得到锻炼,促进身体全面发展。同时,内脏器官的功能也明显提高。比如,正常人在安静时每分钟心跳 72 次左右,心脏每跳动一次,输出 50 毫升 ~60 毫升血液。而篮球运动员,每分钟心跳 50 次 ~60 次,心脏每跳动一次,由心脏输出 80 毫升 ~100 毫升血液。安静时心跳次数减少,说明篮球运动员的心脏肌肉强壮有力,收缩一次排出的血液量大大超出一般人。

另外,各种球类运动都要求动作和反应敏捷、准确、迅速。经过长期的球类运动锻炼,人体各种感觉器,如视、听、触等均可把复杂多变的情况迅速而准确地报告给大脑,进行分析综合,作出判断,发出命令,这样神经功能也大大提高了。经常进行球类锻炼,可以使视野范围扩大,判断距离的立体视觉比一般人准确。耳朵内前庭分析器的功能提高,即使运动时旋转颠簸很剧烈也不易头晕、恶心。经常打球,血液循环旺盛,冬天也不容易发生冻疮。

球类运动的运动量易于掌握,体质好的可以打得快些,体质差的可以打得慢些。运动前做好充分的准备活动,运动中注意有关规则,防止发生意外。

### 5. 骑自行车

骑自行车是一项受人们欢迎的体育运动,对肌肉和中枢神经都可以起到锻炼作用。因为骑自行车时需要高度集中,不断地判断来自前后左右的各种信号,特别是需要掌握平衡,否则就要摔倒。

骑自行车要注意防止"自行车"病,车座高度要合适,坐垫要富有弹性,扶把的手要轮流离开车把活动活动手腕。最重要的是骑自行车时一定要精力集中,注意前后左右发生的情况,遵守交通规则,注意交通安全。

骑自行车上下班,既解决了交通工具问题,又锻炼了身体,节约开支,节约能源,节省时间,不造成空气污染,对个人、对社会都有益处。

### 6. 跑步

跑步是一项全身运动,可以用增强整体方法来促进局部器官病变的改善和痊愈。经常跑步能有效地利用人体脂肪组织中的储脂和血液中的脂酸作为主要能源,因而能减少体内的脂肪储量,降低血液脂酸含量,使体重减轻,防治肥胖。跑步是一项有氧运动,适当跑步可促进冠状动脉侧枝循环的形成,改善冠状动脉供血、供氧状况,减低血脂浓度,有利于冠心病的防治。跑步还给神经带来极微小的电流冲击,有助于调整大脑中枢神经系统的功能活动,有治疗神经衰弱的作用。跑步还可以提高身体对疼痛的耐受性,使人感到浑身舒服,消除疲劳,让人精神饱满。经常跑步的人,血液里白细胞强而有力,对癌细胞可以展开攻击,控制癌的扩散。跑步时出汗较多,利于排泄致癌物质。

跑步的速度与距离应以个人的身体状况而定。一般说来,速度应由慢到快,距离由短到长,运动量可以逐级增加,也可以跑走交替,每次锻炼最少不少于 10 分钟。

7. 散步

散步是一项简便易行、健身强体、防病治病的体育运动。散步时,肌肉有节律地收缩、舒张,对大脑是个良性刺激,能改善大脑对血液循环的调节,提高心脏功能,降低血压,消耗一部分过多的能量等。因此,散步是国内外心血管疾病体育疗法的首选项目。另外,散步对减肥也有一定帮助。

要注意的是散步不是普通的遛弯,必须按照正确的要求才能达到预期的效果,从散步的速度方面,要求慢速散步每分钟 60 步 ~70 步;中速散步每分钟 80 步 ~90 步;快速散步每分钟 100 步以上。从散步的时间上,要求慢速和中速散步每次进行 30 分钟 ~60 分钟;快速散步每次进行 30 分钟左右。针对个人特点,还可以进行定量散步、摆臂散步和摩腹散步等。

散步时应抬起头,眼向前看,收腹缩臂,双脚平行;步幅均匀,步态稳定;摆臂适度,呼吸自然,体耗适当;天天锻炼,持之以恒。

8. 保健推拿

推拿以是中医基础理论为指导,运用各种手法技巧直接作用于人体经穴,通过经络、穴位,由外达内,达到以防治疾病为主要目的的整体疗法。保健推拿又称自我推拿,多以自我操作为主,方法简便易学,可用于预防和强身。班主任工作了一天,可以采取自我推拿的方法,进行摩面、栉头、搓鼻、弹耳、擦颈、拍胸、摩腹、捶腰背、击四肢、擦涌泉等,进行身体调节。学习保健推拿可以找有关的推拿书边做边领会,请推拿师指导更好。

以上我们介绍了八种最常见的体育保健运动项目,还有许多项目没能介绍。班主任们可以根据自己的身体状况、兴趣爱好等做出相应的选择。

### 合理作息科学用脑

除了营养和锻炼外,注意劳逸结合、合理作息,也有助于增强体质。休息对人们来说,是必不可少的。但休息也要讲究科学性,从一定意义上讲,会休息的人也就是善于安排生活和工作的人。现代科学研究发现,人体内有一个十分精确的生物钟,它的功能就是控制人体生理活动,班主任如果不能妥善地安排工作、学习和生活节律,破坏了生物钟,不但可导致疲劳,而且有损身心健康。因此,作为用大脑和心灵来工作的班主任,为了提高工作效率,保证身心健康,就必须合理安排作息,讲究用脑艺术。

班主任是脑力劳动者,大脑的兴奋不可能处在同一水平上,为了避免大脑过度疲劳,应采取适当的方式,使大脑得到必要的休息。休息的方式概括起来主要有动、静两种。静的休息主要指睡眠。睡眠是神经系统的高级司令部——大脑皮层处于抑制的过程。当人体处于睡眠状态时,神经系统对各种刺激失去了反应能力,肌肉的紧张状态消失,变得瘫软,各种感觉器官和体内各系统的生理机能都处于最低的活动状态。在这一过程中,大脑皮层消除了疲劳,恢复了正常的机能。这样,才能高效率地投入学习和工作。睡眠还能启发人的智慧。我们知道,做梦是人脑的正常活动,是人脑处于睡眠状态下,一定时间一定部位的兴奋活动,是必不可少的。它能够对你白天所接受的信息进行去芜存菁的筛选,会有助于问题的解决。例如:法国文学家伏尔泰在睡眠时完成一首诗的构思;德国化学家凯库勒在梦中发现了苯分子的环状结构。因此,班主任在工作之余,应注意保证足够的睡眠。

不过睡眠并不是休息的惟一方式。还有一种积极休息,即动的休息方式,比如学习或工作劳累之后,出去散散步,谈谈心,听听音乐,换一下工作环境,旅游,跳舞,都可以使人的精神焕然一新、消除疲劳,使工作学习效率显著提高。因此大脑皮质的功能是否正常,并不是抑制的越多越好,而是在于兴奋和抑制这两个过程的协调,只有兴奋和抑制合理的协调,才能保证神经系统的正常功能。"文武之道,一张一弛"讲的就是这一道理。

人类的大脑是整个身体的最高指挥部,大脑的健康与否,不仅关系到人的智力高低,而且还关系到身体是否健康。时至今日,没有任何科学家能够设计、制造出像人脑这样的完善机器。大脑是我们每个人拥有的无价之宝。作为以脑力劳动为主的班主任,有必要了解一些大脑的功能和活动规律,掌握一些健脑知识和方法,使大脑保持良好的工作状态,为教育事业做出更大的贡献。

**1. 大脑的功能和活动规律**

人脑呈半球形,平均重量为1.4千克,占人体整个重量的五十分之一,但它却要消耗整个人体血液中四分之一的氧气,需要的血液供应量是全身的五分之一。人脑分为间脑、脑干、小脑和大脑四个部分。间脑包括丘脑和下丘脑,分别是中枢神经系统的重要"传入转换站",皮下感觉中枢和植物神经高级中枢。脑干包括中脑、桥脑和延髓三个部分,分别是视、听运动的反射中枢和"生命中枢"。小脑有维持身体平衡,调节姿势,协调运动,贮存信息等作用,还发现小脑具有学习记忆的功能。大脑是神经系统的最高级部位,分左右两个半球。左边半球大体上与身体的右半部活动有关,右边半球大体上与身体的左半部活动有关,这仅是相对来说,并非绝对平分。覆盖半球表面的是皱褶不平的大脑皮层,分为额叶、顶叶、颞叶、枕叶四个部分,由140多亿个神经细胞和大量的纤维组成,人的触觉、听觉、视觉、味觉和神经细胞分别集中在这些区域里。大脑皮层的机能活动有其自身的规律和特点,大脑皮层的细胞活动过度,就会出现保护性抑制状态,降低工作效率。

**2. 学会用脑**

以脑力劳动为主的班主任连续进行紧张的教学工作之后,要有适当休息,以转移大脑皮层的兴奋灶,协调兴奋与抑制的平衡。注意劳逸结合是很重要的,可以做做广播操,听听音乐,下下棋,也可以做些家务,松弛一下紧张的神经。实践也证明,文体活动是防止脑疲劳和保护大脑的一种积极有效方法,有助于脑细胞的新陈代谢,并能促进思维的活跃,提高人的智力水平。也有人用交替用脑的方法缓解大脑的疲劳,如马克思在紧张写作的间隙,喜欢解高等数学题;爱因斯坦的书房里有不少谜语书,他常以猜谜为乐来调节精神。一般来说,大脑连续紧张工作的时间不宜太长,成年人一个半小时左右,就要休息一会儿。适度的休息之后,头脑会有清爽的感觉,精力又充沛了,有利于提高教学效果。

保证良好充足的睡眠,能及时消除大脑的疲劳。由于睡眠时脑血液供应相对增多,可给脑细胞提供足够的能量和营养。班主任教务繁重,常常在晚上要再工作一段时间,一般 3 小时~5 小时为宜,不超过晚上 11 点,这样才能保证充足的睡眠,使大脑得以调整,不影响白天的工作效率。医学家认为青年每天应保证有 8~10 小时的睡眠;成年人为7~9 小时;老年人为6~8 小时。但个人还有很大的差异,如有的成年人睡 10 个小时才够,有的人却只需睡 6 个小时就行了。睡眠时间的长短会影响疲劳的消除,睡眠的深浅程度也是很重要的。睡眠较浅的人往往就需要睡的时间长些,睡得深的人需要睡的时间就短些。平时所说的睡眠的质量好坏就是指的睡眠的深浅程度。无论睡眠时间长短,只要次日感到精力充沛,能胜任复杂的脑力劳动,就说明睡足了,大脑消除了疲劳。

积极肯定的情绪体验会使人的思维、想象处于活跃状态,有利于工作、学习的顺利进行。为了保护和开发大脑,班主任在工作和生活中应保持恬静、自信、愉快、乐观、奋进的积极情绪。

维持正常的脑功能还需要足够的营养。人脑需要脂类、糖类、蛋白质、维生素 C、维生素 E、维生素 B 族等大量的营养物质。如果大脑缺乏营养,可引起身体上和精神上一系列疾患,终致大脑衰老、智力减弱。所以,班主任要注意合理搭配饮食,保证必须的营养。

为了保证大脑的正常运行,还可以做健脑按摩操。如头顶按摩、头侧按摩、浴面摩眼等,以改善脑部血液循环,调和百脉,通畅气血,收到消除疲劳,振奋精神,增强记忆,提高智能,健脑醒神的功效。

除此以外,班主任还要注意锻炼身体,增强体质,多到户外活动,呼吸新鲜空气,保证大脑有足够的氧气,不要沾染烟酒恶习,尼古丁和酒精都会损害大脑。

### 乐于合群善于交往

人只有通过各种交往活动,才能向他人展示自己的思想、观念和情感以获得他人的理解、同情、赞同、支持和共鸣;才能获得必要的信息,作出应有的贡献,得到应有的赞美,树立起信心和不断充实生存实在感。反之,如果不参加必要的交往活动,就会疏离人群,产生被社会抛弃的感觉,或者孤芳自赏、夜郎自大,成为脱离实际,以至心理变态的人。

交往活动也是人类自身心理发展的要求。没有正常的交往,就不可能形成人的思想、情感和个性。有关心理学实验表明,长期不与他人交往的人,其认知能力和感觉、知觉等不仅受到损伤,而且还会出现一些心理障碍,如孤僻、抑郁、多疑、冷淡等。医学临床观察还表明,不善交往、被动隐居的退休老人比主动接触社会、乐于合群的人,患心理性疾病的发病率要高得多。所以,一个班主任应积极参加学校、教研室或学生班集体的活动,建立同志式的友谊,形成尊师爱生的关系。这样不仅对提高教育活动的效能产生积极作用,而且有助于心情舒畅、精神振奋,易于养成积极乐观、开朗豪爽的性格,使身心都得到健康发展。

在实际生活中,班主任还要跟不同的社会群体,各行各业的人们进行交往。在这些交往活动中,要持友好、公正、谦虚、真诚、宽容、豁达的态度,不斤斤计较,不为琐事烦恼;不嫉贤妒能,不排斥异己;不计较个人恩怨,不纠缠历史老账,对曾经反对过自己并被实践证明是反对错了的人,也能摒弃前嫌,互助合作;能容人之短,能客观地了解他人的认识、情感、需要、兴趣和个性品质,尊重他人的权益和意见,并能诚恳地赞美和学习别人的优点。这样就会发展起与他人之间的协调、和谐的关系,获得同志情谊,体验到生活的乐趣,同时还能开扩思路,发展自己的聪明才智。这无疑对心理健康、身体健康都是十分有益的。

现代社会中,任何一种人类活动都是以这样或那样的方式同其他人的存在和活动发生联系的。特别是在新技术革命条件下,大众传播的速度越来越快,范围越来越大,知识和信息量的骤增,都使交往成为人们活动方式的必要中介手段。交往可以缩短人与人之间的距离,在心理上产生某种稳定的、持久的影响,并在群体中感觉到温暖,有助于身心健康。

班主任工作是一项与人打交道的工作,交往的对象有学生、家长、同事、领导、家人、朋友、亲戚、同乡、同学等,处理好这些关系,有助于工作的顺利进行,生活的美满幸福和个人的良好发展。为此,班主任不应封闭自己,乐于与人交往,积极参加集体或群体的活动,主动关心他人。

1. 交往的形式和立足点

交往在现代生活中发挥的作用越来越大,交往的机会越来越多,培养交往的能力也日益显得重要了。

交往的形式是多样的,可以是直接的或间接的、互相的和单方面的、个人间的和群众性的等。交往的主要工具是语言,加上手势、表情、全身肌肉动作等补充或代替。交往过程中要进行"目标管理",不达目的,誓不罢休。交往应该是积极的社会交往,尽是避免产生消极的社会交往行为。

了解交往的基本方式之后,还应找到交往的立足点,这就是客观地认识自己、认识他人和认识与交往对象的人际关系。俗话说得好:知己知彼,百战不殆。首先,要正确认识自己,接受自己,暴露自己,就容易和别人相处,别人愿意接近你。其次,了解别人也是相当重要的,可以借助一般的个人资料来作推断,在交往中让他人多方面暴露出特性,注意克服社会定势。第三,还应明确与他人的关系,只有这样才能知道自己所扮演的角色,作出合适的行为。如果双方不能判明关系或不能按照彼此的关系所规定的社会准则行事,交往时的行为对双方均会有不良的影响。对于对方的要求,都应按彼此关系的程度,作出适当的反应,不可过分。交往的方向和程度在交往中应有明确的认识,以免徒增烦恼,再求摆脱。

2. 人的个性与交往

在我们周围有一些人喜欢交往、善于交往,每到一处总会结识几个新朋友。像《红楼梦》里的史湘云,和谁都合得来,不管是尖刻的、圆滑的,还是博学多才的都和她处得很好。而林黛玉认为聚时欢乐散时悲,与其这样,不如不聚,伤感起来便独自去葬花了。人的个性是复杂的,不同的气质、性格、能力、爱好等组成了千差万别的个性特征,在交往中表现出不同的态度与方式。从气质上看,胆汁质的人易冲动;多血质的人热情、活泼;粘液质的人沉稳;抑郁质的人多愁善感。前三种气质的人一般都乐于交往,后一种气质的人比较离群。从性格上看,外倾型性格的人际交往多,直爽、热情、诚恳、内倾型性格的人比较重视自己的主观世界,在与人交往中缺乏自信,但可以充当畏友、净友的角色。从能力上看,一个表达力、交际力、组织力强的人容易结交朋友。从兴趣上看,广泛的兴趣是选择朋友的重要条件,所以培养广泛的兴趣对交往有很大的益处。

对待朋友不宜过疏,久而久之会成为陌生的路人;对待朋友也不宜是饭桌上的酒肉朋友见利忘义,互不在意对方,终将分手。交往时的理解与宽容,可以说是一条准则。

班主任的职业要求我们要学会交往,善于交往。我们自身素养的不断提高,也必能赢得人们的信赖,乐于与我们交往。

### 兴趣爱好广泛

班主任的基本素质之一就是要具有广泛的兴趣爱好,为学生打开一个又一个知识的窗口,激起学生强烈的求知欲望,使学生智慧的火花越燃越旺,同时,也使班主任的业余生活丰富多彩,通过动静结合的娱乐活动方式,调节性情,运动关节,舒筋活血,以达强身健脑的目的。

*1. 读书看报*

班主任喜欢读书看报,可以积累知识开阔眼界,获取新的信息,增长生活乐趣。读书看报也是一项有益的健脑活动。人的大脑越用越灵,不用反而迟钝。读书看报还能使人精神振奋,情绪乐观,思路开阔,朝气蓬勃,积极向上,保持良好的心境,从而增强抵抗疾病的信心和能力。经常读书看报,不断获取新信息、新知识,充实内心世界,增加人生乐趣,提高自身修养。对于老年班主任来说,继续学习也是一个长寿的秘诀。不断获取知识不仅是智力活动有利于调节整体功能,还会更充分地认识到生存的价值和意义,唤起"第二次青春"。

*2. 习书作画*

人的精神状态与心理活动有着直接的关系。历来书画家大多长寿,是因为长时期"砚田笔垄"情绪得以调整,避免了不良刺激干扰。

班主任选用书法作画的方法进行保健养生,非常适宜,因为习书作画能够消除疲劳,陶冶性情,静心养性。习书作画必须集中精力、姿势正确,使全身肌肉保持舒适状态,柔中有刚,软中有紧,暗中使劲。

*3. 养花垂钓*

业余时间里班主任不妨种植几盆花木,美化居室,调节精神。花香,使人赏心养怡,有祛病保健的功能,是人们无形的保健医生。赏花,给人乐趣,陶冶情操,焕发青春,增强活力。花香味中含有净化空气的芳香油,它能杀菌灭毒,调和血脉,气顺意畅,自然调节人的各种生理机能。据专家研究发现:萝卜花、百合花、南瓜花的香味,治疗糖尿病很有效;天竺花能镇静神经,促进睡眠,是治疗神经衰弱和健脑的好花草;豆蔻花的香味可治胃病;苏合花对冠心病,高血压有很好的疗效。所以,我们现在用的药中就会有一定量的花的成分。

钓鱼是我国一项具有古老文化传统的活动,不仅仅为获得鱼,更在于怡情养性,增益身心。垂钓的环境大多有水有树,空气新鲜。垂钓时精神集中,还要有耐心和细心,脑、手、眼配合,否则就钓不到鱼。垂钓是一种很好的医疗手段,对高血压,神经衰弱,失眠,消化不良都有一定疗效。

*4. 赏乐弈棋*

欣赏音乐是一种娱乐、健身活动,优美的音乐旋律使紧张的神经松弛下来,能产生镇静和镇痛作用,影响内分泌系统的功能,调节血流量和血液分配,还能改善人们的情绪,激发精神力量和体力。

班主任的修养与思维层次,能深入领略音乐的美妙和内涵,更能感受到常人无法体察到的绝妙之处,可以陶冶性情,促进健康。

下棋是一种有趣味的活动,往往棋手相逢必一决胜负。班主任可以通过下棋,锻炼思维,养身怡情,增进友谊,身心舒畅,延年益寿。要注意的是,下棋时切不可把输赢看得太重,伤了身心。定要记住:友谊第一,比赛第二。

此外,还有人喜欢高歌一曲,以抒情怀,这也不失是一种娱乐的好方式。

**改善工作环境**

工作环境状况对人的身体健康有很大的影响,改善工作环境也是学校管理工作的一项内容。光线、空气、温度、湿度和安静几个方面的状况可以体现出工作环境的好坏。

对于班主任的工作积极性来说,群体环境的心理影响最直接,组织环境的有些因素虽然是非人格的(如组织机构,规章制度,领导的职权等),但总的说仍是"人工"的,是约束群体和个人的,所以心理影响也很大。除此之外,还与学校的技术条件,物质条件,自然条件密切相关。

*1. 光线*

班主任的工作主要是备课、上课、批改作业等一系列需要动脑用眼的劳动,工作环境中光线的好坏对班主任的视力有很大的影响。教室、办公室及家里书房的光线要好,明暗适中,装有照明度好的电灯,在夜晚及光线差的阴天使用。有的班主任为了节省电费,光线不好的时候也不开灯,看书、备课非常费劲,长久下去会影响视力。

2. 清洁

保持清洁的卫生,有利于人的健康。学校是传播文明的场所更应如此。班主任工作的办公室、教室、住宅都应清洁卫生,没有污染。除定期打扫以外,还应随时随地保持环境清洁,做到不随地吐痰、乱丢废弃物,成为维护公共卫生的模范。粉笔灰尘污染环境,对班主任健康有严重危害,班主任要采取一些措施,如合理安排每节课的板书,减少擦黑板的次数;打开教室门窗通风除尘;扩大活动范围,讲课时不要固定在讲台上,也便于接近学生等。教室里要经常通风换气,办公室里应严禁吸烟。干燥的季节里,要注意增加湿度,在教室里可以泼水,办公室,住宅可选用加湿器。在有取暖条件的地区,冬季要保证教室、办公室及住宅的温度。南方地区冬季最冷的时期,班主任应注意多穿些保暖的衣服,以防受凉生病。对工作环境周围的污染源,如厕所、垃圾桶等应予妥善安排。

3. 安静

班主任工作的环境应该是宁静的,这不仅有利于提高工作效率,也利于身体健康。安静的工作环境能给人一种舒适之感,使人身心愉快。按国际标准规定,在繁华市区室外噪声白天不超过 55 分贝,夜间不超过 35 分贝。人的主观感觉在低于 50 分贝的环境里是安静的。噪声随着现代工业,交通运输事业的迅猛发展和城市人口的急剧增加,城市的噪声正以惊人的速度日益恶化。声音在 60 分贝 ~ 80 分贝就觉得吵闹了;80 分贝 ~ 100 分贝很吵闹;超过 100 分贝就难以忍受了。

噪声已成为世界上三大公害之一,治理噪声保护身体健康具有重要意义。

噪声可以在以下几个方面加以防治:

对噪声源进行控制;控制声响的传递;加强宣传教育;建立必要的听力监测系统。

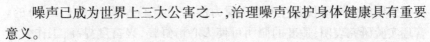

许多学校的正常教学已受到噪声的干扰,为了保护师生的身心健康,维持正常的教学秩序和生活秩序,建议有关部门和校园周围、住宅区附近限制车辆通行,并对车速、鸣号等有所限制。

4. 美化环境

植树、种花、种草可以美化环境,给师生以美的享受,从而振奋精神,陶冶美好的情操,也可以净化空气,降低噪声,调节气温,协调光线,有利师生的工作、学习和身心健康。

各校根据所处的地理环境和房屋建筑等具体情况,选择树木花草种植,绿化覆盖率要高,达到不见表土,刮风无灰砂,下雨无泥水。有条件的学校还可以实现绿化园林化,种植和修剪有图案、形态,平面绿化与垂直绿化、多次层绿化相结合,使校园变成春有花,夏有荫,秋有果,冬有青的园林境地。美化环境,领导要重视、有规划,并建立各项相应制度,有专业人员负责,实行群体分片包干,形成保护环境爱护花木的好风气。

5. 教学设备

这方面包括了教具、实验设备、各种用品及其他与教育教学工作有关的各种设施。它们是保证教育教学效果所必须的,如果很充足、有质量,班主任工作起来就得心应手,能提高成效。显然,班主任工作的效率与这些设备的水平是成正比的,社会科技水平对学校教育的影响,除在教材等方面表现出来以外,一个重要方面就表现在这些设备条件上。

6. 图书资料

图书资料在学校中的意义是极明显的。它一要多,二要新。所谓"新"是指要及时充分反映新成果的资料,而不是说"旧"的可以不要,正确的知识是无所谓旧的。可以说,一个学校的图书馆的水平,是一个学校质量水平的缩影。无论对学生还是对班主任,图书是极为重要的工作、学习条件,学校教务管理要下大功夫来抓。

7. 照明

照明的意义不仅是生理的(视力的),更有心理的、行为(工作)的。管理实验研究表明,适度的照明可使人心情舒畅,兴奋度提高,工作效率也提高。因此学校的教室、办公室应防止照明的过弱、过强和闪烁不定。师生学习、办公照明的桌面照度应控制在 $100 \sim 500$ lX(一般推荐照度为 $200 - 500$ lX)之内,在阳光直照时,要挂窗帘。

8. 音响

音响的心理意义较照明更明显。如"声音污染"就会造成听觉感受性下降、心情烦躁、情绪不稳定,工作的积极性、有效性会大受影响,对脑力劳动更是如此。因此学校应力避外来的喧闹声的干扰,应尽量创造条件不装"响彻全校"的喇叭(尤其是高音喇叭)而改装可以分区控制的音响设备,如教室、办公室、会议室、礼堂、操场分别装置大小不同的扩音器等等。上下课的电铃应避用尖锐刺耳的,有可能时改为有旋律的音响装置。播放音乐也应避免那些节奏疯狂、声音嘈杂的音乐。总之,要创造一种安详、平和、宁静、愉悦的音响环境,以有助于班主任、学生集中精力工作学习,有助于有效调节精神。

### 9. 色彩

色彩的心理意义复杂而明显。一般说,柠檬黄、嫩绿的颜色显得明快、柔和、恬静而富有朝气;杏黄、桔黄色使人感到庄严、高贵而兴奋;大红、朱红使人激动、热烈、增力;紫色、玫瑰色使人感到委婉、华贵;青色深远而沉重,蓝色平静而安详;白色则朴素而纯洁。学校中应考虑不同场合的色彩安排,如教室、办公室的墙面一般应以白色或中性的浅色调为基调,使人悦目宁静;宣传栏,特别是活动室、会场主席台等则应按要求配色。总之,要使师生能集中精神工作学习,能增进这种专注。

### 10. 气味

气味一般应保持清幽淡雅,任何浓烈的气味都不利于人的专注、安静。刺激性的,使人恶感的气味更要力争避免。

### 11. 温度

温度一般以使人感到舒适而略凉为好,过冷、过热、太舒适都不利或不很有利于人的工作效率。

### 12. 通风

通风有多种意义,一般应能调节室内空气,保持清新,提高身心活动的效率。

以上种种物理环境的要求,限于条件不易做到。但只要有可能就应尽量创造条件做好,完全忽视这些环境因素的意义,就会妨碍调动班主任工作积极性的和提高工作效率的提高。

# 提高班主任心理素质的方法

### 努力调节疏导不良心理

人们生活在竞争激烈、复杂多变的社会中,经常会陷入尖锐的矛盾冲突中。当遇到各种突发事件(比如亲人去世等)时,会给心理带来很大地冲击,使人产生心理压力。如果这种压力总得不到缓解,时间一长就会造成各种心理失衡和心理障碍。班主任要善于克服心理障碍,调节心理失衡,为心理正常健康的发展开辟道路。

### 在实践中磨励自身

心理产生、发展的源泉是实践活动。一个思维力不强、感知觉不敏锐的人,只有通过经常锻炼才能变得"耳聪目明"。实践活动,可以锻炼人的观察能力,提高人的分析能力,使人判断更加准确。不良性格的矫正,也需要在日常的工作和生活中逐渐磨砺,才能见效。

### 善于运用目标激励

目标具有一定的激励作用。班主任善于运用这种激励作用,要胸怀大志,树立远大而崇高的理想,并把它溶化、渗透在自己的心理和日常的工作、生活之中。这样,就会具有高度的自觉性、强大的动力、坚韧不拔的毅力,从而使心理的发展水平得到更大的提高。

### 经常进行自我反省

任何人的心理发展都不会是完美的。如:有的人性格热情活泼,办事却很马虎;有的人性格坦率正直,脾气却暴躁易怒;有的人擅长形象思维,但逻辑思维却相对较差等。班主任应对自己的心理素质有一个比较全面、深入的了解,经常进行反思、自省,找出自己心理上存在的问题并对其形成的原因进行分析,便于以后对这些问题加以防范和纠正。

### 通过美育智育完善自我心理

美育,对人的心理具有很大的调节作用。美育能陶冶人的性情。一个人如果从童年时期就受到美的教育,接受美的熏陶,他就会成为一个善于感受并能高度赞赏一切美好事物的人,成为一个鄙视冷酷无情、卑鄙庸俗、贪淫好色之徒的人。美还能使人心情欢畅、精神振奋。知识是心理发展的基础,一个人知识越丰富,其文明程度就越高。愚昧、野蛮、狂妄、卑鄙往往与无知相关联。因此班主任要善于通过自然美、社会美、艺术美的途径获得丰富的美感,同时又要善于从人类知识的宝库中汲取大量精华,以达到心理的至善、至美。

# 提高班主任科研素质的方法

造就高水平"科研型""学者专家型"教师,形成高师德、高学识、高能力的教师队伍的有效途径之一是开展教育科研。如何提高教师的科研素质呢?

### 用新观念新思维来认识教育问题

在当代班主任必须具备最现代的教育思想。现代教育观念强调教育价值的全面性,主张教育具有多种功能;强调现代教育的全方位全时空性,倡导终身教育;强调教育的民主化,发挥学生的主体性和创造性,使教育个体化;强调教育的超前性,要求教师主动适应社会变革,根据新情况,新趋势,不断研究新问题。

作为新时期的班主任,必须用现代教育观来武装自己,把它为自己头脑中的教育观念,才能使其在教育活动的各个方面发挥作用。现代教育观念包括:现代教育目标观、现代教育价值观、现代教育质量观、现代人才观、现代教学观、现代学习观、现代师生观、现代评价观、现代德育观等等。在这些教育观念中充分地、生动地体现着现代教育思想,如终身教育与终身学习思想、教育民主化思想、教学主体性思想、教育个性化思想、教育国际化和开放性思想、人的全面和谐发展思想等等。同时教育观念通过教育实践也会转化为现代的教育模式,如成功教育、发展教育、愉快教育、创造教育等等。

就现代教育目标观来讲,它经历了从"以知识教育为本"到"以人的发展为本"的观念的变化。围绕新的目标观而转变的"师生观",是现代师生关系的基础。

现代学生观则是以全新的视野和动态发展的眼光看待学生。

学生的优势发展及潜能是各不相同的。每个学生都有巨大的发展潜能,教师面对某个学生,要问的不是这个学生是否聪明,而是他究竟在哪些方面聪明的问题。每个学生都有自身的优势和弱势,这是毋庸置疑的。而且某方面的弱势,或许恰恰就是另一方面的优势。问题在于是否能扬长避短,开发学生的潜能,诊断学生的优势智力,充分利用学生的优势,并且激励其发展成才,这才是对学生个性特质的真正尊重。

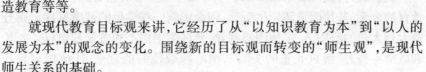

在杭州四中的值班室里放着为学生准备的 500 件五颜六色的雨披，每到雨天学生便可借用。几年过去了，经过无数次借用的雨披依然整整齐齐，一件不少。由于学校老师对学生给予了极大的尊重和信任，激发了学生的校园责任感和社会责任感。

学生是教育活动的主体，这一观点现已得到教育界的普遍承认。但在具体的教育实践中，却往往还是把学生当作是被动接受知识灌输的客体，在参与教育活动的权利等方面，学生依旧是人数最多的弱势群体。如何将主体性教育思想贯彻到实处，不仅是重塑新型师生关系的需要，而且是直接影响一个国家民主法制意识，道德伦理意识的健康发展的重要问题。

重庆铁路中学在如何发挥学生主体作用方面曾作出有益的探索。该校对学校组织的一年一度的新年游园会进行大胆创新——在游园会上学校设立了如"校园十佳歌手演唱会""迪斯科舞场""书画展""有奖游戏""美食一条街"等活动内容。德育处把这项大型活动分解成几个具体的操作板块，公开在全校学生中招聘活动策划者、组织者和工作人员，一些班级的同学承担了组织任务，从游园活动的广告宣传、奖票制作、奖品发放、各项活动形式的策划到整个校园的安全保卫、纪律秩序的维护，学生们既是活动的参与者，又是活动的组织和管理者。这项活动让学生们真正品尝到做主人的滋味。该校把现代教育的新思维、新观念成功地运用于学生教育活动中。

我们认为，教师或家长要求学生听话本身并非有错，然而在实施素质教育的今天，若片面强调学生听话，则会影响一些学生的健康发展。在分清大是大非的原则下，应该因势利导，允许学生提不同意见和建议。家长和教师应努力"解放儿童的头脑"，耐心听取他们的意见，让他们多长几个"脑袋"。经过引导学生会扬弃被动式的听话，学会分析，善于鉴别。这充分体现了为学生全面发展的现代民主教育思想。

### 善于观察教育现象，探究本质

科学研究首先要发现问题，问题是科学研究的起点，这要求善于观察教育现象，要求班主任具有科学研究的敏感性，然后寻求理论的支持和事实的支持，找寻现象的本质，理智、清醒地看待问题。创新型教师善于从生活中发现新的科学概念和原理，善于在已有信息基础上进行假设，提出可能会拥有多种答案的探索性问题或还未解决的问题,善于把相反或近乎没有联系的观念综合成新思想、新观念。教师应是有心人,要善于把工作中自己认为重要的现象细心地记录下来,这样才有助于对现象进行研究,从现象中探究本质,使自己的工作达到更高的水平。

### 善于捕捉教育热点,突破难点问题

学校德育捕捉教育的热点应该顺应时代潮流,在德育内容上打破传统教育的思想性和政治性的单一性,把方针政策、法律法规、纪律、和平、民主、理解、协调、亲善、人道主义及现代生活方式等包容进来。

当今社会的教育热点之一是培养创新型人才。班主任们应该多思考,观察身边的教育现象,围绕这一热点开展工作。

如,在许多学校对教室四壁布置几乎沿袭了传统做法——挂标语框,其内容或是一句名言警句,或是一项要求,以便使学生从中受到启发和教育。但有位小学班主任发现了其中的问题。他认为这种做法对于生活经历和知识都较欠缺的小学生来说没有多大的实际效果。他在本班尝试创办"创新作业墙",学生有创意的作业、书画、摄影作品等等,由学生自己动手布置在教室墙壁上,使教室布置知识化、能力化、自主化。小学生大多数喜欢涂涂画画,表现自己,"创新作业墙"无疑给了学生这样的机会,使学生闪现出思维的火花。

当今社会因特网的迅猛崛起,既为学校思想政治工作开辟了新的途径提供了新的手段,同时也提出了前所未有的挑战。电脑对于现在中小学来说已经像平常的穿衣吃饭一样熟悉,但现在青少年真正利用电脑来学习的并不多,大多用来玩游戏,或网上找朋友。如何适应因特网飞速发展的时代特点,加强和改进青少年的思想教育工作,已成为摆在中小学校思想政治工作者面前的一个重要课题,这也是新时期我们亟待解决的难题之一。

# 提高班主任能力素质的方法

### 积极参加实践,勤于总结经验

做好班主任工作,要积极投身教育实践活动。教育和教学活动是班主任最基本的实践活动。这些活动既是培养班主任道德品质和能力素质的重要课堂,也为班主任增长才干提供了广阔舞台。在教育实践中,师生朝夕相处,可以培养班主任热爱和献身人类教育事业、热爱学生的高尚品德。同时,班主任亲眼看到自己的辛勤劳动化作了学生在德、智、体等方面的进步,看到学生成为有用之才,在各自的工作岗位上为国家为社会做出贡献时,便会感到极大的欣慰和幸福,从而更加热爱教育事业。

### 不断加强学习,工作勇于创新

现在很多班主任的工作大都还沿袭着传统的教育方法,比较看重原有的知识经验,还属于"经验型",以固有的思维方式看待问题,并以此来指导自己的工作,结果往往是事倍功半,有时甚至出现事与愿违的现象。所以,要想成为一名优秀的班主任,就必须要有强烈的创新意识,不断学习教育理论,更新教育观念,掌握教育规律,变消极的思维定势为积极的思维定势,针对学生实际采用灵活的教育手段。

### 善于听取意见,勇于解剖自己

提高班主任能力素质的一项重要方法,就是认真进行自我批评、严格解剖自己。班主任素质的提高实质上是不断克服自己头脑中旧的道德观、教育观,逐步树立起无产阶级的道德观、教育观的过程。班主任要认真开展自我批评:必须要有自知之明,严格解剖自己,勇于承认自己的缺点。同时,还要虚心听取别人的意见和批评,借此更好地认识自己。班主任要以社会、学校中的模范人物、骨干教师、优秀班主任为榜样,追求高尚的师德目标;以社会主义的师德原则和规范作为自己的行为准则。这些表明,进行不断而认真的自我批评和自我解剖是提高班主任素质的重要方法之一。